U0113722

新视角读
『二十六史』

新视角读

晋书

宋玉山 著

中国文史出版社

图书在版编目（CIP）数据

新视角读晋书 / 宋玉山著. —北京：中国文史
出版社，2023.3
（新视角读"二十六史"）
ISBN 978-7-5205-4049-0

Ⅰ.①新… Ⅱ.①宋… Ⅲ.①《晋书》—研究
Ⅳ.①K237.042

中国国家版本馆 CIP 数据核字（2023）第 058571 号

责任编辑：全　硕
策　　划：全　硕　曲童利

出版发行：中国文史出版社

社　　址：北京市海淀区西八里庄路 69 号　　邮编：100142
电　　话：010 – 81136606/6602/6603/6642（发行部）
传　　真：010 – 81136655
印　　装：北京温林源印刷有限公司
经　　销：全国新华书店
开　　本：787mm × 1092mm　1/16
印　　张：17
字　　数：245 千字
版　　次：2024 年 1 月北京第 1 版
印　　次：2024 年 1 月第 1 次印刷
定　　价：59.00 元

总序 历史是最好的老师

魏礼群

习近平总书记多次强调指出，"历史是最好的老师，它忠实记录下每一个国家走过的足迹，也给每一个国家未来的发展提供启示。""领导干部要多读一点历史，从历史中汲取更多精神营养。"

历史是人民创造的。历史经验是社会发展规律的体现和反映，是人类长期生活的总结和升华，是现代人民用来对照的一面明镜。欲知大道，必先知史。学习历史，可以观成败、鉴是非、知兴替、明规律，可以以史资政、修身励志、汲取力量、创造人生。

我党历来重视历史。我党历代领导人都善于把历史经验运用到中国革命、建设和改革的实践当中，都强调领导干部要多学习一些历史知识。在新的历史时期，要实现中华民族伟大复兴的中国梦，更需要我们用好历史这个最好的老师，遵循规律、明确方向、坚定道路、凝聚共识，去书写新的历史，创造新的辉煌。

尊重历史也是中华民族的优良传统。中国历史源远流长，旷古悠久。从黄帝时代开始，中华民族有着五千年的文明史，经历了若干个朝代。一般来说，每个朝代都有为前一个朝代撰修史书的传统，经过官方撰修或认可的史书，称为正史。

清朝乾隆皇帝将《史记》《汉书》《后汉书》《三国志》《晋书》《宋书》《南齐书》《梁书》《陈书》《魏书》《北齐书》《周书》《隋

书》《南史》《北史》《旧唐书》《新唐书》《旧五代史》《新五代史》《宋史》《辽史》《金史》《元史》《明史》等二十四部史书，钦定为"二十四史"。民国时期，大总统徐世昌又把《新元史》列入正史，形成了"二十五史"。但"二十四史"和"二十五史"都只写到明代，如果再加上记载清朝历史的史书，就应该是"二十六史"。

正史是由官方修撰或认可，尤其是由后面的朝代完成的，史料比较全，真实性比较高，史实价值比较大，因而是历史研究中的主要参考依据。由于这些正史数量繁多，语言晦涩，除了专业人员外，很少有人能够通读下来。

"新视角读'二十六史'丛书"，对这些数量繁多的史书，做了精心挑选和简化概括，并有作者读史后的认识和体会，创作形成了一篇篇简明扼要的故事，以新的形式呈现给读者。这些故事，既独立成章，又相互联系、脉络清晰，能使人们大致了解历史进程、重大事件和主要人物。该书语言简练，通俗易懂，适合大部分人群，中学生阅读也没有问题。特别是该书站在现代社会的角度，以新的视角分析看待历史，有许多新观点、新见解，能够给人以启发和借鉴。因此，我认为，撰写"新视角读'二十六史'丛书"，是一项很有意义的工作。

我感觉，"新视角读'二十六史'丛书"的基本特点，是"忠于原著，丰富史料；以史为鉴，启迪人生"。

所谓"忠于原著，丰富史料"，是指作者撰写的每一篇历史故事，都是根据原著的记载写成的，都有史料依据，没有进行虚构。为了增强可读性，在语言细节方面做了适当的文字加工，但主要内容都是原著所提供的。同时，在忠于原著的基础上，为了使一些历史事件和历史人物更加丰满，也适当增加了一些其他史料，增添的史料也是有依据的。该书一个显著特点，就是史料丰富、知识点多、信息量大，能够让人开阔视野，增长知识。

所谓"以史为鉴，启迪人生"，是指作者创作历史故事的目的，是为了借鉴历史经验，服务于现代社会。所以，作者站在历史唯物主义和辩证唯物主义的立场上，辩证地、一分为二地看待历史现象，并且在故事的过程中，或者在故事的结尾，往往有着哲理性的评论和观点，给人以有益的启迪。我们学历史的目的，不仅是要了解历史知识，更重要的是要通过汲取历史经验和教训，对我们的工作和生活有所启发和借鉴。该书较好地做到了这一点，这是该书另一个显著的特点。

作者曾经是我得力的部下，我对他十分熟悉和了解。作者勤奋好学，长期从事政策研究和文字工作，理论素养和文字功底较好；先后在乡、县、市、省、国家五个层级工作过，有着丰富的阅历和实践经验；做事严谨，为人厚道，工作勤勉。尤为难能可贵的是，他把退休作为第二生命的开始，退而不休，锲而不舍，继续为社会做贡献，其志可贵，精神可嘉！

希望该书能够使人借鉴历史经验，起到以史为鉴、激励人生的作用。

是为序。

（魏礼群，曾任国务院研究室主任、国家行政学院党委书记、中国行政体制改革研究会会长，现任中国国际经济交流中心常务副理事长兼学术委员会主任。）

前　言

　　晋朝，是一个特殊朝代，也是一段混乱的历史。晋朝是在篡魏基础上建立的，时间不长就崩溃了，又在南方建立了东晋，北方则形成了"十六国"。记载这段历史的正史，是《晋书》。

　　笔者依据《晋书》，撰写了八十篇故事。这些故事，既独立成章，又相互连贯，使读者能够大体了解这一时期的历史脉络、重大事件和重要人物，从而对晋朝有一个大概的印象。

　　笔者在撰写过程中，坚持"忠于原著，丰富史料；以史为鉴，启迪人生"的原则，对原著记载的事件和人物不虚构，只在细节和语言上适当做些加工。同时，适当阐述自己的观点和体会。

　　笔者在撰写过程中，根据自己的认识，提出了一些新的观点和看法。比如：《晋朝是个畸形朝代》《桓温英雄却遗臭》《竹林七贤非贤士》《"五胡乱华"并不准确》等。这些观点不一定正确，仅作为一家之言，敬请读者指正。

　　由于笔者水平有限，书中难免有错误、缺陷和不足之处，希望广大读者给予批评，笔者将不胜感激。

目录

总序　历史是最好的老师　魏礼群 ………………… 001
前言 …………………………………………………… 004

① 《晋书》是首部官修正史 ………………………… 001
② 晋朝是个"畸形"朝代 …………………………… 004
③ 晋朝的兴衰历程 ………………………………… 007

西晋时期

④ 司马父子开创晋朝基业 ………………………… 012
⑤ 司马炎坐享其成当皇帝 ………………………… 017
⑥ 羊祜献策伐东吴 ………………………………… 020
⑦ 杜预灭吴立大功 ………………………………… 024
⑧ 王濬顺江击建康 ………………………………… 027
⑨ 晋武帝先明后暗 ………………………………… 030
⑩ 西晋大兴奢靡之风 ……………………………… 033
⑪ 何曾祖孙皆奢侈 ………………………………… 036
⑫ 石崇斗富惹祸端 ………………………………… 039
⑬ 贾充诳谀得宠幸 ………………………………… 042
⑭ 贾女进宫埋祸根 ………………………………… 045
⑮ 司马炎传位傻儿子 ……………………………… 049
⑯ 贾女控制傻皇帝 ………………………………… 052

⑰ 贾女陷害皇太子 ………………… 055

⑱ 司马伦篡位狗尾续貂 ……………… 058

⑲ 八王之乱皇族大厮杀 ……………… 061

⑳ 五胡趁乱占中原 …………………… 064

㉑ 永嘉之乱西晋灭亡 ………………… 067

㉒ 西晋两个"奴仆皇帝" ……………… 070

东晋时期

㉓ 司马睿南方建东晋 ………………… 072

㉔ 王与马，共天下 …………………… 075

㉕ 王敦之乱　东晋动荡 ……………… 078

㉖ 闻鸡起舞　祖逖北伐 ……………… 082

㉗ 晋明帝贤明却早逝 ………………… 086

㉘ 晋成帝聪慧也短命 ………………… 089

㉙ 庾氏家族兴起 ……………………… 092

㉚ 苏峻之乱重创东晋 ………………… 096

㉛ 力挽狂澜的勋臣温峤 ……………… 099

㉜ 出身低微的名将陶侃 ……………… 103

㉝ 褚太后三度摄政 …………………… 107

㉞ 何充刚直却爱佛 …………………… 110

㉟ 晋哀帝求长寿却中毒 ……………… 113

㊱ 桓温英雄却遗臭 …………………… 116

㊲ 桓温三次北伐 ……………………… 119

㊳ 桓温废掉晋皇帝 …………………… 123

㊴ 晋简文帝只当八个月 ……………… 126

㊵ 谢安撑起东晋江山 ………………… 129

㊶ 一代名将谢玄 ……………………… 133

㊷ 淝水之战决定历史走向 …………… 136

㊸ 晋孝武帝死于宫女之手 …………… 139

㊹ 东晋又出白痴皇帝 ………………… 142

(45) 刺史兴兵　朝廷内乱 145
(46) 孙恩起义动摇根基 148
(47) 桓氏势力东山再起 151
(48) 刘裕崛起控制朝廷 155
(49) 刘裕开创新局面 158
(50) 刘裕代晋建宋国 161
(51) 竹林七贤非贤士 165
(52) 王祥兄弟皆孝贤 171
(53) 王衍清谈误国家 174
(54) 胡威清廉传美名 177
(55) 吴隐之敢喝贪泉水 179
(56) 周处除害终被害 182
(57) 陆机陆云死于战乱 185
(58) 美男子潘安 188
(59) “洛阳纸贵”的左思 190
(60) “囊萤照读”的车胤 193
(61) 针灸鼻祖皇甫谧 196
(62) 古今书圣王羲之 199
(63) 三绝画家顾恺之 203
(64) “桃源耕田”陶渊明 206

北方“十六国”

(65) 北方形成“十六国” 209
(66) “五胡乱华”不准确 213
(67) 匈奴尊刘邦建汉国 216
(68) 羯人灭匈建后赵 219
(69) 从奴隶到皇帝的石勒 222
(70) 石勒的谋主是汉人 226
(71) 凶残暴虐的石虎 229
(72) 屠胡灭石的冉闵 233

㉓ 鲜卑慕容部势力崛起 236

㉔ 氐族前秦统一北方 239

㉕ 苻坚推崇汉文化 242

㉖ 汉人王猛助前秦 245

㉗ 羌人建立后秦 248

㉘ 传奇英雄慕容垂 251

㉙ 一代雄主拓跋珪 256

㉚ 北魏最终统一北方 259

《晋书》是首部官修正史

在中国历史上，各类史书多如牛毛，按照《史记》纪传体形式写成的史籍，被称为正史。传世文献中，"正史"之名最早见于《隋书·经籍志》，到了清代，乾隆皇帝钦定二十四部史书为正史，"二十四史"的名称，便流传至今。

在"二十四史"中，《史记》《汉书》《后汉书》《三国志》，被称为"前四史"。"前四史"都是私人撰写，从《晋书》开始，就由朝廷组织人员编纂了，称之为官修史书。当然，在《晋书》之前，也有官修史书，像三国时期的魏国和吴国，都有官方写的国史，但在"二十四史"当中，《晋书》则是第一部由官方修撰的，开创了官修正史之先河。

决定修撰《晋书》的，是唐朝皇帝李世民。李世民是一位雄才大略的政治家，他深知借鉴历史经验的重要性，专门对修史讲过一句名言："大矣哉，盖史籍之为用也。"意思是说，史籍的作用，大得很啊！的确是这样，以历史做镜子，可以知道一个王朝的兴衰和更替，可以借鉴历史经验和教训。所以，李世民开始设馆修史，不仅修撰了《晋书》，还修了梁、陈、北齐、北周、隋等史，在"二十四史"中，李世民时期修的史书，达六部之多。

从晋亡到李世民时期，已经过去了二百多年。晋朝是一个特殊的朝代，它结束了三国近百年的分裂局面，建立了大一统的西晋王朝，然而，仅仅过了五十一年，统一局面便遭到破坏，中原地区发生大混战，国家再度分裂成东晋和十六国，之后形成南北朝的长期对立，在中华大地上，战火又燃烧了三百年，可怜的中国人民，再一次陷入痛苦的深渊。李世民具有远见卓识，他很想对这一段历史进行一番探讨研究，作为借鉴，于是，便决定修撰《晋书》和其他史书。

在唐代之前，反映晋朝历史的书籍，多达二十多种，大多数是私人撰写。李世民看过以后，觉得都不满意，认为"制作虽多，未能尽善"，于是，在贞观二十年（646年），专门下诏，修撰《晋书》。

诏令一下，自然非同小可，朝廷立即组织了庞大的写作班子，挑选著名学者，开始了这项庞大的工程。所以，《晋书》是奉诏而作。

《晋书》的写作班子，共由二十一人组成，为首的三人，是房玄龄、褚遂良、许敬宗。这三个人，可是中国历史上大名鼎鼎的人物。

房玄龄，今山东临淄人，博览经史，十八岁考中进士，长期追随李世民，参与谋划玄武门之变，为李世民登基立有大功，后任中书令，封为邢国公，负责总理朝政。后世评价唐代宰相时，无不首推房玄龄。

褚遂良，今浙江杭州人，祖籍河南，是唐朝政治家和著名书法家，与欧阳询、虞世南、薛稷，并称"初唐四大家"，历任谏议大夫、黄门侍郎、中书令，执掌朝廷大权，被李世民列为托孤辅臣。

许敬宗，今浙江杭州人，少年时就有名气，是李世民十八学士之一，后投靠武则天，官运亨通，当上中书令。后人对许敬宗评价不高，而且因为他有修史妄改的嫌疑，人们对他褒贬不一。

另外十八人中，有世界上最早的气象专家李淳风，有当过唐朝宰相的上官仪、来济、李义府、薛元超，有著名史学家李延寿、令狐德棻等人，都是唐代名人，可谓人才济济。

由于皇帝重视、人员众多、史料齐全，《晋书》从646年开始撰写，到648年就完成了，只用了不到三年时间，可谓高效率、快节奏。

《晋书》从晋朝的奠基人司马懿父子写起，到东晋灭亡为止，记载了晋朝一百五十多年的历史，同时也以"载记"的形式，记述了北方"五胡十六国"的情况。《晋书》原有一百三十二卷，而叙例、目录两卷失传，所以，今存一百三十卷。

《晋书》包括帝纪十卷，记载晋朝历代皇帝的事迹；志二十卷，分别记载天文地理、刑法、律历、礼乐等社会现象；列传七十卷，分别记载后妃、王子、文臣武将以及社会各类人物的事迹；载记三十卷，记载"五胡十六国"的情况和主要人物。《晋书》还有一个独特之处，是李世民为司马懿、司马炎两纪和陆机、王羲之两传，亲自写了四篇史论，被称为"御撰"，足见李世民对修史之重视。

《晋书》以南朝齐人臧荣绪所著的《晋书》为蓝本，同时参考其他晋朝史书，又兼引十六国史籍，"采正典与杂说数十部"。臧荣绪是今山东莒县人，南齐著名史学家。他虽然出身官宦之家，却不入官场，而是潜心修史。他所著的《晋书》，体例较全，内容较多，是诸多晋史中较为完善的一部，在当时影响很大。所以，《晋书》以臧书为蓝本，为了与臧书区别，起初叫《新晋书》，后来臧书亡佚，才称《晋书》。

《晋书》体例完备，内容丰富，叙事详明，文字简练，使人能够清晰了解晋朝兴衰的历史进程，从中吸取经验教训。《晋书》写了近八百个历史人物，将他们分门别类地展现在人们面前，构成了晋朝历史活动的画卷，使人们能够了解晋代人的生活和习俗。《晋书》类目齐全，反映的社会典章制度比较全面，记载了许多珍贵的史料。因此，对于研究晋朝历史来说，《晋书》是主要的参考依据。

《晋书》也有明显的缺陷和不足。由于成书时间短、撰写人员水平参差，有些地方比较粗糙，在史料的选取上，也不够严谨，有的史料甚至自相矛盾。另外，《晋书》记述了很多神怪故事，有的十分荒诞，这对于史籍的严肃性，是一个很大的损害。所以，后世对《晋书》的评价是，赶不上"前四史"。

《晋书》虽然有缺陷和不足，但它比较全面地反映了晋朝历史，在史学界占有重要地位。人们想要了解晋朝的历史，不能不去读《晋书》。

晋朝有大量的经验教训和遗憾，留给后人去体会、去评判、去借鉴，人们可以以史为鉴，获取对我们今天有用的东西。

晋朝是个"畸形"朝代

战火纷飞的三国时代结束了，历史的车轮驶入了晋朝。266年，司马炎在先辈创业的基础上，篡魏建晋，然后灭吴，统一天下，形成了大一统的西晋王朝。此时，战火熄灭，天下安定，百姓欣喜，以为终于可以过上太平日子了。

然而，西晋却是一个短命的王朝，在它建立五十一年、统一天下只有三十六年之后，就迅速灭亡了。司马皇族的人跑到南方，建立了只有半壁江山的东晋，北方则沦落于少数民族之手，形成了"五胡十六国"。此后，战火又起，国家分裂，百姓再次受难。东晋政权基本上是个傀儡，它苟延残喘一百多年后，又灭亡了，中国历史进入了南北朝时期。

说晋朝是个畸形朝代，主要是因为它既先天不足，又后天发育不良。综观中国历史，大凡一个王朝的建立，都经历过创建者多年的浴血奋战，在战火中形成了一大批贤能的文臣武将，而且在建立之初的数十年间，都呈现出勃勃生机。前面的两汉是这样，后面的唐朝也是这样。

可是，晋朝却是建立在篡魏的基础上，是在别人藤上结的瓜，显得名不正，言不顺，理不直，气不壮，民心也不服。别的开国皇帝，都会向子孙们大讲创业之艰难，以激励后代奋发图强，而司马氏的子孙，却长期不知道祖先是如何取得天下的，等到知道以后，却羞愧得不敢抬头。司马氏子孙尚且如此，那天下百姓呢？另外，由于没有经过战火锤炼，晋朝也缺乏贤能的大臣。所以说，晋朝先天不足。

仅是先天不足，还不是致命的，关键是晋朝后天发育也不良。

一是没有明君。晋朝一共有十五位皇帝，开国皇帝司马炎还算不错，前期为统一天下、振兴晋朝做了很多努力，也取得一定成效，但到了后期，就昏庸奢侈了，使得西晋建国不久，就大兴奢靡之风，造成朝廷腐败，风气江河日下。特别是，他不顾众多大臣的反对，坚持把皇位传给他的傻儿子，直接导致了西晋混乱。晋朝皇帝的寿命和在任时间也不长，在十五位皇帝中，四十岁以下去世的有十个，在位不超过四年的有七个。

二是骨肉相残。在历史上，同室操戈、骨肉相残的事情不少，但比起晋朝来，却是小巫见大巫了。在司马皇族内部，兄弟相残、叔侄相残、祖孙相残，那是屡见不鲜，而且持续时间长、涉及范围大，在历史上能够独占魁首。司马皇族的人，似乎人人都红着眼睛，专找同宗厮杀，著名的八王之乱，为首的没有外姓人，全姓司马。

三是权臣专权。司马皇族的人，在内部斗得你死我活，对外却不行，特别在东晋时期，几乎全是重臣专权，皇帝成了傀儡。在东晋一百多年间，基本上是由王、庾、桓、谢四大家族掌权，先后出现过王敦之乱、苏峻之乱、桓玄之乱和孙恩、卢循起义，朝廷混乱不堪。另外，晋朝出的佞臣不少，而贤臣却少得可怜。

由于先天不足，后天发育不良，晋朝自建立以后，在一百五十多年时间里，几乎没有兴盛过，反而是战乱不止，动荡不安，并且失去了北方半壁江山。所以说，晋朝是一个畸形朝代。

造成晋朝畸形的根本原因，是统治者患上了严重的疾病，那就是权力欲。争权夺利，古今中外都有，但像司马皇族这样，不讲道义、不念亲情、为了权力不顾一切的，却不是很多，他们对权力的渴望，简直到了"登峰造极"的地步。司马懿发动高平陵政变，夺取了大权，开创了晋朝基业。他的儿子司马师和司马昭，为了权力，一个废了皇帝，一个杀了皇帝。司马炎篡魏，登上了权力顶峰，他为了能把权力延续下去，宁肯让白痴儿子当皇帝，也不让众望所归的弟弟继位。晋朝因为患上了严重的"权力病"，又没有得到有效治疗，自然会导致畸形发展。

晋朝也不是一无是处。西晋虽然短暂，但它毕竟结束了三国分裂局面，实现了国家统一。东晋的建立，使大批民众迁移江南，促进了南方和北方在思想、文化、经济上的交流与融合，中原人士带去许多先进技术，加快了江南的开发与发展，使南方后来成为富庶之地。另外，晋朝在思想文化、文学艺术、书法绘画、医学、宗教等方面，也有一定的发展成就。

晋朝畸形发展，必然造成朝廷腐败无能，国家四分五裂，最终受苦受难的，还是广大的人民群众，尤其是汉族百姓，他们在晋朝经历了一次空前大劫难。造成汉人经受劫难的，一般称之为"五胡乱华"，其实，应该是"司马乱华"才对，因为乱华的根源，是司马朝廷。

晋朝的兴衰历程

晋朝，从 265 年开始，到 420 年结束，共一百五十五年，历经十五个皇帝。其中，前五十一年，是个大一统的王朝，因建都在西部的洛阳，故称西晋；西晋灭亡之后，司马睿在南方建立了政权，因建都在东部的建康（就是现在的南京），所以称为东晋。东晋只有南方半壁江山，北方则是"五胡十六国"。

晋朝的奠基人，是司马懿。司马懿是三国时期的政治家、谋略家、军事家，同时，也是野心家和阴谋家。他雄才大略，满腹计谋，在曹操时期崭露头角，曹丕时期得到重用，曹叡时期成为魏国重臣。司马懿比曹操小二十四岁，但比曹丕大八岁，比曹叡大二十五岁，具有年龄上的优势。曹叡临终时，将八岁的儿子曹芳托付给曹爽和司马懿。249 年，已经七十岁的司马懿，突然发动政变，杀死曹爽，控制了皇帝，把持了魏国朝政。

司马懿死后，将朝廷大权交给长子司马师。司马师胸有韬略，沉着坚强，心狠手辣。他独揽朝政五年，使司马家族在朝中的地位更加稳固，便产生了篡位野心。由于担心野心暴露，司马师竟然狠心毒死了已为他生了五个女儿的结发妻子夏侯徽，因为夏侯徽与曹氏家族关系密切。为了便于控制朝廷，司马师还废掉二十三岁的魏帝曹芳，另立了十三岁的曹髦当皇帝。司马师没有儿子，弟弟司马昭便把自己的次子司马攸过继给司马师当嗣子，以便继承他的爵位。

司马师四十八岁时病死，他的职位应由嗣子司马攸继承，但司马攸只有十岁，司马昭便接过了大权。司马昭经常对人说："这是我哥哥的天下，侄子年幼，我先替他管着，以后会还给他的。"

司马昭胸有谋略，他长相不如司马师凶狠，但内心一点也不比哥哥差。260年，司马昭指使心腹大臣贾充，杀死了二十岁的魏帝曹髦，又立了十四岁的曹奂当皇帝，然后，逼曹奂封他为晋王，建晋国，为篡位做好了准备。当时，司马昭的篡位野心，已经暴露无遗。有个成语，叫"司马昭之心，路人皆知"，流传至今。

265年，司马昭病死，终年五十五岁。当时，司马师的嗣子司马攸，已经十八岁了，而且聪慧贤明，才华出众，其能力和声望都高于司马炎。可是，司马昭并没有兑现诺言，把位子传给他，而是传给了自己的长子司马炎。尽管司马攸也是他的亲儿子，但他已经过继给了哥哥，当然不如司马炎更亲近一些。

司马炎是晋朝第一位皇帝，他不是自己打下的江山，而是躺在先辈创立的基业上，坐享其成。司马炎称帝后，追尊祖父司马懿为宣皇帝，伯父司马师为景皇帝，父亲司马昭为文皇帝。

司马炎登基时三十岁，年富力强，还算有一番作为。他革新政治，振兴经济，推行法治，巩固了晋朝统治，推动了社会发展。他登基十四年之后，又灭掉东吴，实现了国家统一。

然而，统一天下之后，司马炎变得昏聩起来，他骄奢淫逸，怠惰政事，大封司马氏为王，大兴奢靡之风，使得刚刚建立不久的西晋王朝，就开始出现衰败的征兆。

司马炎晚年时，由于他的儿子们不成器，群臣拥戴司马攸继位的呼声甚高。司马炎为了一己私利，打着立嫡原则的幌子，坚持让自己的白痴儿子当皇帝，结果直接葬送了西晋江山。司马炎活了五十五岁，谥号晋武帝。

晋朝第二位皇帝，叫司马衷，是司马炎的长子，被称为晋惠帝。司马衷是历史上有名的白痴皇帝，根本不能治国理政。司马炎也知道儿子不行，让岳父杨骏辅政，让杨皇后保护他，又给儿子娶了一个又丑又凶却有才干的老婆，叫贾南风，她是心腹大臣贾充的女儿。司马炎幻想着，由这几个人保护着傻儿子，使皇权能够过渡到孙子司马遹手里。司马衷虽傻，他的儿子司马遹却极其聪明，有点像司马懿，司马炎把晋朝的希望寄托在孙子身上。

司马炎万万没有想到，丑陋的贾南风却野心勃勃，凶狠残暴，她完全操纵着傻皇帝，借用司马兄弟的力量，杀死辅政大臣杨骏和杨皇后，还杀掉了司马炎最钟爱的孙子司马遹，自己独揽大权。这引起司马皇族的强烈不满，司马懿的第九子司马伦举兵讨伐，杀死贾南风，废掉晋惠帝，自己当了皇帝。

司马皇族的其他人红了眼睛，纷纷起兵讨伐司马伦，司马伦只当了几个月皇帝，就被杀掉了，傻皇帝又被抬了出来。此后，司马诸王为了控制皇帝、夺取权力，相互厮杀，拼得你死我活，这就是历史上著名的八王之乱，时间长达十六年。后来，傻皇帝司马衷被人毒死，死时四十八岁。

晋朝第三位皇帝，叫司马炽，是司马炎的第二十五个儿子，被称为晋怀帝。晋怀帝倒不傻，喜欢钻研史籍，但不涉世事，不爱与人交往，缺乏治国能力，实际上是个书呆子。

晋怀帝登基时，西晋已经面临灭亡。长达十六年的八王之乱，死伤数十万人，朝廷内部混乱不堪，对外丧失了控制力，匈奴、鲜卑、羯、氐、羌等少数民族，趁机占据中原，建立政权，与西晋为敌。311年，汉赵军队攻入洛阳，只当了四年皇帝的晋怀帝被俘，做了两年奴仆后被杀，终年三十岁。

晋朝的第四位皇帝，叫司马邺，是司马炎的孙子，被称为晋愍帝。西晋都城洛阳沦陷之后，一些皇族和大臣跑到长安，拥立十三岁的司马邺当上皇帝。此时，西晋已经不像朝廷了，只能龟缩在长安城内，缺衣少食。316年，汉赵军队包围长安，晋愍帝出城投降，也是当了两年奴仆后被杀，死时只有十八岁。

八王混战的时候，一些司马皇族和大批士人，纷纷跑到南方避难。西晋灭亡之后，在士族的扶持下，司马氏又在建康建立了东晋政权。

东晋的第一位皇帝，叫司马睿，是司马懿第三子司马伷的孙子，登基时四十二岁，被称为晋元帝。晋元帝当过琅琊王，参加过八王之乱，出镇建康后，在王导、王敦等王氏大家族的扶持下，登基当了皇帝，但大权都在王氏手里，形成了"王与马，共天下"的局面。晋元帝试图压制王氏势力，但没有成功，于是忧愤病逝，终年四十七岁，在位六年。

东晋的第二位皇帝，叫司马绍，是司马睿的长子，登基时二十四岁，被称为晋明帝。晋明帝聪明敏捷，明白事理，就是他，听说了祖上用不光彩手段取得天下后，羞得不敢抬头，并说晋朝不会长久。晋明帝贤明睿智，能随机断事，平定了王敦之乱，很想有所作为，可惜命短，只当了两年多皇帝，就英年早逝了。

东晋的第三位皇帝，叫司马衍，是司马绍的长子，登基时只有四岁，被称为晋成帝。晋成帝很聪明，可是年龄太小，由母亲庾太后临朝听政，舅舅庾亮辅政，执掌大权。庾亮权势过重，排斥异己，疑忌大臣，引发了苏峻之乱。战乱历时一年零四个月，对东晋造成极大破坏。晋成帝也命短，二十二岁就病死了。

东晋的第四位皇帝，叫司马岳，是司马绍的次子、司马衍的同母弟弟，登基时二十一岁，被称为晋康帝。庾亮的弟弟庾冰辅政。晋康帝政绩平平，书法造诣却很深，他的书法作品，被收入宋代《淳化阁帖》，《淳化阁帖》被后世誉为中国法帖之冠和丛帖始祖。晋康帝也是个短命鬼，只当了两年多皇帝，就得病死了。

东晋的第五位皇帝，叫司马聃，是晋康帝司马岳的长子，登基时不到两岁，被称为晋穆帝。皇帝太小，母亲褚太后临朝摄政。这个时期，桓温崭露头角，率军北伐，大败前秦，还灭了蜀地的成汉。晋穆帝同样短命，只活到十九岁就病死了。

东晋的第六位皇帝，叫司马丕，是晋穆帝司马聃的堂兄弟，登基时二十一岁，被称为晋哀帝。晋哀帝也是一位造诣很深的书法家，他的作品也被收入宋代《淳化阁帖》。晋哀帝见前面的几位皇帝都寿命不长，便迷上了长生不死之术，按照道士教给的方法炼丹服药，结果中毒而死，时年二十五岁。

东晋的第七位皇帝，叫司马奕，是司马丕的同母弟弟，登基时二十四岁，被称为晋废帝。这个时期，权臣桓温把持朝廷，皇帝完全是傀儡。六年之后，桓温看他不顺眼，很随意地把他废掉了。司马奕胆小谨慎，并无过错。

东晋的第八位皇帝，叫司马昱，是东晋首位皇帝司马睿的儿子，这继承顺序又倒回去了，桓温真是随心所欲。司马昱登基时已经五十三岁了，被称为晋简文帝。晋简文帝也是书法家，《淳化阁帖》也收入了他的作品。在晋朝皇帝中，没有出过政治家，反倒出了不少书法家，看来，皇帝是有时间练字的。晋简文帝只当了八个月皇帝，就病逝了。晋简文帝的一大功绩，是把名士谢安引入朝廷。

东晋的第九位皇帝，叫司马曜，是司马昱的第六子，登基时只有十一岁，被称为晋孝武帝。权臣桓温继续把持朝政，桓温死后，大权落到以谢安为代表的谢氏家族手中。谢安是东晋寥寥无几的贤臣之一，他指挥淝水之战，打败了来犯的前秦军队，挽救了东晋，却因功劳太大，被晋孝武帝猜忌免官。晋孝武帝有强烈的权力欲，但他沉湎酒色，醉酒后被宫女杀死，时年三十五岁。

东晋的第十位皇帝，叫司马德宗，是司马曜的长子，登基时十五岁，被称为晋安帝。晋安帝比白痴皇帝司马衷还要傻得多，连春夏秋冬都分辨不清。有这样的傻皇帝，自然又是天下大乱。403年，桓温之子桓玄，率兵攻入建康，篡位称帝，改国号为楚，晋安帝被降为平固王。不久，将军刘裕举兵攻打桓玄，桓玄被杀，晋安帝复位。从此，刘裕在朝中独掌大权。晋安帝当了二十二年挂名皇帝，活了三十七岁。

东晋最后一个皇帝，叫司马德文，是司马德宗的弟弟，登基时三十三岁，被称为晋恭帝。此时，东晋政权早已名存实亡。刘裕执掌大权以后，想要自立为帝，便派王韶之杀掉了晋安帝，因图谶说"昌明（孝武帝）之后有二帝"，刘裕就暂时立司马德文为帝。一年以后，刘裕逼晋恭帝退位，不久又杀了他。

420年，刘裕灭掉东晋，代晋称帝，改国号为"宋"，史称南朝宋。

东晋在一百多年的时间内，几乎没有兴盛过。从晋朝的兴衰历程来看，晋朝确实是一个畸形的朝代。想当初，司马懿父子三人，个个都是人精，老谋深算，敢作敢为，在不长时间内，就窃取了曹魏江山，可是，他们的子孙后代中，竟然没有出现一个有作为的皇帝，稍微像点样的，也是短命鬼，令人不可思议。

这是否可以表明，窃取来的东西，基础是不牢固的，结局也是不好的，终究会失去的。

司马父子开创晋朝基业

　　晋朝的基业，是司马懿父子三人开创的。他们都是魏国重臣，前后执掌大权十七年，为曹魏政权做出了很大贡献。然而，他们野心膨胀，利用手中的权力，结党营私，大肆培植个人势力，致使家族势力超过朝廷力量，最终取而代之。

　　《晋书》记载，司马懿，字仲达，是河内郡温县（今河南温县）人，生于179年。司马氏的祖先，是重黎，重黎是五帝之一颛顼的儿子，血统还是挺高贵的。司马懿出身官宦世家，祖上几代人都当大官，父亲叫司马防，当过京兆尹。京兆尹是地方长官，曹操曾在司马防手下任职。

　　司马懿少年时就有大志，聪明有谋略，博学多闻，潜心研究儒学。南阳太守杨俊，以善于识人著称，见到司马懿后，赞叹不已，认为他不同寻常。尚书崔琰，与司马懿的哥哥司马朗是好朋友，对司马朗说："君弟聪明刚毅，超过常人，日后必成大事，您是比不上他的。"

　　201年，曹操听说了司马懿的名声，想召他任职，司马懿却不愿意为曹操效力，称病拒绝了。208年，曹操再次征召司马懿，并下令说："如果再推辞不来，就逮捕他。"司马懿没有办法，只好从了曹操。那一年，司马懿三十岁，曹操五十四岁。看来，司马懿从一开始，就看不起曹操，曹操也万万没有想到，他辛苦创立的曹魏江山，最终会落到司马氏手里。

　　司马懿应召后，曹操只给了他一个文学掾的小官，负责管理学校，教授弟子。司马懿与曹丕有了交往，常在一起探讨学问。后来，司马懿先后担任了黄门侍郎、议郎、丞相东曹属、主簿等官职，有时也随曹操出征，出过一些计谋。司马懿对曹操小心谨慎，俯首帖耳。

曹操善于识人用人，知道司马懿有才能，但认为他表面恭顺内心奸诈，外表忠厚内心嫉妒，胸有大志，善用权谋，又有"狼顾之相"，因而并不重用他，并且告诫儿子曹丕说："司马懿不是做人臣的人，你以后要提防他。"

曹丕却没有把他老子的话当回事，他与司马懿关系密切，对他十分信任。司马懿见曹操不肯重用他，便在曹丕身上下足了功夫。他为曹丕出谋划策，帮助曹丕战胜对手，登上太子之位，曹丕对他十分感激。在曹操死的前一年，在曹丕的要求下，司马懿当上了太子中庶子，是太子的属官，官职虽不算高，但能与太子形影不离，共商大事。司马懿比曹丕大八岁，又老谋深算，玩弄曹丕，那是小菜一碟。曹操明明知道司马懿有"狼顾之相"，却让他与曹丕交往甚密，这是一个重大失误。

220年，曹操病逝，曹丕继位，司马懿立刻飞黄腾达起来，两年之内，四次擢升，并被封为向乡侯，一跃成为朝廷重臣。曹丕还把司马懿当作自己的萧何，外出征战时，都让司马懿镇守后方。司马懿确有才干，大小事务都处理得有条不紊，曹丕越来越信任重用他。

226年，曹丕病死，临终前，任命曹真、曹休、陈群、司马懿为辅政大臣，辅佐自己的儿子曹叡。曹叡仍然重用司马懿，他登基的当年，就提拔司马懿为骠骑将军，从此，司马懿手里有了兵权。在曹叡执政十四年间，司马懿的才能得到充分发挥。他领兵驻扎宛城，加督荆、豫两州军事，曾出其不意斩杀孟达，后升为大将军、大都督，率兵与诸葛亮对抗。在诸葛亮病逝、蜀国威胁解除之后，司马懿又率军北伐，平定了辽东。司马懿为魏国建立了赫赫战功，与此同时，他的声望、权力与日俱增，个人势力也迅速壮大。

239年，魏明帝曹叡病逝，临终前，将八岁的儿子曹芳托付给曹爽和司马懿。曹爽是曹真的长子，正宗的曹魏宗室。曹爽和司马懿同为托孤大臣，起初还能合作共事，后来产生了矛盾，曹爽排挤司马懿。司马懿采用韬光养晦之计，称病不问政事。曹爽派人探望，司马懿装出痴呆的样子，当时他已年近七十，曹爽便相信了，完全放松了警惕。司马懿却暗地里做好布置，等待时机，准备一举消灭曹爽势力。

249年，曹爽兄弟陪魏帝曹芳离开洛阳，去祭拜魏明帝高平陵。司马懿见机会来了，立即发动政变，占据了洛阳城。司马懿给曹爽写信，说只要他放弃权力，可保住爵位和荣华富贵。曹爽相信了，返回洛阳。可是，曹爽兄弟一到洛阳，立刻被司马懿诛杀，并灭其三族。同时，曹爽的亲信党羽，悉数被杀，家族也被诛灭，洛阳城内血流成河。曹爽势力被一网打尽，司马懿在他七十高龄的时候，终于完全控制了皇帝和朝廷。这就是历史上著名的"高平陵之变"。

251年，司马懿病逝，终年七十三岁。司马懿有九个儿子，长子司马师、次子司马昭，先后承袭了他的权力，有三个儿子死得早，剩下的儿子们，全都参加了后来的八王之乱，其中第九子司马伦，还篡位过了几个月的皇帝瘾。看来，热衷于权力，是司马家的家风。

司马懿死时，把权力交给长子司马师。司马师当时四十三岁，已经相当老练了，他牢牢掌握着朝廷大权，朝中遍布他的亲信和爪牙。司马师的结发妻子，叫夏侯徽，是夏侯渊侄子的女儿。夏侯家族与曹氏家族关系密切，司马师担心野心暴露，便借疫病流行之机，狠心把她毒死了。夏侯徽与他结婚多年，而且为他生了五个女儿。可见，在司马师眼里，只有权力。

后来，魏帝曹芳长成二十多岁的小伙子了，他不甘心当个傀儡皇帝，与李丰、张缉、夏侯玄等人密谋，想废掉司马师。司马师耳目众多，得到消息，立即反击，诛杀了李丰、张缉、夏侯玄等人，并灭三族。李丰是曹芳的姐夫，张缉是曹芳的岳父，夏侯玄是夏侯徽的亲哥哥，司马师杀起他们来，眼睛都不眨一下。在司马师看来，只要危及了他的权力，不管是谁，都得死。

司马师杀了李丰等人，还不解气，他要釜底抽薪，干脆把曹芳废掉，另立了十三岁的曹髦当皇帝。不过，司马师没敢杀害曹芳，曹芳活了四十三岁病逝。

司马师的倒行逆施，自然引起很多人反对。镇东将军毌丘俭和扬州刺史文钦，联合起兵，讨伐司马师。司马师不敢让别人统领军队，不顾身体有病，亲自领兵平定，打败了讨伐他的军队。

司马师眼睛上有瘤疾，久治不愈，这次军旅劳累，旧病复发，致使眼睛流脓。有一天夜里，文钦军队突袭营寨，司马师一惊，眼珠子被震出眼眶，病情加重。回师许昌后，司马师卧病不起，遍请良医也无济于事。司马师疼得死去活来，满地打滚，最后竟然活活疼死了，终年四十八岁。

司马师没有儿子，收养了弟弟司马昭的次子司马攸做嗣子，以便继承他的职位。可是，司马攸当时只有十岁，司马昭便接过了权力。司马昭常对别人说："这是我哥哥的天下，侄子年幼我先替他管着，以后会还给他的。"

司马昭执政时，已经四十五岁，更加成熟老练。他出征时，常常带着年幼的皇帝和皇太后，时刻把他们置于自己的监视之下。在历史上，皇帝御驾亲征，是有的，但年幼的皇帝出征，却没有过，特别是皇太后随军出征，更是闻所未闻。司马昭为了权力，什么都不顾忌，什么事都敢做。

魏帝曹髦也长成二十岁的小伙子了，他血气方刚，非常不满司马昭专权，想要废掉他。可是，曹髦身边，连个可以商议的亲信都没有，于是，曹髦亲自披挂上阵，带领身边的卫士，去讨伐司马昭。曹髦勇气可嘉，但这是鲁莽和愚蠢之举。司马昭早已得到消息，派心腹贾充带兵迎击，贾充授意成济，杀死了魏帝曹髦。司马昭敢杀皇帝，比他哥哥厉害！

司马昭轻松杀掉曹髦，另立了十四岁的曹奂当皇帝。后来，司马昭灭掉蜀国，声威大振，被封为晋王，建晋国，具备了篡魏的一切条件。于是，他死后不到半年，他的儿子就灭掉魏国，建立了晋朝。

司马昭在临死前，并没有把权力还给侄儿，而是传给了自己的儿子。在司马昭看来，权力是最重要的，当然要留给自家人了。

就这样，司马懿父子开创了晋朝基业，与其说开创，不如说是窃取更准确。有些人常把曹魏篡汉与司马篡魏相提并论，认为是曹魏的报应。其实，两者有着根本性的区别。曹魏废汉时，东汉王朝早已名存实亡、一无所有了，根本没有可篡之物，曹魏是靠着自己的浴血奋战，才打下了曹魏江山；而司马懿父子，是靠着曹魏皇帝的信任和重用而获得权力，又靠权力结党营私，最终窃取了曹魏政权。与曹操相比，司马懿父子才是名副其实的奸雄！清代著名史学家赵翼评价说："司马氏当魏室未衰，乘机窃权，废一帝、弑一帝而夺其位，比之于操，其功罪不可同日语矣。"

司马氏皇族也知道司马懿父子干的这些事不光彩，所以从不提祖上创业之事，以致后代子孙都不清楚。五十多年之后，晋明帝司马绍问大臣王导，他的祖上是如何取得天下的。王导把司马懿父子的事情，如实讲述了一遍。晋明帝听了，羞得满脸通红，抬不起头来，把脸伏在床上说："如公所说，晋朝的天下，怎么能长久呢？"

李世民在《晋书》中专门为司马懿写了一篇"御撰"，说司马懿文能治政，武能克敌，雄才大略决断于内，英明策划决断于外，如果竭尽忠诚义节，可与伊尹、傅说齐名。然而，他接受了两位君主临终前的重托，却没有以身相报，前忠而后叛，用奸诈邪恶的方法奠定帝业，以为能够蒙蔽世人，最终还是被后人耻笑。

司马懿父子开创晋朝基业，不是靠自己的辛苦努力和浴血奋战，而是用卑鄙的手段进行窃取，这一定是不得人心的，所以，晋朝的基业，也必然是不稳固的。

司马炎坐享其成当皇帝

晋朝的开国皇帝，是司马炎。历史上的开国皇帝，大都会经历一番艰辛创业和浴血奋战，刘邦、刘秀、杨坚、李渊、朱元璋、努尔哈赤等人，莫不如此。而司马炎，却是坐享其成，靠着先辈窃取的魏国江山，轻松建国，当上皇帝。

《晋书》记载，司马炎生于236年，是司马昭的长子，为人宽惠仁厚，深沉有度量，曾担任给事中、奉车都尉、中垒将军、中护军等官职，史书没有记载他有过什么功劳。

司马炎有八个弟弟，其中，司马攸与他是一母同胞。司马攸比司马炎小十二岁，从小就聪慧过人，性格温和，十分孝顺，祖父司马懿、伯父司马师都很喜欢他。因司马师无子，司马昭便把司马攸过继给哥哥做嗣子，以便继承司马师的爵位。

司马师对司马攸十分疼爱，视如己出，整日不离左右，外出打仗时也带着他，司马攸六岁就被封为长乐亭侯。司马师死后，只有十岁的司马攸异常悲痛，天天号哭，不能进食，嗓子都哭哑了，人们无不被他的孝心所感动。之后，司马攸精心侍奉继母羊徽瑜，以孝顺而闻名。

司马昭自然也喜欢这个亲生儿子，经常对人说，日后要把爵位传给司马攸。众人听了，有的称赞司马昭仁厚，有的赞叹他与哥哥兄弟情深。司马炎听了，心里却不是滋味，他不甘心王位落到弟弟手里，于是，司马炎暗地里四处活动，拉拢大臣，制造舆论，试图改变父亲的想法。

264年，魏帝曹奂下诏，任司马昭为相国，封为晋王，建晋国，加九锡。司马昭传出风声，想按照诺言，立司马攸为王太子。此时，司马攸已经十六岁了，他熟读经籍，擅写文章，又从军多年，历任散骑常侍、步兵校尉、卫将军等职，治军有威严、有恩惠，属于文武双全，而且宽厚仁义，礼贤下士，声望很高。《晋书》说他"为世所楷，才望出武帝之右"，意思是说，司马攸是世人楷模，其才能和声望高于司马炎，而且他又是司马师的嗣子，所以，由他继承王位，是众望所归。

这时，司马炎暗地里所做的工作，开始发挥作用了。大臣何曾等人对司马昭说："司马炎聪明神武，有超世之才。特别是他有异相，头发拖地，手臂过膝，这不是做人臣的相貌，而是天子之相啊！"

替司马昭杀掉皇帝的心腹大臣贾充，也力挺司马炎，说司马炎宽厚仁义，有人君之德，应该继承王位，特别是立嫡立长，是老祖宗定下的制度，不能破了这个规矩。

听大臣们这么一说，又是天意，又是祖宗制度，司马昭便"虚心纳谏"了，于265年五月，立司马炎为王太子，确立了他的继承人地位。三个月后，司马昭死了，司马炎顺理成章地继承了父亲的相国职位和晋王爵位，数月之后，废魏建晋，当上皇帝，被称为晋武帝。

何曾、贾充等人，之所以坚定地支持司马炎上台，固然有司马炎暗地活动的因素，但根本的原因，是他们揣摩透了司马昭的真实想法。《晋书》很明确地指出，他们"能观察上旨"。司马昭宣扬让司马攸继承，只不过是作秀，心里实际上是想让司马炎接班。虽然两人都是他的亲儿子，但在继承上，却有着很大的不同，如果司马攸继位，往下传的是哥哥司马师这一支，只有司马炎接班，往下传的才是自己这一支。在权力面前，兄弟情义只能往后靠了。

司马攸确实仁孝，对父亲的食言，并没有表现出一丝的不满情绪，相反，司马昭去世后，司马攸悲痛欲绝，好几天水米不进，整日痛哭流涕，谁劝也不进食，身体虚弱得都站不起来了。他的生母王元姬听说以后，心中焦急，亲自跑去劝慰，逼他吃饭。司马攸不忍让生母伤心，才勉强开始进食。司马攸的孝心，再一次受到人们的广泛赞誉。

司马昭其实心里是很喜欢司马攸这个儿子的，但为了自家的权力，不得不牺牲他的利益。司马昭在临终前，逼着司马炎对天发誓，一定要善待弟弟。他们的母亲王元姬，更是时刻关心着她这个儿子。司马炎也是一个宽厚皇帝，并不暴虐。由于这几个原因，司马攸后来的一段日子，过得还算可以。

司马炎称帝后，封司马攸为齐王，担任骠骑将军，总领军事，委以重任。司马攸毫无怨言，尽心尽责地辅佐哥哥，兄弟俩一度十分和谐。不过，司马炎始终有一块心病，那就是司马攸太得人心了。司马攸曾经统领过一支数千人的队伍，他调离时，这几千人死活都要跟着他，不离不弃。司马炎登基几年后，生过一场大病，眼看不行了，群臣商议，准备拥戴司马攸继位，所幸司马炎病好了，此事才算作罢。

司马攸如此深得人心，司马炎始终感到不安，所以，他明知道自己的儿子弱智，却坚持立嫡立长的制度不变，不敢废太子。母亲王元姬去世以后，司马炎开始限制司马攸的权力。司马炎晚年时，担心他死之后，群臣会拥戴司马攸继位，于是下令，让司马攸回封地齐国去，不准留在京城。司马攸请求辞去一切职务，只为母亲守墓，也不被允许。

司马炎的这一决定，遭遇了群臣的极大阻力，张华、曹志、向雄、司马骏、王浑等一批重臣，纷纷上书劝谏。但是，群臣越是反对，司马炎的决心越是坚定，因为司马攸留在京城，是对傻儿子皇位的极大威胁。为此，司马炎不惜将一些重臣免官或监禁。司马攸并没有野心，他感到愤怨不平，还没走到齐地，在半路上就呕血而死，年仅三十六岁。

听说司马攸死了，司马炎大哭不止，十分伤心。他知道弟弟是无辜的，但为了皇位和权力，他不得不这样做。据《晋书》记载，见司马炎如此悲伤，他的心腹冯紞这样劝他："齐王名过其实，却得到天下人心，如今他死了，正是社稷之福，陛下有什么可悲伤的呢？"司马炎听了，停止了哭泣。

司马炎不是一个坏皇帝，只不过把皇位权力看得过重，人性有点扭曲。司马炎很想有一番作为，他称帝以后，用了十几年时间巩固了自己的统治，实现了社会稳定、经济发展，下一步，他就要大展宏图，完成统一天下的宏伟大业了。

羊祜献策伐东吴

司马炎的最大功绩，是灭掉东吴，统一天下，结束了国家分裂状态，建立了大一统的西晋王朝。为他谋划伐吴大计的，是大臣羊祜。

《晋书》记载，羊祜，生于221年，是泰山南城（今山东新泰一带）人，一说是平邑人。羊祜出身于名门世族，他的祖父羊续，曾任南阳太守，留下了"悬鱼拒贿"的美德故事；他的外祖父蔡邕，是东汉有名的大儒，蔡文姬是羊祜的姨妈；他的姐姐羊徽瑜，是景帝司马师的皇后；他父亲当过上党太守；他妻子是夏侯霸的女儿。

羊祜自小聪明，长大后博学多才，善于写文，长于辩论，负有盛名，而且仪度潇洒，须眉秀美，身高七尺三寸，是个美男子。由于他才貌俱佳，人们夸他是当代的颜回。

羊祜很有政治头脑，当时魏帝曹芳年幼，曹爽和司马懿两个托孤大臣明争暗斗，局势很不稳定，因此，州官四次征辟羊祜入仕，都被羊祜拒绝。后来，曹爽势力占了上风，司马懿实行韬晦之计，闭门不出，许多人投靠了曹爽集团，曹爽也派人征召羊祜，羊祜仍然不为所动。结果，司马懿突然发动"高平陵之变"，一举铲除曹爽势力，许多投靠曹爽的人，都被杀死，羊祜则安然无恙。

直到司马师去世、司马昭执掌大权的时候，羊祜见局势稳定，才应召入仕。那时，他已经三十五岁了，阅历丰富，又有才华，在官场上游刃有余，于是厚积薄发，步步高升，先后任中书侍郎、给事中、黄门郎、秘书监等职。羊祜与司马炎关系很好，在代魏前夕，司马炎任命羊祜为中领军，在皇宫当值，统领御林军，兼管内外政事，羊祜成为司马炎的亲信。

司马炎称帝后，一面巩固自己的统治，一面做着吞并东吴、统一天下的准备。司马炎知道，羊祜文武兼备，忠贞坦诚，能担大任，便把羊祜调往荆州前线，担任都督荆州诸军事，假节，主持伐吴大计。当时，西晋和东吴各占荆州一半，形成南北对峙局面。这里，是灭吴战争的关键地区。

269 年，羊祜到达荆州，开始筹划灭吴事宜。羊祜到任后，发现由于连年战乱，荆州经济凋零，百姓贫苦，人心不稳，戍边军粮也不充足，军粮储备不足一百天。根据这种情况，羊祜向司马炎建议，伐吴不可操之过急，应该首先增强自己的实力。司马炎很赞同，委托羊祜全权处理，见机行事。

羊祜采取怀柔策略，努力改善晋吴双方剑拔弩张的紧张局面，缓和战争气氛。羊祜并不主动向东吴进攻，东吴来犯时，只是防御，也不越界出击，抓住对方俘虏，十分优待，立即送还。羊祜军队路过吴国边境，去收割田里的稻谷，每次都很客气地告知对方，并送上布绢作为"买路钱"。打猎时，羊祜严格约束军士，不得超越边界；对方打猎时，有的猎物受伤跑过来，羊祜让人擒获后，马上送还。东吴人都对羊祜有好感，称他为"羊公"。

营造了较为宽松的环境以后，羊祜致力于发展经济。他把军队分作两半，一半巡逻戍边，一半开荒种田，全军开垦良田八百余顷。粮食丰收以后，一部分救济穷人，一部分充作军粮，这样几年下来，晋军的军粮储备，够吃十年以上。

与此同时，羊祜推行仁政，安抚百姓，开办学校，救助鳏寡孤独，实现了社会稳定，民心归服。羊祜在荆州享有崇高威望，他死后，百姓自发为他建庙立碑，直到现在，每逢时节，周围百姓仍然去祭拜他，并称羊祜碑为"堕泪碑"。

东吴皇帝孙皓，见西晋在荆州的势力日益强盛，十分恐慌，派出名将陆抗，与羊祜对抗。陆抗是陆逊的儿子，很有谋略，他到荆州后，提出了十七条对策，并平定了西陵叛乱，打败了羊祜的援军。陆抗的到来，引起羊祜的警惕和不安，他知道，有陆抗在，从荆州方向攻击东吴是很困难的。

羊祜经过反复考虑，向司马炎写了一封密信，建议利用长江上游的便利条件，在益州大办水军，以水路为主，攻击东吴。司马炎采纳了，命益州刺史王濬建造战船，操练水军。后来，王濬水军顺江而下，直捣建康，灭了东吴。

羊祜和陆抗，都被列为古代六十四名将，又都有政治头脑，正是棋逢对手。他俩都知道，在当时情况下，谁也吃不掉谁，于是，各保边境，并不互相攻击，还常有使者往来。陆抗称赞羊祜说："虽乐毅、诸葛孔明不能过也。"这评价是相当高的。

有一次，陆抗生了病，听说羊祜有治疗此病的良药，便写信求药。羊祜马上派人把药送去，并回信说："这是我自己刚配制的药，还未服用，听说您病了，就先给您吃吧。"吴将害怕有诈，都劝陆抗勿用。陆抗却毫不怀疑，说："羊祜专以德服人，怎会用毒药害人呢?"端起药碗，一饮而尽。

孙皓听说后，很不理解，派人斥责他。孙皓暴虐无道，人心尽失，吴国前景堪忧。陆抗忧心忡忡，不久忧郁病逝，只有四十九岁。陆抗一死，东吴就再无良将了。

276 年，羊祜见伐吴时机已经成熟，向司马炎写了著名的《请伐吴疏》。羊祜分析了天下大势，指出孙皓残暴，君臣离心，正是伐吴的好时机，并献上了伐吴的具体计策。

羊祜的建议，得到司马炎肯定，但朝中大臣纷纷反对，权臣贾充、冯紞的态度更为激烈，他们认为西北地区鲜卑未定，不宜两线作战。在朝中大臣中，只有杜预、张华等少数人赞同，司马炎只好暂缓伐吴。

278 年，羊祜病重，司马炎下诏，让他入朝治病。羊祜再次向司马炎陈述伐吴主张，说："孙皓暴政，已到极点，此时伐吴，可一战而定。倘若孙皓死了，吴人另立明君，好机会就丧失了。"羊祜还向司马炎详细阐述了水陆并进、水路为主的伐吴策略。

这年十一月，羊祜病逝，终年五十八岁。羊祜临终前，推荐杜预接替他的职务。

羊祜死后不久，杜预按照羊祜生前的部署，一举灭掉吴国，完成了统一大业。在庆祝宴会上，司马炎流着眼泪说："这是羊太傅的功劳啊！"

羊祜虽然没有亲自参加伐吴战争，但他为伐吴奠定了坚实基础，并制定了伐吴大计，他的功劳，历史是不会忘记的。

杜预灭吴立大功

杜预，与羊祜一样，是魏晋时期政治家、军事家。他接替羊祜职务，按照羊祜生前部署，主持伐吴大计。他三次上书，力谏司马炎出兵伐吴，并在伐吴战争中立下大功。

《晋书》记载，杜预生于222年，比羊祜小一岁，是京兆杜陵（今陕西西安）人。杜预出身于官宦世家，祖父杜畿，是曹魏名臣，父亲杜恕，担任过河东太守。

杜预从小博览群书，对政治、经济、法律、历法、史学、数学都有研究，是魏晋时期著名学者，人称"杜武库"，意思是说，他肚子里的学问，就像武器仓库一样，应有尽有。

杜预是司马昭的妹夫，因而受到信任和重用，是司马昭相府的重要幕僚，历任河南尹、安西军司、秦州刺史、度支尚书、镇南大将军等职。杜预靠裙带关系，更凭借自己的真才实学，成为司马集团中最杰出的成员之一。

羊祜之所以推荐杜预，一是因为杜预与司马氏关系密切，忠诚可靠；二是由于杜预是坚定的"伐吴派"，在朝廷争论时旗帜鲜明地支持羊祜；三是觉得杜预有卓越的军事才能，能够担当大任。

杜预接替羊祜职务后，即刻南下，奔赴荆州。此时的荆州，晋强吴弱的格局已经十分明显，用不着再搞怀柔了。杜预一到任，立刻下令，奇袭西陵。西陵是东吴西部重镇，扼守长江，只有占据了西陵，蜀地的水军才能顺江而下。陆逊和儿子陆抗，都十分重视西陵，派重兵防守，陆抗还曾及时平定了西陵的反叛，使西陵始终在东吴手里控制着。陆抗死后，西陵兵力减少，防备松懈，西陵守军更没有想到，杜预会一上任就来进攻，结果被打得大败。

杜预打败了西陵之敌，为益州水军东进扫除了障碍，这样，水陆两路攻击东吴的条件，就完全具备了。杜预赶快给司马炎上书，请求对东吴开战。不料，朝中大臣众说纷纭，意见不能统一，司马炎将伐吴计划推迟到下一年。

279年八月，杜预再次上书，强调伐吴条件已经成熟，如果不及时进兵，实际上是纵敌养患。贾充等人仍然反对，贾充是怕别人立了大功，会影响到他的地位。杜预又气又急，紧接着第三次上书，直接痛斥了贾充等人不顾国家利益，只为自己考虑的阴暗心理和可耻行径。杜预还吓唬司马炎说，伐吴消息已经泄露，东吴正在采取措施，如不赶快出兵，必会遇到新的困难。

杜预第三次上书送达时，司马炎正与大臣张华下棋。张华看到上书，立刻跳了起来，推开棋盘，力劝司马炎接受杜预意见，不能再优柔寡断了。这时，朝中"伐吴派"的力量大了起来，司马炎终于下了决心，要出兵伐吴。

十一月，司马炎调集二十万大军，水陆齐进，兵分六路，大举进攻东吴。杜预被任命为西线总指挥，负责攻占江陵和荆州地区，并负责调遣从益州顺江而下的水军。

杜预早已做好了各项军事部署，朝廷命令一下，他立即指挥军队，包围了江陵。江陵是东吴重镇，城防坚固，易守难攻。杜预并不急于攻城，而是按照事前谋划好的计策，对江陵围而不打，只是切断它与外部的联系，然后，分兵向西进攻，夺取沿江城池，以确保水军东进畅通无阻。

在扫清江陵外围之后，杜预回过头来，集中力量攻打江陵。江陵的守敌，早已人心惶惶，兵无斗志，杜预没费多大力气，就攻破了城池。紧接着，大军席卷荆州，连战连捷，很快占领了整个荆州地区。

由于连续作战，士兵们十分疲劳，杜预鼓励将士们说："我们连打胜仗，士气旺盛，而敌人闻风丧胆，正是一鼓作气、全歼敌人的好机会。敌人比我们更疲劳，不能给他们喘息的机会。"将士们听了，都觉得杜预说得有理，斗志更加高昂。

占领荆州地区之后，杜预兵分两路：一路向东，配合其他晋军进攻建康；一路向南，长驱直入，攻占了广州、交州广大地区。在灭吴战争中，杜预功绩卓著，共斩杀、俘虏东吴都督、监军一类的高级官员十四人，郡守一类的官员一百二十人，夺取的土地也最多。

据《晋书》说，杜预虽被称为军事家，却是个文弱书生，他不会武艺，不会骑马，不会射箭，更不能上阵杀敌。但他胸有谋略，善于用兵，常常出其不意，每战必胜。所以，东吴士兵对他又怕又恨。杜预有大脖子病，吴人就给狗脖子上戴个水瓢，看见长包的树，写上"杜预颈"，然后砍掉，借以发泄对杜预的仇恨。

杜预心胸宽广，有大将风度。益州的水军，在荆州地区归他指挥，水军统领，是七十多岁的老将王濬。杜预对王濬十分尊重，对水军作战，不过多干预，让王濬有充分的自主权，并为水军东进扫清了一切障碍，创造了良好条件。杜预还建议王濬，尽量减少与敌军纠缠，争取时间，直捣建康，建立旷世之功。王濬对杜预十分感激，心悦诚服。王濬水军到达长江下游之后，待遇就截然不同了；另一路晋军统帅王浑，怕王濬首先攻入建康，夺了头功，便对他百般刁难。王濬排除了他的干扰，攻占建康之后，王浑妒忌，仍然攻击陷害他。相比之下，杜预的人品受到人们称赞。

由于羊祜、杜预谋划周密，准备充分，晋军不到四个月时间，就占领了吴国全境，吴主孙皓投降，天下归于统一。

战后，杜预因功被封为当阳县侯，其子也被封为亭侯。285年，杜预病逝，终年六十三岁。

王濬顺江击建康

在伐吴战争中，同样做出重大贡献的，是水军统领王濬。

西晋伐吴，兵分六路，其中一路是水军。水军从长江上游的益州出发，顺江而下，所向披靡，一举攻占吴国都城建康，建立了旷世奇功。统领水军的，是西晋名将王濬。

《晋书》记载，王濬出生于206年，是弘农郡湖县（今河南灵宝一带）人。王濬出身于官宦世家，少年时就有大志，博通典籍，姿貌俊美，但不注意修养品行，故不为乡里所称道。

王濬修建宅第时，在门前开了一条数十步的宽阔大道。有人问他，为何修这样宽，王濬很认真地回答："我打算使路上能容纳长戟幡旗的仪仗。"众人都笑他，王濬却说，"陈胜说过，燕雀安知鸿鹄之志哉？"

王濬长大后，被州郡长官征辟入仕，当过河东从事，后来成为羊祜的属下。王濬为人严正清峻，许多人都怕他，但羊祜认为他有才能，加以重用。羊祜的侄子羊暨说："王濬志向太高，生活奢侈，不可担当大事。"羊祜却说："王濬既有大志，又有才干，是可以用的。"

在羊祜的推荐下，王濬先后在益州当过巴郡太守、广汉太守，因政绩突出，升任益州刺史，后来入朝，任右卫将军、大司农。羊祜在筹划灭吴大计时，向司马炎建议，在益州建设水军，建造战船，顺江而下，攻击东吴，并推荐王濬担当此任。司马炎采纳了，再次任命王濬为益州刺史。

益州原来有蜀国留下来的水军，但训练不精，编制不满，战斗力不强。王濬到任后，立即进行整顿，挑选精壮士兵扩充水军，加强训练，提高水军士兵的待遇，时间不长，益州水军就成为一支精锐之师。

与此同时，王濬大造战船，他造的船很大，长一百二十多步，每船可载两千人。大船周边以木栅为城，有四道门可以出入，船上可以跑马。王濬建造的战船，数量之多，规模之大，自古未有。

在羊祜、杜预上书朝廷，请求伐吴的时候，王濬也给司马炎上书，说："臣多次派人查访东吴情况，孙皓荒淫凶暴，吴人无论贤愚，没有不怨恨的，现在正是伐吴的好时机。再者，臣造船已经七年，有的开始腐朽损坏，如不利用，臣怕七年心血付之东流。还有，臣年已七十，来日无多，如不能完成伐吴大业，臣将死不瞑目。"王濬的上书情真意切，令司马炎感动不已。

279年十一月，司马炎终于下了决心，兵分六路，攻击东吴。王濬早已做好一切准备，立即率领水军，从成都出发，顺江而下，过瞿塘峡、巫峡，很快抵达吴境。王濬率军攻破吴丹阳，然后继续顺流而下，一时间，在千里江面上，万船齐发，声势浩大。

由于王濬这几年造船规模巨大，大量的碎木片漂到东吴，东吴早有防备，在长江中设置了大量铁锥，还设置了几道拦江铁链。王濬事先派人侦察，得知此情，已经有了对策。王濬做了几十个大木筏，每个百余步长，在战船前面开路，铁锥刺到木筏上，都被木筏带走，铁锥障碍被轻易清除了。王濬还做了数十个大火炬，灌上麻油，遇到拦江铁链，就点燃火炬，将铁链熔化烧断。于是，王濬的船队，一路通行无阻。

280年二月，王濬船队抵达荆州，荆州的沿江城池，多数已被杜预攻占，王濬水军没有遇到大的阻力。此时，只有荆门、夷道两城，还在吴军手里，王濬水军登陆，包围了两城，很快将城攻克，生擒了吴将陆晏，陆晏是陆抗的长子。杜预建议王濬，不要与敌纠缠，尽快去攻击建康。于是，王濬船队继续顺江东进，直捣建康。

三月，王濬水军抵达建康附近的三山，即将兵临城下。东吴皇帝孙皓，急令将军张象率一万水军迎敌。张象见满江都是王濬的战船，而且体形巨大，又见晋军旌旗蔽日，士兵精壮，喊杀声震天动地，张象心惊胆战，自知不敌，干脆率部投降了。

此时，从陆路进攻的其他五路晋军，正将吴军分割包围，龟缩在建康城内的孙皓，已经无兵可派、无人救援了。孙皓见大势已去，只好出城投降。王濬水军兵不血刃，进了建康城，东吴宣告灭亡。

　　王濬立下旷世奇功，却遭到王浑等将领的妒忌。王浑认为，是他们在陆地牵制消灭了吴军主力，王濬才能够乘虚而入，占领建康。这倒也是实情，但他们不该诬告王濬，说他进入建康后，将宫中宝物据为己有。朝廷有关部门接到举报后，打算用囚车把王濬载回洛阳，审查定罪。所幸司马炎比较贤明，下诏不予追究，并封王濬为辅国大将军，给予他优厚的待遇，以表其功。

　　王濬受此打击，心中愤愤不平，他本来就不是节俭之人，此后更是纵情奢侈享受，食则佳肴，衣则锦绣，还时常口出怨言。好在司马炎对他十分宽容，任其所为。

　　286 年，王濬寿终正寝，终年八十岁。王濬的墓地，围墙周长竟达四十五里地，十分豪华气派。

　　羊祜、杜预、王濬三人，是西晋为数不多的贤臣良将，他们为灭掉东吴，实现国家统一，做出了不可磨灭的贡献，在历史上留下英名。唐代追封古代名将六十四人，宋代追封七十二人，他三人都名列其中，而且在西晋时期，被称为名将的，也只有他们三人。

晋武帝先明后暗

晋朝开国之君司马炎，总体上看，还是一个不错的皇帝。他宽厚仁义，善待大臣，虚心纳谏，也不暴虐。在他执政前期，革新政治，发展经济，推行法治，呈现出繁荣景象，后又吞并东吴，统一全国，很有一番作为，史称"太康之治"。

然而，司马炎统一天下之后，却滋生了骄傲情绪，怠惰政事，耽于享乐，大兴奢靡之风，特别是他大封诸王，为西晋混乱埋下了祸根。

司马炎虽说是坐享其成当上皇帝，但他建国称帝时，天下并不稳定。从内部看，司马懿父子长期专政，靠强制手段为晋朝建国铺平了道路，但人心并未归服，特别是司马氏对曹氏家族及其势力的杀戮，更是长期留在人们心中的阴影，朝野上下同情曹氏的大有人在。从外部看，蜀国灭亡只有三四年时间，人心也不稳定。东吴占据长江以南大片地区，还时常攻打晋朝，也是一个不小的威胁。因此，司马炎的统治基础并不稳固。

司马炎知道，要想巩固其统治地位，首先在于稳定和收服人心。因此，他登基之初，采取了怀柔政策，把宽松无为作为立国精神。司马炎下诏说："为永保我大晋江山，现以无为之法作为统领万国的核心。"不久，又颁布了五条诏令："一曰正身，二曰勤百姓，三曰抚孤寡，四曰敦本息末，五曰去人事。"意思是说，要重点做好严于律己、关心民生、救助穷人、发展经济、禁绝贿赂五个方面的事情。

为了体现宽松政策，司马炎下令：解除长期对汉室的禁锢，让他们获得自由；给予被废的魏帝以优厚的待遇，甚至让他仍然打着天子的旌旗；提高蜀国皇帝刘禅的待遇，对刘禅的子弟封官晋爵。后来，吴国皇帝孙皓投降以后，尽管他态度不够恭敬，出言不逊，司马炎仍然宽容他，待遇甚好。另外，对东吴百姓减免了二十年的税赋。这样，司马炎获得了宽厚仁义的好名声，有效地缓解了社会矛盾，稳定了人心。

司马炎心里很清楚，要想实现长治久安，必须强国富民。西晋建国后，由于多年战乱，百姓生活十分贫苦，特别是无地的流民很多，大量土地都被豪门世族和权贵们霸占着。司马炎决定，首先要解决人们普遍关心的土地问题，把它作为振兴经济的主要内容。为此，司马炎制定了"户调式"的经济制度。

"户调式"经济制度，主要有三项内容。一是占田制，规定男子一人占田七十亩，其中五十亩缴租税；女子一人占田三十亩，缴二十亩租税。这一规定，使得每个农民都能得到合法土地，国家也有稳定的税收。二是户调制，这是以户为单位征收租税的制度，规定了每户纳税的数量，税赋并不是很重，百姓们能够承受。三是品官占田荫客制，这保障了官员权贵的权益，同时，对他们占田数量做了限制，一品官员最多占田五十顷。这项制度，遭到权贵们抵制。

"户调式"经济制度，总体上是有利于穷苦百姓的，使大量的流动人口有了土地，安心从事农业生产，这对于稳定社会、改善百姓生活、促进经济发展，起到了重要作用。

司马炎实行以法治国，并提倡法律宽简。他颁布了著名的《泰始律》，《泰始律》内容比较宽简，刑罚也大为减轻，废除了许多酷刑，特别对女人的判处，体现了从轻从宽的原则，是中国古代立法史上由繁入简的里程碑，它对于缓和社会矛盾，巩固司马氏统治，发挥了重要作用。

司马炎在政治、文化、社会等领域，也进行了一系列改革。他改革中央官制，实行三省制度，为后来的"三省六部制"奠定了基础；他实行州、郡、县三级行政制度，全国分为十九个州、一百七十三个郡，强化对地方的控制；西晋的文化也比较繁荣，出现了著名的"太康文学"。

司马炎认为，**魏国之所以被篡灭国，一个重要原因，是没有封曹氏子弟为王**，曹氏宗族没有实力，皇帝有难时，他们无力援助。于是，司马炎片面接受了教训，大封司马氏为王，一次就封了二十七个王。这些王不但有封国，而且有军队，大国五千人，小国一千五百人。司马炎认为，有这些同姓王拱卫着皇室，皇帝可保无虞。殊不知，这些同姓王，后来自相残杀，断送了司马氏江山。著名的八王之乱，并不是只有八个王参加，而是有很多。这是司马炎的一大败笔。

　　280 年，司马炎灭掉吴国，完成统一大业之后，认为功成名就，就骄傲放纵起来，追求享乐，生活奢侈腐化。他宫中有姬妾美女近万人，个个都很漂亮。到了晚上，司马炎拿不定主意让哪个美人陪着睡觉，就别出心裁，想出了一个好办法。他坐着羊拉的车子，在皇宫里随意游走，羊停在哪个美女门前，他就在哪里过夜。有聪明的美人，知道羊喜欢盐水的味道，就把盐水洒在地上，把竹枝插在门上，于是，羊就停在她的门前，这就是著名的"羊车望幸"的故事。这个故事，被《晋书》记载下来，流传至今。

　　司马炎喜欢美女，还不是最致命的，更糟糕的是，晚年的司马炎，怠于国事，一门心思追求安逸享乐，造成上行下效，各级官吏也不理政务，大讲排场，斗富成风，奢靡之风盛行，社会风气大坏。

　　古人有名句言，叫"成由勤俭败由奢"。西晋大兴奢靡之风，离败落就不远了。

西晋大兴奢靡之风

在封建社会，皇帝和权贵们大都奢侈，但奢侈到西晋那种程度的，却不是很多。西晋大兴奢靡之风，达到了匪夷所思、令人咋舌的地步。在中国历史上，西晋被公认为是最奢侈的朝代之一，这是它很快灭亡的重要原因。

西晋开国皇帝司马炎，在执政前期，还注意节俭。由于连年战乱，百姓流离失所，生活贫苦，国库也不充裕，司马炎下诏，要求各级官吏严于正身，关注民生，勤俭建国。但到他执政后期，由于经济得到恢复和发展，出现了"太康之治"，特别是灭掉东吴、统一天下之后，司马炎便骄奢放纵起来。

司马炎的皇宫里，原本有数千宫女，灭掉东吴以后，又从孙皓皇宫中，挑选了五千美女充实他的后宫，使宫中美女达到近万人。除了好色淫逸之外，司马炎还讲究排场，铺张浪费。他在建造太庙时，用的是荆山之木、华山之石，柱子上贴上黄金，雕刻成各种物体的形状，还镶嵌上宝珠，耗费了大量钱财。

皇帝奢侈，大臣们自然上行下效。身为百官之首的何曾，由于说司马炎有"天子之相"，为司马炎上台立下大功。司马炎对他十分感激，恩宠有加，称帝后任他为丞相。他仿照萧何，剑履上朝。何曾与萧何相比，有着天壤之别，他不去关心如何发展经济，提高百姓生活，而是专在自己的饮食上下功夫，每天的生活费高达万钱。有学者推算，当时的一万钱，相当于现在十万元人民币。每个月的伙食费，竟高达人民币三百万元，是够吓人的。何曾是历史上有名的奢侈丞相，留下了"何曾食万"的典故。

司马炎的舅舅王恺，比何曾还要过分。王恺有一头俊牛，名叫八百里驳，价值千万。有一天，有个叫王济的权贵来到他府上，要拿他的牛做赌注，比赛射箭。如果王济射中靶心，就吃牛心；如果射不中，就输给王恺一千万钱。王恺没有丝毫犹豫，很痛快地答应了。王济搭弓射箭，一箭正中靶心。王恺眉头都不皱一下，令人当场把牛杀了，取出牛心，烤熟了，送给王济吃。王济只吃了一口，就告辞走了。这一口，就价值千万钱。

王济，是伐吴功臣王浑的儿子，他能文能武，属于一代名士，娶了司马昭的女儿为妻。王济生性奢侈，衣食讲究。司马炎每次到王济府上，王济都提供大量的美食佳肴，由一百多名身穿绫罗绸缎的婢女端菜，食肴全部用当时极其珍贵的琉璃器皿盛放。

有一次，司马炎又到王济府上，王济献上一道蒸乳猪的菜肴。司马炎觉得鲜美无比，从来没有吃过，便问王济，这菜是怎么做的。王济十分得意地说："做法都一样，关键是乳猪不同，这乳猪从一生下来，就是喝人奶长大的，自然味道不同。所以，陛下肯定没有吃过。"司马炎听了，也觉得王济奢侈过度，脸上露出不悦之色，饭没吃完就走了。《晋书》记载说："帝色甚不平，食未毕而去。"但司马炎并没有责备王济，更没有制止他。

说起西晋奢靡来，最出名的要数石崇了，石崇与王恺斗富的故事，流传至今。石崇在任荆州刺史期间，靠着横征暴敛和抢劫客商财物，大发不义之财，积聚了巨额财产。石崇过着挥金如土、醉生梦死的生活，不说别的，他的厕所就修建得精美绝伦。厕所里铺着大红地毯，备有绛色蚊帐、高级垫子和褥子，香水、香膏等物一应俱全。厕所门口，有身穿锦衣的女仆恭立伺候。上厕所时，要换上新衣，新衣是一次性的，上完厕所就扔掉不要了。

石崇如此奢华，古今中外也不多见。值得注意的是，石崇并不是土豪，而是西晋的高级官员，还是一位文学家，他写的《王明君辞》《楚妃叹》等作品，辞藻华美，广泛流传。

不仅贪官污吏们奢靡，有些名声比较好的官员也是如此。率领水军直捣建康、灭了东吴的王濬，立有大功，官声颇佳，但他讲究排场，喜欢奢侈，为自己建造了庞大的陵墓，陵墓围墙周长达四十五里地，四面均有豪华大门，陵区内松柏茂盛，奇树异草，一派奢华气象。

不仅达官显贵们奢靡，就连当时的名士、竹林七贤之一的王戎，也浑身散发着铜臭味。王戎家产多得数不清，他最喜欢做的事，是在夜深人静的时候，点上灯，和老婆拿着象牙筹，一笔笔地计算，看自己有多少钱，那是他最开心的时刻。可见，攫取财物，追求享乐，奢侈豪华，已成为西晋的社会风气。

当然，时代再混乱，也有人坚守道义；官场再腐败，也有人清廉自守。西晋太傅刘寔，就是一个清廉之人。刘寔的父亲当过县令，以清廉著称，因而家无余财，刘寔小时候，靠卖牛衣维持生计。他当上高官之后，仍然生活俭朴，不与世俗同流合污。

有一次，刘寔到石崇家做客，中间要上厕所。刘寔被人引到厕所，一见如此豪华，吓了一跳，认为走错了地方，赶紧退了出来。刘寔向石崇道歉说："很抱歉，误入了您的寝室。"石崇哈哈大笑，说："那就是我家的厕所。"刘寔一听，脸色骤变，冷冷地对石崇说："我历来是清贫之人，不敢在您这豪华的地方待着。"说完，拂袖而去。在那个奢靡之风弥漫整个朝野的年代，像刘寔这样的清廉之人，不过是凤毛麟角，是无法左右大局的。

晋朝是依靠篡位而建国的，本身基础就不牢固，建国不久，又大兴奢靡之风，所以，它的短命，是必然的。

何曾祖孙皆奢侈

在西晋奢靡之风中，影响最大的，大概要数丞相何曾了。何曾不仅官职高，起到了带头作用，而且奢侈时间长，他的儿子、孙子全是奢侈之徒，祖孙三代一脉相承，形成了奢靡家风，对社会影响很大。

《晋书》记载，何曾，出生于199年，是陈国阳夏（今河南太康）人。何曾的父亲叫何夔，当过曹魏时期的太仆，何曾本人，也在曹魏政权做官多年。何曾头脑灵活，投靠了司马懿，曹爽专权时，何曾受到牵连，称病引退。后来，司马懿发动政变，杀了曹爽，执掌大权，何曾就飞黄腾达了。

到司马昭执政时，何曾已经爬上了司徒的高位，成为三公之一。当时，司马昭的职务是相国，按照礼节，三公去见相国时，只是行作揖礼，不应该跪拜，唯有何曾，每次见到司马昭，都行跪拜大礼。在他的带动下，许多人纷纷效仿，司马昭自然很高兴，视何曾为心腹。

何曾得到司马昭的信任，又去拼命巴结他的儿子司马炎。何曾比司马炎大三十八岁，却对司马炎恭恭敬敬，极力讨好。何曾的儿子何劭，与司马炎同岁，关系密切，两人相处比较随便。有一次，何劭不戴冠、不束带，就与司马炎相见。何曾见了大怒，严厉训斥了儿子。这样，何曾也成了司马炎的心腹。

司马昭被封为晋王以后，需要立王太子。此前，司马昭多次宣扬，要让司马师的嗣子司马攸做继承人，许多人信以为真，纷纷拥戴司马攸。可是，何曾看穿了司马昭的心思，极力主张立司马炎当王太子。那个时候，何曾已经六十七岁了，老奸巨猾，什么人情世故不懂啊！

司马炎当上晋王以后，自然对何曾十分感激和倚重。何曾又力劝司马炎及早称帝，并对司马炎废魏称帝做了精心谋划。在何曾的策划下，司马炎继承王位后，只用几个月时间，就顺利坐上皇帝宝座。何曾对此立有大功，被称为晋朝开国元勋。

司马炎继承晋王位后，任命何曾为晋丞相。司马炎称帝后，任命何曾为太尉，允许他可以穿鞋、佩剑、坐轿子上殿，比当年的萧何还要荣耀。同时，司马炎还赐给何曾大量财物。

《晋书》没有记载何曾为治理国家、发展经济，出过什么计谋，做出过什么贡献，相反，他在追求个人享乐方面，却是下足了功夫。

何曾尚奢豪，求华侈，特别讲究菜肴的味道，不惜花费重金，对美食孜孜以求，蒸饼上不坼作十字，他就不吃。他每天的伙食费，超过一万钱，所制作的美食佳肴，胜过任何一家王侯帝戚。即便如此，何曾仍然不满足，经常抱怨说，没有可吃的东西，"无下箸处"。

有一次，司马炎举办宫廷宴会，席上摆满了山珍海味。何曾却端坐不动，不动筷子。司马炎感到奇怪，问他原因。何曾说："这些菜肴粗糙，不如我家做得好，老臣难以下咽。"司马炎真是大度，不仅不恼，反而允许他吃自家的菜肴。此后，每次宫中宴会，何曾都自带饭菜赴宴，这在历史上，恐怕是唯一的"奇葩"吧。

对何曾的奢侈无度，许多人看不下去，刘毅等大臣多次上奏弹劾他，司马炎一概不理。

何曾外宽内忌，表面上待人宽厚，内心却有很强的嫉妒心和报复心。何曾不仅在吃的方面奢侈，在其他方面也是奢华过分，帷帐衣服都绮丽到极点，甚至在牛的蹄子上，都装饰美玉。都官从事刘享上奏了此事，何曾怀恨在心。不久，何曾调刘享去做他的属官，有人劝刘享不要去。刘享认为，何曾作为丞相，心胸不至于那么狭小。不料，刘享刚一到任，何曾经常借口一些小事，杖责刘享，以泄私愤。

何曾外忠内奸，表面上对司马氏忠心耿耿，内心却完全为个人打算。有一次，他从皇宫赴宴回来，对他的儿子说："陛下天天饮宴，在宴会上从来不提治理国家的事，我看，晋朝长不了，你们要做好自己的打算。"可是，对司马炎的过失，何曾从不劝谏，任其所为。西晋有这样一位丞相，真是大不幸啊！

何曾活到八十岁死了，司马炎穿孝服表示哀悼。许多大臣却很高兴，都盼他早死，在议论何曾谥号时，有人提议谥为"缪丑"，那是相当难听的。司马炎当然不会采纳，下策命赐谥为"孝"，后改为"元"。

何曾有两个儿子，庶长子何遵，嫡嗣子何劭。两个儿子继承了何曾的基因，都是奢侈之徒。何遵，曾在朝中任侍中、大鸿胪，"性亦奢忲"，而且胆子很大，为了享乐，竟敢私制禁物，结果，被刘毅弹劾免官。何劭，曾任侍中、尚书、左仆射，其骄奢程度，比他父亲有过之而无不及。《晋书》说："食必尽四方珍异，一日之供，以钱二万为限。"何劭的伙食费，每天达到两万钱，比老子多一倍，真是青出于蓝而胜于蓝！

何曾有五个孙子，几乎都继承了奢侈的家风，性情矜傲，奢侈过度，结果，有的早死，有的在八王之乱中被杀，有的死于永嘉之乱，最终，何曾的子孙全部死光，没有留下后代。《晋书》记载说："何氏灭亡无遗焉。"

可见，家风传承是何等重要。

石崇斗富惹祸端

在西晋奢靡之风中，最出名的，大概要数石崇斗富了。石崇和王恺两个大臣，为了炫富，争相挥霍，令人震惊。司马炎不仅不制止，反而帮助王恺与石崇比富，真是怪哉！

石崇富可敌国，连皇帝都比不上。殊不知，财富多了，未必是好事，石崇最终就死在了财富上。

《晋书》记载，石崇，因生在青州，小名叫齐奴，是渤海南皮（今河北南皮）人。石崇在少年时，就聪明敏捷，有勇有谋。石崇的父亲叫石苞，是晋朝开国元勋。石苞临终前，将家产分给几个儿子，唯独不给石崇，说："以后他自己会得到财富的。"

石崇以有才能著称，二十多岁就当上修武县令，不久升任城阳太守，参加过伐吴战争，因功被封为安阳乡侯，后入朝担任散骑常侍、侍中，很受司马炎器重。

石崇好学不倦，文学方面造诣很深，是"金谷二十四友"成员之一。"金谷二十四友"，是西晋的一个文学团体，其成员有美男子潘安、"洛阳纸贵"的左思、"枕戈待旦"的刘琨、大才子陆机陆云兄弟等。这些人，都是当时文坛名人。石崇创作了许多诗赋，其代表作《王明君辞》《思归引》《楚妃叹》等广泛流传。

石崇做官有才干，文学上有成就，搞起攀龙附凤、阿谀奉承来，也很有一套。当时朝中有个权臣，叫贾谧，是贾充小女儿贾午的儿子、贾南风的亲外甥，因过继给贾家，故姓贾。石崇极力巴结贾谧，贾谧的外祖母郭槐每次出来，石崇都下车站在路旁，望尘而拜。《晋书》说："其卑佞如此。"

后来，石崇被外调任南中郎将、荆州刺史，兼领南蛮校尉，加职鹰扬将军，集行政军务于一身，大权在握。石崇手里有权之后，开始肆无忌惮地拼命捞钱，除了搜刮民脂民膏，竟然还抢劫来往的客商。荆州地处交通要道，来往的客商很多，石崇很快积聚了巨额财富。堂堂的地方长官，竟然干着杀人越货的勾当，可见西晋统治之黑暗。

石崇后来入朝为官，当了卫尉。卫尉负责守卫皇宫，属于九卿之一。石崇实际上是个大强盗，却由他保护皇宫安全，真是匪夷所思！

石崇利用抢劫来的不义之财，大肆挥霍，纵情享乐。石崇花费巨资，建造了方圆几十里的豪华别墅群，号称金谷园。金谷园依山傍水而建，园内楼榭亭阁，高低错落，精美别致，溪水萦绕穿流其间，水声潺潺，鸟语花香，鱼跃荷塘，充满了诗情画意。石崇派人到南洋，购买了大量珍珠、玛瑙、琥珀、犀角、象牙等名贵物品，把园内装饰得金碧辉煌，其豪华程度，超过了皇宫。

在生活上，石崇奢靡至极：天下的珍禽异兽，都进了他的厨房；天下的美妙音乐，都进了他的耳朵；他家中的美女，达到上千人，人人都穿着精美绝伦的锦缎，身上装饰着璀璨夺目的宝石美玉。石崇之富，天下闻名。

石崇是朝中大臣，并不是商人，也没有产业，他的巨额财产，来路不明。可是，朝廷对此并不过问，更不追查。可见，西晋朝廷的腐败，达到了何种程度！

朝中有个大臣，叫王恺，对石崇富裕很不服气，总想与他比富，夺得"首富"头衔。王恺，是在《三国演义》中，被诸葛亮骂死的那个王朗的孙子，当然，"骂死王朗"是虚构的。不过，王朗几代人都当大官，王恺又是司马炎的亲舅舅，官至后军将军，家里自然也富得流油。

王恺处处与石崇比富，石崇不甘落后，处处压王恺一头。王恺用糖水刷锅，石崇便用蜡烛当柴烧；王恺做了四十里的紫丝布步障，石崇便做五十里的锦步障；王恺用赤石脂涂墙，石崇就用更加贵重的花椒。王恺每次都落了下风，心情闷闷不乐。

司马炎听说了王恺与石崇斗富的荒唐事，不仅不制止，反而来了兴趣，他想帮助舅舅，战胜石崇。有一天，他把王恺召进宫中，赐给他一株珊瑚树，高约二尺，枝叶茂盛，光彩夺目，世所罕见。司马炎对舅舅说："这株珊瑚树，是世间少有的宝贝，你拿去给石崇看，他肯定服输了。"

王恺让人小心翼翼地端着宝贝，兴冲冲地来到石崇府上。不料，石崇不仅不惊讶，反而露出不屑的眼神，顺手拿起铁如意，一棒把珊瑚树打得粉碎。王恺大吃一惊，心里又惋惜，又愤怒。石崇轻蔑地对他说："你这株珊瑚树，是次品，我有好的，可以送给你。"说着，命人一口气端出七株珊瑚树，每株都高达三四尺，比王恺那株好得多。石崇让王恺任意挑选，王恺瞠目结舌。

石崇赢了王恺，成了名副其实的首富，无人能及。不过，他那庞大的家产，引发了无数人的嫉妒。司马炎死后，傻儿子司马衷继位，大权落到皇后贾南风手里。300年，赵王司马伦发动政变，诛杀了贾南风、贾谧等人。石崇与贾谧关系密切，又富可敌国，司马伦怎会放过他？

在刑场上，石崇流泪叹息说："他们杀我，无非是贪图我的家产。"监斩官说："知道是家财害了你，为什么不早点拿出来，散给别人一些？"石崇无言以对，引颈受戮，死时五十二岁。他的母亲、兄弟、妻妾、儿女等，有十五人一同被杀。他那巨额财产，自然也落入别人之手。

贾充谄谀得宠幸

在西晋大臣中，贾充是个很出名的人物。他以"谄谀陋质"著称，千方百计讨好司马氏，成为司马氏的心腹。他又千方百计将女儿贾南风送进皇宫，造成贾南风专权，祸乱朝廷，引发天下大乱。贾充是西晋灭亡的重要祸根。

《晋书》记载，贾充，是平阳襄陵（今山西襄汾一带）人。他的父亲叫贾逵，是曹魏政权的重臣，历仕曹操、曹丕、曹叡三代，终其一生，为曹魏做出了重要贡献，被誉为魏晋八君子之一。贾充却没有继承父亲的忠义，而是趋炎附势，见利忘义，投靠了司马氏。

到司马昭执政时，贾充已升任大将军司马，转右长史，成为司马昭最信任的人。司马昭想要篡位，派贾充到领兵将领那里，去探听他们的口风。贾充见到征东将军诸葛诞，试探说："现在洛阳的贤人，都想拥戴司马氏为帝，您认为如何？"

诸葛诞闻言，吃了一惊，盯着贾充看了半天，气愤地说："你不是贾逵的儿子吗？你爹是大忠臣、正人君子，你家世代受曹魏厚恩，你怎么能说出这样大逆不道的话来？我虽然不才，如果皇帝有难，我一定会力搏一死，决不做市侩小人。"贾充闹了个大红脸，回去以后，狠狠地告了诸葛诞一状。

后来，诸葛诞果然愤而起兵，讨伐司马昭。贾充献上用深沟高垒对敌的计策，司马昭采纳了，打败了诸葛诞。贾充因功被封为宣阳乡侯，并提拔为廷尉。

260 年，魏帝曹髦痛恨司马氏专权，亲自披挂上阵，带领身边卫士，去讨伐司马昭。司马昭命贾充领兵阻截，将士们见皇帝驾到，都不敢动弹。贾充怒斥道："司马公养你们何用！不是为了今日吗？"成济会意，挺戟上前，刺杀了曹髦。

弑君是个天大的事情，朝野震动。司马昭问众人如何善后，大臣陈泰愤怒地说："只有杀了贾充，才能谢天下。"司马昭默然，说："能否找个职务低的？"陈泰说："只能是比贾充职务高的，不能比他职务低的。"司马昭不愿意抛出贾充，就拿成济当了替死鬼。陈泰悲恸忧愤，不久病死。

贾充的母亲柳氏，与贾逵一样，也是忠义之人。老太太听说成济弑君，气得天天痛骂不止，她可不知道这事是自己儿子干的，如果知道了，老太太非一头撞死不可。仆人们见了，都掩嘴偷笑，可谁也不敢告诉她实情。贾充每次见到母亲，都战战兢兢，大气都不敢喘。

贾充弑君，留下了千古骂名，受到人们鄙视。吴国皇帝孙皓投降以后，有一次，贾充不怀好意地问他："听说阁下经常挖人眼睛，剥人面皮，这是什么样的刑罚？"没想到孙皓反唇相讥，冷冷地说："对弑君奸贼和不忠不义之人，就要用这样的刑罚。"贾充听了，面红耳赤，一句话也说不出来。

贾充的妻子郭槐，也不是善良之辈，妒忌心很强。贾充的原配妻子叫李婉，是李丰的女儿。李丰被司马师诛杀后，李婉被流放到乐浪。贾充怕受牵连，赶紧又娶了郭槐。司马炎即位后，大赦天下，李婉回到京城。司马炎特准许贾充置左右夫人，皆为正妻，但郭槐死活不干，皇帝诏令成了一句空话。贾充与李婉生了两个女儿，大女儿嫁给了司马攸，生下儿子司马冏。李婉与贾家有仇，司马冏后来举兵讨贾，诛杀了贾南风。

郭槐心肠歹毒，她与贾充生了两个女儿，大女儿叫贾南风，二女儿叫贾午，后来生了个儿子，叫贾黎民。黎民三岁时，奶妈抱他在院子里玩，贾充回来后，走过去亲了小孩一下。这本来是很正常的事情，可是，郭槐却认为贾充与奶妈有问题，立刻把她杀了。小孩思念奶妈，整日啼哭，不久就死了。后来，又生了个儿子，刚满周岁，被奶妈抱着，贾充过去摸了摸孩子的头，郭槐又把奶妈杀了。小孩不肯吃别人的奶，很快也死了。所以，贾充没有儿子，只好让贾午的儿子改姓贾，叫贾谧。

当时，朝中正直的大臣，都厌恶贾充的为人，但贾充工于心计，善于逢迎，深受司马昭信任和宠幸，司马炎与他的关系也十分密切。司马昭要立王太子的时候，扬言想让司马攸继承王位。司马攸是贾充的女婿，立了他，明显对贾充有利。可是，贾充善于揣摩司马昭的心思，力劝司马昭立司马炎为王太子。司马昭认为贾充十分忠心，临终前告诉儿子说："了解你的，是贾公啊！"司马昭是向司马炎表明，贾充十分可靠，能够辅佐他。

马司炎当上晋王后，贾充与何曾一道，为司马炎称帝出了很大力气。司马炎登基后，拜贾充为车骑将军、散骑常侍、尚书仆射。贾充和何曾，都是司马炎的心腹和辅政大臣。西晋有这样两位辅政大臣，岂能不败？

贾充也不是一点好事没做过，他任廷尉期间，因通晓刑法断案之事，亲自处理了不少案件，得到了平反冤狱的好名声。司马炎称帝后，委任贾充制定《泰始律》，百姓都称赞新法便利，贾充为此做出了很大贡献。但总体来看，贾充属于谄谀之臣。

271 年，鲜卑侵扰西部地区的秦州和雍州。大臣任恺、庾纯向司马炎建议说，必须派一位既有威望、又有智谋的重臣，去镇抚边疆，并推荐贾充。群臣纷纷附和，说只有贾充能担此大任，非他莫属。贾充心里明白，大臣们是想把他赶出朝廷，心里又气又急，但不好推托。贾充遇到了麻烦。

这时，贾充的同党荀勖，为他献上一计，让他把女儿嫁给太子司马衷，这样，贾充就可以拿为女儿操办婚事为借口，留在京师不走。贾充认为是个好办法，赶紧依计而行，四处活动。

那么，贾充的活动，能够成功吗？

贾女进宫埋祸根

能够当皇后的女人，应该是非常漂亮的，然而，任何事情都有例外，西晋就出了一个丑八怪皇后，名字叫贾南风。

贾南风不仅长得丑，而且心肠坏，还有野心，她操纵傻皇帝，杀掉辅政大臣和皇太子，自己独揽大权，结果引发八王之乱，造成西晋政权崩溃。贾南风是西晋王朝灭亡的罪魁祸首。

《晋书》记载，271年，西北地区的鲜卑人进犯秦州和雍州，边疆地区发生动乱。由于贾充在朝中不得人心，群臣纷纷推荐他去镇守边疆，想借机把他赶出朝廷。司马炎对边疆形势十分担忧，又特别信任贾充，于是，任命贾充都督秦、凉二州军事，坐镇长安。贾充知道群臣的用意，担心他离开后，他在朝中的势力受到削弱，又不想去边疆过苦日子，因而心情郁闷。

不仅贾充郁闷，他的同党也很焦虑。荀勖找到冯紞说："贾公离开朝廷，我等就要失势了，要想个办法，把贾公留下。"他俩一合计，想出一个好办法，就是让贾充的女儿嫁给太子，那样，贾充就可以留下来，操办女儿和太子的婚事，不用去边疆了。荀勖把这个计策向贾充一说，贾充连声说好，赶紧去四处活动。

当时，太子司马衷，已经十三岁了，可以立太子妃了。贾充有四个女儿，前妻李婉生了两个，郭槐生了两个。郭槐生的大女儿，叫贾南风，比司马衷大两岁；小女儿叫贾午，比司马衷小一岁。贾充和郭槐商议，认为贾南风长得丑，拿不出门去，决定让贾午去当太子妃。

贾充他们活动的重点，是司马衷的母亲杨皇后。杨皇后名叫杨艳，出身于弘农杨氏大族，父亲杨文宗当过魏国大臣。杨皇后天生丽质，聪明有才，书法很好，司马炎很宠爱她，也有点怕她。后宫扩充美女时，杨皇后负责挑选把关，杨皇后嫉妒，不选那些端庄秀丽的姑娘，而是选了一些身材高大粗壮的女子。有一次，司马炎看中了一个姓卞的美女，用扇子掩着脸，悄悄对皇后说："这个女子不错。"可是，杨皇后不许，司马炎也没有办法。

贾充指使亲信们，轮番向杨皇后提亲，大夸贾充的女儿，说她如何美貌，如何贤惠，如何有才，贾家如何对皇上忠心，说得天花乱坠，杨皇后动了心。郭槐还亲自出马，给杨皇后送上重礼，极力与她套近乎。杨皇后知道自己的儿子傻，觉得贾家势力大，有这样一个靠山也不错，于是，便同意了。

杨皇后把事情向司马炎一说，司马炎却不太同意。原来，司马炎已经看中了大臣卫瓘的女儿，想让她做太子妃。司马炎耐心地向皇后说了卫瓘女儿的五个优点，一是贤惠，二是貌美，三是个子高，四是皮肤白，五是卫家女人能生孩子。司马炎还说了贾家女儿的缺点，《晋书》原话是："贾家种妒而少子，丑而短黑。"可是，杨皇后却坚持认为，给傻儿子找媳妇，关键是要能够保护他，贾家正好合适，而丑俊并不重要。

贾充得知司马炎犹豫，又让亲信们去劝说司马炎，经过一番努力，司马炎也同意了。贾充终于松了一口气，他的计策成功了，他以为女儿操办婚事为借口，留在了京城。

272年，太子司马衷大婚。贾家喜气洋洋，准备把贾午送进宫去，不料，却出了岔子。由于贾午个子太矮，身材瘦小，皇宫送来的太子妃礼服，她根本穿不起来。贾充急得团团转，灵机一动，唤来贾南风，让她试穿。贾南风虽然个子也不高，但毕竟年龄大几岁，体形胖一些，勉强能穿得起来。贾充像抓住一棵救命稻草，也顾不上贾南风丑了，把她送进宫去。就这样，贾南风李代桃僵，顶替妹妹去参加了结婚大礼，成了太子妃。

贾充的小女儿贾午，受命运捉弄，没有当上太子妃，却嫁了一个美男子。贾午长大以后，春心荡漾，见韩寿长得漂亮，十分喜欢。韩寿是贾充的属官，常来家里，贾午就勾搭上他。他俩约定好日期，韩寿夜里就翻墙进来，与贾午偷情。不久，贾充闻着韩寿身上有异香，这种香，是外国进贡给司马炎的，司马炎只赏给了他和陈骞两人。贾充知道了韩寿与女儿有私情，但家丑不可外扬，干脆把女儿嫁给了他。贾午与韩寿结婚后，生下一个儿子，就是贾谧。

贾南风嫁给太子后，司马炎见了，比料想的还要丑，不仅"短黑"，而且五官不正，鼻孔朝天，眉后还有一块褐色胎记，极为丑陋。但木已成舟，司马炎也无可奈何。好在贾南风确实能管住司马衷，她使出手段，让司马衷既怕她，又离不开她。

贾南风进宫两年后，杨皇后得病死了。杨皇后知道司马炎喜欢胡夫人，担心立她为皇后，会危及儿子的太子地位。因为在此之前，司马炎就有过更换太子的想法，由于杨皇后坚决反对，才没有办成。于是，杨皇后在临终时，头枕着司马炎膝盖，抽泣着说："我死后，你要好好对待衷儿。我的堂妹杨芷，才貌兼备，如果立她为皇后，替我照顾衷儿，我死也瞑目了。"司马炎对杨皇后还真有情谊，流着泪答应了。此后，皇后就由杨艳改成了杨芷。

贾南风继承了母亲郭槐的基因，生性善妒，心肠歹毒。她霸占着司马衷，不允许他找别的女人，可有时看不住，司马衷仍然与其他女人偷情。这说明，司马衷还不是傻得什么事都不懂。贾南风对与司马衷有染的女人，毫不留情，一经发现，立刻杀死，并且亲自动手，接连杀死数人，吓得太子宫中的女人，都躲得司马衷远远的。

有一次，司马衷的妾怀孕了，挺着大肚子。贾南风见了，醋性大发，怒火中烧，拿起一杆长戟，刺向妾的肚子，妾当场死亡，她腹中的胎儿，也顺着鲜血流到地上，惨不忍睹。

司马炎听说以后，勃然大怒，要废掉贾南风。皇后杨芷和帝妃赵粲，都为贾南风求情，说妒忌是女人之常情，贾妃年少，长大后就会好了。赵粲也是司马炎喜欢的妃子，是杨皇后的表妹。贾充以及亲信荀勖等人，更是四处奔走，上下活动，终于保住了贾南风的太子妃地位。

282年，贾充死了，终年六十六岁。贾充知道自己劣迹斑斑，很怕死后得一个坏的谥号，果然，众臣商议时，建议谥号"荒公"。司马炎不肯，谥为"武公"。贾充虽然没有得到坏的谥号，却永远被钉在了历史的耻辱柱上。

贾南风见随意杀人都没事，此后更加肆无忌惮，下一步，她就要兴风作浪，危害朝廷了。

司马炎传位傻儿子

　　司马炎的太子司马衷，是历史上有名的白痴皇帝，虽然他不至于傻得什么都不懂，但起码是弱智，不会处理政务，当皇帝是不合适的。司马炎并非昏庸之主，他的儿子也有很多，为什么非要把皇位传给傻儿子呢？

　　对此，笔者过去也是迷惑不解，读了《晋书》以后，才解开心中疑团。这其中的根本原因，是司马炎担心皇位会落到弟弟司马攸手里，所以，才死抱着立嫡立长的祖宗制度不放。

　　《晋书》记载，司马昭在立王太子的时候，扬言要让司马攸继承。司马攸是司马炎的亲弟弟，过继给司马师做嗣子。司马攸十分优秀，声望很高，司马师又是晋朝奠基者，由他继承，是合乎情理的。但司马昭内心还是愿意让司马炎继位，使皇位能在他这一支传下去，于是，经何曾、贾充几个大臣一劝，便顺水推舟，改由司马炎当王太子了。

　　266 年，司马炎篡魏当上皇帝。他即位不到一年，就急匆匆地立儿子司马衷为皇太子，确立了他的继承人地位。司马衷，是司马炎与皇后杨艳生的次子，因长子早死，他就成了嫡长子。立他为皇太子，是符合立嫡立长继承制度的。但当时司马衷只有九岁，而且傻头傻脑的，过早地立他为太子，显然是司马炎防止有人再拿司马攸做文章，也让司马攸死了这条心。

　　司马衷越长越大，也越来越傻，《晋书》记载了他的两件傻事。有一次，司马衷到华林园游玩，听到青蛙叫声响成一片，感到很好奇，便问左右："这些东西乱叫，是为官事呢，还是为私事呢？"左右哭笑不得，哄他说："在官场合叫的，是为官事；在私场合叫的，是为私事。"又有一次，司马衷听说天下闹灾荒，百姓没有粮食吃，饿死了不少人。司马衷十分吃惊，瞪着两只傻眼说："没有粮食吃，为什么不吃肉糜？"从这两件事来看，司马衷呆傻弱智，是可以肯定的。

司马衷呆傻，肯定是瞒不住的，群臣对晋朝的前途，普遍感到担忧。大臣卫瓘、和峤等人，委婉地向司马炎建议，希望他更换太子。当然，他们不能说太子傻，而是说太子质朴纯洁，而当今社会，奸邪之徒甚多，怕太子难以应付，司马炎不置可否。有一次，卫瓘假装喝醉，拍打着司马炎的龙椅说："此座可惜了！"

司马炎其实心中更加忧愁，他有二十多个儿子，可在他称帝之前，就死了八个，他称帝后不久，又死了七个，剩下的儿子中，没有一个他中意的。当然，他们比那个呆傻的司马衷要好一些，可是，如果废了太子，打破了立嫡立长的原则，他的这些儿子们，恐怕就会一哄而上，红着眼睛抢夺太子之位。更让司马炎担心的是，始终有一批人，想拥戴司马攸做继承人，这是对他皇位的最大威胁。司马炎犹豫不定，陷入两难境地。

司马炎把自己的心思，向皇后杨艳诉说。杨艳却很坚决，说："立嫡立长，是老祖宗定的制度，您就是靠着这一条，才登上帝位的，怎么能轻易改变呢？"皇后态度坚定，司马炎只好作罢。

后来，司马炎得了一场大病，久治不愈，御医们束手无策，眼看就要不行了，朝廷一片恐慌。大臣们商议，如果皇上驾崩，那个傻太子是撑不起来的，皇上的其他儿子也不成器，只有司马攸继位，才是对晋朝最有利的。连司马炎最信任的贾充，也是这个倾向，因为司马攸同样是他的女婿。所幸，司马炎竟然奇迹般地好了起来，他知道了此事，对贾充冷淡了许多，同时，更加坚定了不废太子的决心。司马炎宁肯让傻儿子接班，也不愿意让亲弟弟继位。司马炎与他老子司马昭的心态，是一样的。

司马炎坚持不废太子，还有一个重要原因，是因为儿子虽然傻，他却有一个极其聪明的孙子，叫司马遹。司马遹是司马衷与才人谢玖生的长子，自幼聪慧，深得司马炎喜爱，整日不离左右。一天晚上，宫中失火，司马炎站到高处，观望火情。司马遹很着急地把他喊下来，拉着他的衣襟走到暗处，悄悄对他说，夜晚站在亮处，容易遭人暗算，是很危险的。那个时候，司马遹只有四五岁，可见他确实聪明过人。司马炎常说，他这个孙子，有祖父司马懿之风，必能光大晋朝事业。司马炎想让司马遹日后继承帝位，自然就不能废了司马衷。

不过，司马衷毕竟呆傻得厉害，朝中不时有人议论。有一天，司马炎召集群臣饮宴，忽然说道："有人说太子不够聪明，今天出道题，让太子作答，看他水平如何。"司马炎让人出了题，给太子送去。

贾南风一见，立刻明白了公公的用意，马上找了名枪手，替太子答题。不一会儿，题答好了，贾南风一看，不满意，因为写得太好了，不仅文笔优美，而且引经据典。贾南风怕露了馅，又找了一名宦官，重新做了一遍。宦官的水平，自然不会很高，但条理清楚，文笔流畅，能说得过去。贾南风赶紧让人送过去。

司马炎一看，也很满意，便传给群臣看。大家看了以后，都说太子写得好，有的说太子进步很大，有的夸太子表面纯厚，内心聪明，有的甚至高呼万岁。只有卫瓘等几人，一言不发。事后，贾充对贾南风说："卫瓘这个老东西，差点坏了咱家的大事。"其实，司马炎哪里是在测试太子，分明是作秀给群臣看，意思是说，既然太子不傻，就没有必要更换了。

司马炎始终对司马攸放心不下，觉得他是太子继位的最大威胁，因此，在司马炎临死前几年，坚决把司马攸赶出朝廷，让他回封地齐国去，谁说情都不行。司马攸怨愤不平，得病而死。后来，他的儿子司马冏参加八王之乱，联合司马伦，诛杀了贾南风。

司马炎为了皇位能在他这一支传下去，坚持让傻儿子继位当皇帝。但没想到，他的儿子太傻了，大权落在皇后贾南风手里。贾南风无才无德，祸乱朝廷，直接导致了西晋灭亡。司马炎最心爱的孙子，也被贾南风杀了。

可见，为了一己私利而不顾大局，其结果往往是，大局遭到损害，自己的利益也不能保全，最终落个鸡飞蛋打的下场。

贾女控制傻皇帝

司马炎不仅没有废掉痴呆的傻儿子，也没有废黜凶残的太子妃贾南风，他的美好想法是，贾南风没有儿子，她要想保住自己的富贵，必然保护司马衷，而贾南风性格凶悍，正好是傻儿子的保护神。

司马炎万万没有想到，贾南风这个丑八怪，却有着很强的权力欲。她把傻皇帝玩弄于股掌之上，自己独揽大权，为所欲为，把西晋江山搞得乱七八糟。

《晋书》记载，司马炎晚年时，怠于政事，沉湎酒色，并且宠用皇后家族。皇后杨芷的父亲杨骏，受到司马炎特殊宠信，连续越级提拔，一直升到车骑将军，执掌大权。司马炎知道儿子呆傻，想让杨骏辅政，但又怕外戚专权，便让自己的次子司马柬、五子司马玮、十子司马允，领兵镇守洛阳附近的要害之地，以拱卫皇室，来了个双保险。

杨骏并不是贤能之人，而是心胸狭窄，野心勃勃。司马炎病危时，下诏让汝南王司马亮与杨骏共同辅政。司马亮是司马懿的第四子，杨骏忌惮他，便把诏书藏了起来，司马炎一死，就成了杨骏一人辅政的局面。

290 年，司马炎病逝，终年五十五岁。傻太子司马衷当了皇帝，被称为晋惠帝。晋惠帝立长子司马遹为皇太子，杨芷成了皇太后，贾南风当上皇后，杨骏辅佐朝政。贾南风虽是女流之辈，却也是野心勃勃，时间不长，就与杨骏产生了矛盾。

贾南风很有手段，而且手中有一张王牌，就是傻皇帝司马衷。贾南风知道，司马皇族的人与外戚杨骏有着很深的矛盾，她正好可以利用这一点。贾南风以皇帝的名义，诏令司马亮、司马玮率兵入朝，讨伐杨骏。大臣段广听说以后，找到司马衷，跪在地上，苦苦为杨骏求情，说："杨骏受过先帝厚恩，尽心辅政，而且他年龄已大，又没有儿子，岂有谋反之理？"可是，司马衷只是瞪着两只傻眼，根本听不明白，什么话也不说。

贾南风代皇帝发号施令，展开了对杨骏一伙人的大屠杀。司马懿的孙子司马繇，亲自率领四百士兵，包围了杨骏府，把杨骏杀死在马棚里，又火烧了杨骏府邸。贾南风又下令，诛杀杨骏的亲戚党羽，包括中书令蒋俊在内的十几位大臣被杀，段广自然不能幸免，同时诛灭大臣们的三族，被杀的达数千人。贾南风还把曾经有恩于她的皇太后杨芷，囚禁在金墉城，不给饭吃，将她活活饿死。杨芷的表妹赵粲，也没有幸免。杨芷、赵粲曾经保护过贾南风，如今自食其果了。

杨骏外戚势力被诛灭以后，司马皇族的人执掌大权：司马亮升为太宰，与大臣卫瓘共同辅政；司马玮升为卫将军，掌握兵权；司马繇升为尚书左仆射，处理政务。贾南风没有达到专权的目的，自然不会甘心。不久，司马氏之间为了争权夺利，开始内斗，这给了贾南风一个绝好的机会。

贾南风鼓动司马亮，指控司马繇专权擅政，将司马繇免职罢官，流放到外地。后来，司马亮又与司马玮争权内斗，贾南风假借皇帝名义，令司马玮诛杀了司马亮和卫瓘两位辅政大臣，然后，反咬一口，说司马玮擅杀大臣，又将司马玮一伙诛杀。

贾南风利用司马皇族的内部矛盾，采用阴谋手段，铲除了司马氏在朝中的势力，开始独揽大权，同时大力培植自己的党羽亲信，她的族兄贾模、侄子贾谧、从舅郭彰等人，纷纷升任高官，把持了朝政。此后，贾南风操纵着傻皇帝，控制朝廷达七八年时间。贾南风也重用了张华等几个贤臣，所以，在她执政期间，总体上还是比较稳定的。

贾南风挑动司马亮、司马玮、司马繇之间互相争斗，是八王之乱的开始。所谓八王之乱，不是一次性的，而是进行了多次，断断续续，持续了十六年之久。参加作乱的王，也不是八个，而有很多，因《晋书》将其中主要的八个王合写为一传，所以才有八王之乱的名称。

八王之乱，就像晋朝躯体内长了恶性肿瘤，患上不治之症，最终导致了晋朝死亡。八王之乱的外因，固然是由于贾南风作乱，但其根本原因，却是司马皇族的权力欲所致。

贾南风控制了朝廷，她的侄子贾谧执掌大权。《晋书》说，贾谧的权力，竟与皇帝相当。贾南风的权力欲得到满足之后，开始纵情享乐。她虽然长得丑陋，却喜欢美貌少年，派人四处寻找美男子，带入宫中，玩弄够了，就杀人灭口，以防丑事泄露。

《晋书》详细记载了一个事例：洛南有个小吏，容貌秀美，有一天，忽然失踪了，到处都找不到他，过了一段时间，小吏自己回来了，而且穿着一身华贵衣服。大家都感到奇怪，有人怀疑他做了盗贼。小吏的上司自然要搞个清楚，问他这段时间到哪里去了？

小吏说："那天，我正在路上行走，忽然，一辆豪华马车停在身旁，车上下来一个老妇人，说她家中有病人，巫师说需要城南的少年去镇服，必有重谢。于是，我便随她上了车，被装到一个竹编的大箱子里，走了十多里地，过了六七个门，才让我从箱子里出来。只见精美的楼阁居室，十分豪华，犹如天堂。她们让我用香汤洗浴，吃了精美的食品，然后，来了一个中年妇人，三十五六岁，身矮面黑，眉后有一块褐色胎记。这段时间，我就和那妇人一块吃住，临走时，她送给我一些衣物和东西。"上司一听，就明白了，没敢再问，只说了一句："你小子的命，真够大的。"大概是贾南风特别喜欢小吏，没舍得杀他。

贾南风骄奢淫逸，为所欲为，但她也有一块心病，就是始终没有儿子。司马炎寄予厚望的聪明孙子司马遹，慢慢长大了，贾南风可不希望由他接班，可她自己没有儿子，怎么办呢？贾南风有办法，她在肚子上塞了一些东西，假装怀孕了，然后，把妹妹贾午生的小儿子抱来，冒充自己的儿子。

贾南风有了儿子，自然谋划着让自己的儿子继位，那就必须干掉现在的皇太子。下一步，贾南风的魔爪，就要伸向司马遹了。

贾女陷害皇太子

司马炎没有想到的事情挺多，他想让凶悍的贾南风充当傻儿子的保护神，可没有想到，贾南风不仅没有保护好傻儿子，反而利用傻皇帝，祸乱朝廷，导致天下大乱。更让司马炎没有想到而且若他泉下有知也要痛心疾首的是，贾南风还杀了他最钟爱的孙子司马遹，使司马炎想让孙子光大晋朝的美妙幻想化为了泡影。

《晋书》记载，司马遹的生母叫谢玖。《晋书》有《谢玖传》，说她出身贫寒，父亲以屠羊为业。谢玖美貌贤惠，仪容端庄，被选入宫中，封为才人，是司马炎信任的妃子。

司马衷在结婚前夕，司马炎担心傻儿子不懂男女之事，特派谢玖去言传身教。没想到，傻儿子在这方面并不傻，还挺能干，谢玖很快就怀孕了。司马衷与贾南风结婚后，谢玖完成了使命，回到司马炎身边，不久，生下儿子司马遹。由此看来，司马遹到底是司马炎的孙子还是他的儿子，谁能说得清楚？司马炎干的这事，也够荒唐的。

由于司马遹是在司马炎宫中生产并养大的，司马衷并不知道自己有个儿子。司马遹长到三四岁时，有一次，司马衷进宫，与其他皇子一块玩耍，司马遹也在场，司马炎这才告诉司马衷，说这是他的儿子。司马衷听了，傻傻地笑着，没有任何表示。从这个记载来看，司马炎其实早就知道司马衷呆傻。

司马遹长到四五岁的时候，显得特别聪明。有一次，宫中失火，司马遹告诉爷爷，不要站在亮处，免得遭人暗算。还有一次，司马遹跟着爷爷，走到猪圈旁，见猪已养肥，便说道："这些猪都很肥了，再养就浪费粮食了，为什么不杀掉，犒劳大臣和将士们？"司马炎一听，觉得很有道理，马上命人杀猪，赏赐给群臣。司马炎抚摩着孙子的脑袋，很高兴地对廷尉傅祗说："这小儿，将来一定会兴旺我司马家的！"司马遹聪明的美誉，从此就传开了。

司马炎认为，司马遹有司马懿之风，把振兴晋朝的希望寄托在这个小孩子身上，这是司马炎不肯废傻儿子的一个重要原因。《晋书》说：司马炎"知惠帝弗克负荷，然恃皇孙聪睿，故无废立之心"。意思是说，司马炎知道傻儿子不能担当国家大任，但由于皇孙聪明睿智，所以没有废他。

290 年，司马炎病逝，司马衷继位，司马遹当上皇太子，当时他十二岁。这个年龄，正是一个人成长的关键时期，可是，司马遹却没有得到良好的教育。他的父亲呆傻，自然不会教育子女；杨皇后一家，不久被贾南风杀了；他的生母谢玖，不允许与儿子见面。贾南风居心叵测，从一开始，就对皇太子不怀好意。她忌惮司马遹的聪明美誉，便指使太子身边的宦官，诱导太子嬉戏玩耍，任其荒废学业。失却教化后，司马遹如同脱缰的野马，任意妄行起来。

司马遹的外祖父，是屠羊的，大概受其影响，他对杀羊卖肉之类的事情，特别喜欢。司马遹不去读书学习，却在宫中设立肉市，他亲自操刀卖肉。司马遹的确聪明，干什么都是一把好手，客人买肉时，说要几斤几两，司马遹手起刀落，竟然丝毫不差。司马遹还在皇宫的西园开设市场，销售葵菜、蓝子、鸡、面之类，收入归己，司马遹简直成了商人。

贾南风见太子变成了这个样子，心中窃喜，便到处张扬太子的缺点，传布到朝野内外。这个时候，大家心里都明白了，贾南风这是想害太子啊！当初，贾南风的母亲郭槐，想让贾午的女儿当太子妃，司马遹也很乐意，想通过这个婚姻，来巩固自己的地位。可是，贾南风和贾午，都坚决不同意，因为她们早就谋划好了，要害死太子，让贾午的小儿子继承帝位。

299 年，司马遹已经二十一岁了，贾南风觉得，必须要下手了。一天，贾南风诈称皇帝有病，召唤太子入宫。贾南风早已做好安排，司马遹入宫后，没有见到父亲和贾南风，而被安置于别室，一个叫陈舞的宫女，奉命陪着太子。陈舞拿出许多枣酒，说是皇上赐的，逼着太子饮下，太子便半醉了。

陈舞拿出一篇事先写好的文章，连哄带骗地逼着太子抄了一遍。文章写道："陛下宜自了；不自了，吾当入了之。中宫又宜速自了；不了，吾当手了之。并谢妃共要克期而两发，勿疑犹豫，致后患。茹毛饮血于三辰之下，皇天许当扫险患害，立道文为王，蒋为内主。愿成，当三牲祠北君，大赦天下。要疏如律令。"事先贾南风故意让潘岳写得半通不通的，好像是酒后乱写似的，但意思能看明白，大意是说，皇帝和皇后，都要自行了断，不然，我就要亲自动手了。

贾南风拿了太子手抄的文章，给公卿大臣们看，说太子大逆不道，酒后吐真言，想要弑君谋反，应当赐死。大臣们面面相觑，多数不吭声，大臣张华、裴頠极力反对。张华、裴頠虽然都是贾南风的亲信，但他们怕贾南风杀了太子，引发众怒。这样，朝会议至太阳偏西，仍不能决定。贾南风怕事情有变，只好退了一步，由赐死改为废黜，于是，司马遹的太子之位被废掉了。在此之前，就有民谣说："南风起兮吹白沙，遥望鲁国郁嵯峨，千岁髑髅生齿牙。"皇后叫贾南风，司马遹的小名叫沙门。

贾南风专横跋扈，依仗权势，硬是废掉太子，真的引发了众怒。右卫督司马雅、从督许超等人，都为太子鸣不平，他们跑去找赵王司马伦，希望司马伦能够出面，为太子主持公道。司马伦是司马懿的第九子，也是野心勃勃。起初，他见贾南风操纵皇帝，权势熏天，便千方百计讨好她，成为贾南风的亲信，执掌禁军；如今，他见贾南风犯了众怒，有机可乘，便想借机铲除贾家势力，自己专权。

那么，司马伦的阴谋能够得逞吗？暴虐无道的贾南风，会落个什么下场呢？

司马伦篡位狗尾续貂

有个成语，叫狗尾续貂，意思是说，貂尾不够用了，就用狗尾代替，指封官太滥。这个成语，来源于西晋时期的赵王司马伦。

《晋书》记载，司马伦，是司马懿最小的儿子、司马炎的叔叔。司马炎称帝以后，大封司马氏为王，司马伦被封为赵王。贾南风专权时，司马伦谄媚贾南风和其母郭槐，受到信任，执掌兵权。

司马通无辜被废以后，引起同宗司马雅的极大愤慨，想除掉贾氏势力，迎接太子复位。但司马雅自己没有力量，他便去动员手握兵权的司马伦。司马伦素有野心，他结交贾氏，也是另有所图，此时，司马伦见贾南风犯了众怒，觉得有机可乘，便答应下来。

司马伦的谋士孙秀，却对他说："明公您一向侍奉贾后，大家都知道您是贾后的私党，太子对此必有宿怨。太子聪明，为人刚猛，拥他复位，有可能自招灾祸。不如这样，我们先设法让贾后杀掉太子，使她更加不得人心，然后，你再打着为太子报仇的名义，讨伐贾氏，那就容易多了。"司马伦听了，认为这是一箭双雕的好计，于是依计而行。

司马伦找到贾谧，对他说："听说太子被废以后，心怀怨恨。有些人正在私下串联，打算废了贾后，拥立太子复位。这可是大事，需要想办法对付。"

司马伦本来就是贾氏同党，贾谧自然深信不疑，立即去找贾南风商议。贾南风原本就想杀了太子，此时没有半点犹豫，马上命亲信黄门孙虑，带着有毒的食物，去毒杀太子。

司马通被废之后，知道自己性命堪忧，小心谨慎，自己亲自做饭，从不吃外面的食物。孙虑带着有毒的食物前来，说是皇上赐给的，司马遹知道食物里一定有毒，死活不肯吃，假借上厕所，在厕所里不肯出来。孙虑无计可施，凶相毕露，直接闯进厕所，用药杵把司马遹活活砸死了。司马遹的惨叫声，传到外边很远。可怜聪明过人的司马遹，生不逢时，死于非命，死时只有二十二岁。

贾南风悍然杀了皇太子，果然舆论大哗，人们愤愤不平，都觉得贾南风是个祸害。司马伦知道齐王司马冏与贾氏有仇，秘密与他联系。司马伦还联络了淮南王、梁王等人，众人都痛恨贾南风暴虐乱政，决心将贾氏势力一举荡平。

300 年，司马伦伪造皇帝诏书，召集将士们说："贾后与贾谧等人，祸乱朝廷，擅杀皇太子，乱我江山，今奉诏讨贼，有不听命令者，诛灭三族。"众将士齐声呐喊，表示服从命令，同力讨伐逆贼。

司马伦带兵入朝，迎头撞见贾谧，贾谧没想到司马伦会反，刚想质问，士兵们一拥而上，把贾谧砍为肉酱。贾南风的亲信党羽张华、裴頠、解结、杜斌、孙虑等人，全被诛杀。

司马冏负责收捕贾南风，他率兵闯入后宫。贾南风一见，便知大事不妙，故作镇静，质问道："你来干什么？"司马冏厉声说道："奉诏抓捕你！"贾南风冷笑说："诏书都是由我发出的，你哪来的诏书？"司马冏不再理她，命士兵把她押出去。

司马冏一行出了后宫，来到前殿，恰巧碰见了皇帝司马衷。贾南风赶紧大喊："陛下，快救救您的老婆吧！"司马衷只是傻傻地看着，什么也不说。

贾南风叹口气，又问司马冏："起事者是谁？"司马冏并不避讳，答道："是赵王和梁王。"贾南风听了，恶声恶气地骂道："拴狗应当拴脖颈，我却拴了狗尾，反被他们咬了一口，真是活该！只恨当年没杀了这两个老狗！"

贾南风被废为庶人，关押在金墉城，不久，用金屑酒把她毒死，时年四十五岁。这个恶贯满盈的丑八怪，终于得到了应有的下场。贾南风的妹妹贾午，被乱棍打死，贾氏的亲戚党羽，被一网打尽。盛极一时的贾氏势力，此时烟消云散了。

司马伦诛灭贾氏势力，并不是为了伸张正义，而是怀有野心，他进了朝廷，先把皇帝玉玺印绶夺到手里，等到局势稍一稳定，司马伦便迫不及待地僭位称帝了。司马伦把傻皇帝司马衷尊为太上皇，这辈分可就乱套了。司马伦篡位称帝，大出人们的意料，一时间议论纷纷。

司马伦知道人心不服，他就采取了大肆封官的办法。诛灭贾氏的有功人员，自然先封，不仅普遍提升了官职，还大量封侯，文武官员封侯的，多达数千人；太学生凡年龄十六岁以上的，都被任命为官员，就连奴仆杂役之人，也予以加封爵位。当时，朝廷设侍中、散骑、常侍等官职，每个官职的编制一般是四人，如今，每个官职竟达百人，真是官职泛滥成灾！

那个时候，官帽上插有貂尾做装饰，可是官太多了，貂尾不够用，只好拿狗尾来代替。老百姓编了歌谣讽刺，说："貂不足，狗尾续。"后来便形成了"狗尾续貂"的成语，流传至今。

司马伦天真地认为，他封官封得多，拥护他的人就多，他的皇位就可以坐稳了。可是，早已称王的司马皇族的人，司马伦拿什么封他们呢？这些人得不到好处，会善罢甘休吗？再说，皇帝谁不想当啊，凭什么你司马伦抢了去？

于是，从司马伦篡位称帝开始，司马皇族的人，为争权夺利而展开的八王之乱，就愈演愈烈，达到了高潮。

八王之乱皇族大厮杀

八王之乱，是司马皇族为争夺中央政权而进行的内部混战，前后持续了十六年时间。

291 年，贾南风令楚王司马玮入朝，诛杀辅政大臣杨骏，然后，又挑动司马玮与汝南王司马亮内讧，结果，两王被杀，贾南风独揽大权。这是八王之乱的第一阶段。

300 年，赵王司马伦诛灭贾南风，篡位称帝，诸王不服，由此展开混战，这是八王之乱的第二阶段。这一阶段，参加人员更多，战争更惨烈，破坏更严重。

《晋书》记载，首先向司马伦发难的，是司马炎第十子、淮南王司马允。司马允本来是与司马伦联合，诛杀贾南风的，但看到司马伦有称帝野心，便与他反目了。因为朝中议事者有意立司马允为皇太弟，准备日后继位，所以，司马允痛恨司马伦怀有野心。

当时，司马允在朝中任骠骑将军，司马伦忌惮他，夺了他的兵权，改任太尉。司马允不接受，司马伦让人送去皇帝诏书，指责他谋反。司马允一看诏书，认得是孙秀的笔迹，勃然大怒，带领身边亲兵七百余人，去讨伐司马伦。

司马允带领的亲兵，全是淮南国兵中的精锐，以一敌十，锐不可当，杀死司马伦士兵一千多人。但终因兵少，又不慎中计，司马允兵败被杀，死时只有二十九岁。他的三个儿子一同遇害，受他牵连被杀的有数千人。

司马伦僭位称帝以后，立刻在司马皇族中引起轩然大波。晋惠帝虽然呆傻，却是名正言顺的皇帝，而司马伦称帝，却是篡位贼子，人人得而诛之。于是，齐王司马冏，联合河间王司马颙、成都王司马颖，共同举兵，讨伐司马伦。

司马冏原本也是与司马伦联合讨贾的，事成之后，司马伦让他镇守许地。司马颙是司马懿弟弟的孙子，当时领兵镇守关中。司马颖是司马炎的第十六子，当时率军驻守邺城。三王手里都有军队，于是联合出兵，攻打司马伦。

司马伦见到三王发出的檄文，大为恐惧，急忙调兵遣将，与三王对抗，双方混战两个月，死了十万多人。这时，司马伦后院起火，他的亲信将领反叛，司马伦被捕获。

司马冏率得胜之师，进入京城，召集百官，痛斥司马伦罪行，令他喝金屑毒酒自杀。司马伦心中惭愧，用手巾遮住脸，连声说："孙秀误我！孙秀误我！"司马伦的四个儿子，以及孙秀等亲信党羽，全被诛杀殆尽。

司马冏除掉司马伦，重新把傻皇帝扶上位，自己做了辅政大臣，独揽大权。司马颙、司马颖二王被封高爵，回到原地，拥兵自重。

司马颙回到关中后，心中不爽，他觉得三王同时起兵，如今大权却落在司马冏一人手里，很不甘心。于是，他秘密联络司马颖等诸王，准备兴兵攻打洛阳。司马颙又联络在洛阳驻军的长沙王司马乂，让他作为内应。

司马乂，是司马炎的第六子，也很有野心。三王讨伐司马伦时，司马乂率封国军队响应，进入洛阳，之后，就在洛阳驻军不走了。司马冏的主簿王豹，曾经劝谏司马冏，让司马乂军队回去。司马乂怀恨在心，怂恿司马冏杀了王豹。

此时，司马乂接到司马颙密信，心中大喜，他趁着司马冏没有防备，突然发动兵变，斩杀了司马冏，灭其三族。司马冏的党羽属官两千多人，都被诛杀，大权落到司马乂手里。

司马颙没有想到，司马乂会轻而易举地杀掉司马冏，独揽大权，心中更是不爽，于是，他多次派出刺客，去刺杀司马乂，但均未成功。

303年，司马颙见刺杀不能奏效，按捺不住野心，便与司马颖联合，兴兵二十七万，直接攻打洛阳。司马乂领兵迎击，双方混战几个月，死了六七万人。这时，司马乂的后院也起火了，在朝中任司空的东海王司马越，趁机反叛，在夜里突然袭击，捕获了司马乂。

司马颙的阴谋终于得逞，他进入京城，当了太宰，掌握了大权。司马乂被虐杀，他的子女、家族和亲信党羽，也被诛杀殆尽。司马乂是被用火慢慢烤死的，凄惨的叫声传出很远，三军无不落泪，死时年仅二十八岁。司马颙封司马颖为皇太弟，任命司马越为尚书令。

司马越，与司马颙一样，也是司马懿弟弟的孙子，野心勃勃，富有计谋。他并不甘心只当个尚书令，而是想攫取最高权力。司马颖被封为皇太弟之后，并未留在京都洛阳，而是回到了自己的根据地邺城。司马颖在邺城遥控朝政，目无君上，引起众人不满。

304年，司马越意图消灭司马颖的力量，率领十万军队，裹挟晋惠帝御驾亲征，去讨伐司马颖，不料大败，晋惠帝也当了俘虏。司马越认识到，要想成就大事，必须有自己的实力，于是，他返回封地东海国（今山东郯城一带），专心发展自己的力量去了。

306年，司马越的势力已经很强了，手里不仅有一支数量可观的军队，还占有徐州、青州、幽州、许昌等地。于是，司马越带兵进入洛阳，打败司马颙和司马颖，控制了朝廷。司马越的弟弟司马模，命部将在车上掐死司马颙，并杀死了他的三个儿子。司马颖被缢死，两个儿子也一同被杀。

同年十一月庚午，傻皇帝司马衷突然驾崩，时年四十八岁。《晋书》说："因食饼中毒而崩，或云司马越之鸩。"

司马衷死后，司马越立了司马炽当皇帝，自己独揽大权。司马炽是司马炎的第二十五子，当时二十四岁，被称为晋怀帝。

长达十六年的八王之乱，最终以司马越的胜利而告终。八王之乱，是中国历史上最为严重的皇族内乱之一，死亡将士达五十万以上，严重破坏了西晋的经济和社会秩序，更为严重的是，西晋王朝的威望、公信力、控制力和民心，几乎都被战火摧毁了，等待它的，必然是灭亡。

西晋皇族由于长期内斗，失去了对国家的控制力，早已居于中原多年的一些少数民族，纷纷趁乱建立政权，与西晋王朝分庭抗礼，天下开始混乱。

五胡趁乱占中原

西晋的八王之乱，给一些少数民族带来了机会，他们趁着王室大乱，纷纷占据中原，开始了所谓的"五胡乱华"。

五胡，主要是指匈奴、鲜卑、羯、羌、氐五个少数民族。其实，当时的少数民族，数量很多，五胡只是主要的代表。此时的少数民族，早已不是居无定所、四处游牧，而是进入内地多年，与汉人杂居，高度汉化了，甚至有不少胡人，还做了晋朝的高官。由于王室忙于内斗，无暇他顾，这些少数民族，或抢占地盘，或建立政权，逐渐成为西晋王朝的大敌。

《晋书》记载，首先建立政权、脱离晋朝的，是成都一带的氐族领袖李雄。

李雄虽是氐族，却早已汉化，他的祖辈，长期居住在汉中，受道教第三代天师张鲁统治。曹操攻占汉中后，李雄的曾祖父李虎，率本族五百多户人家，归附了曹操，被曹操授予将军之职。李雄的祖父李慕、父亲李特，都在魏晋政权担任过高官。

300 年，司马伦诛杀贾南风及其同党，益州刺史赵廞，因与贾南风有姻亲关系，怕被株连，于是反晋，自立为帝。晋朝封李特为宣威将军，讨伐赵廞。李特领兵灭了赵廞，从此占据了成都。后来，李特与新任益州刺史罗尚产生矛盾，便带领六郡流民，与罗尚对抗。朝廷派兵援助罗尚，李特战死，儿子李雄接管了父亲的部队。

李雄身高八尺三寸，容貌俊美，性情刚烈，有勇有谋。他掌管军队以后，采取机动灵活的战术，切断罗尚军队的粮道，又频频发动夜袭，终于打败罗尚，巩固了成都一带的地盘。此后，李雄便与晋王朝彻底决裂了。

304年，李雄趁诸王打得不可开交，在成都建立政权，国号为"成"，后改为"汉"，史学界称为成汉。李雄起初自称成都王，两年后，又自立为帝。成汉废除了晋朝法律，自己制定律法，设置百官，发展经济，教化民众，倒挺像个样子。晋王朝正在内斗，根本没有精力管他。成汉是五胡乱华时期第一个少数民族政权，属于十六国之一，存在四十二年，最后因内乱而亡国。

从《晋书》记载来看，李雄虽然是氐族人，但他建立的成汉政权，已经高度汉化了，成汉政权与晋王朝之间的矛盾，并不是氐族人与汉族人之间的矛盾，实质上是西晋统治集团内部的矛盾。所以，不能一听李雄是氐族人，就想当然地认为是民族矛盾。

成汉政权建立以后，虽然也向外扩张，但基本上局限在今四川一带，对建都洛阳的西晋王朝威胁不是很大。真正对西晋构成致命威胁，并且最终灭亡西晋的，是匈奴人刘渊建立的汉赵政权。

《晋书》记载，刘渊，是西汉时期匈奴冒顿单于的后代。刘邦对匈奴实行和亲政策，将宗室之女嫁给冒顿，所以，他的子孙很多以刘氏为姓，并公开声称自己是汉朝皇室的外甥。

汉武帝打败匈奴后，匈奴分裂成南北两部。北匈奴远遁西北，继续与汉朝为敌，到东汉时被彻底消灭；南匈奴则归顺了汉朝，逐步南迁，并与汉人融合。到东汉末年，曹操将南匈奴分为五部，居住在北方地区。西晋初期，五部继续南移，大多数居住在山西晋阳的汾水和涧水一带。刘渊的父亲叫刘豹，是左部的首领，称为左贤王，居住在太原的兹氏（今山西高平一带）。

刘渊在京师洛阳生活多年，他年幼时，就非常聪慧，爱好学习，特别喜欢《春秋左氏传》和《孙子兵法》，大致都能够诵读。长大后又学习军事，他臂长善于射箭，体力超群。刘渊身材魁梧，仪表堂堂，身高八尺四寸，胡须有三尺多长。

当时，执政的是曹魏权臣司马昭，司马昭十分看好刘渊，在他学习和生活方面，给予优厚的待遇。司马炎称帝后，也很欣赏刘渊，夸赞他说，就连春秋时期的由余和汉代的金日磾，都不能超过他。司马攸却看出刘渊有雄心大志，多次劝司马炎杀了他，以绝后患，司马炎始终没有同意。

279 年，刘渊的父亲刘豹去世，司马炎任命刘渊为代理左部帅，后来，又任命他为北部都尉。晋惠帝时期，刘渊担任了建威将军、五部大都督。300 年，司马颖上表推荐刘渊担任宁朔将军，监五部军事。

刘渊在任职期间，严明刑罚，主持正义，乐善好施，礼贤下士，对人真诚，四方豪杰，无论是汉人还是匈奴人，都纷纷投奔他的门下，就连一些名家大儒，也慕名前来拜访，刘渊声名远扬。

不久，西晋爆发八王之乱，战火纷飞，匈奴的事情，自然没人管了。人民痛苦不堪，而且还饱受征兵、征粮和徭役之苦。匈奴五部的人，一致推举刘渊当单于，建立政权，以求自保。刘渊素有大志，觉得天下已乱，正是建功立业的好机会，于是欣然应允。

304 年，刘渊打着恢复汉朝的大旗，建国号为"汉"，史称汉赵，也叫前赵。刘渊追尊蜀汉皇帝刘禅为孝怀皇帝，建造汉高祖刘邦以下三祖五宗的神位进行祭祀。刘渊当时没有称帝，而是称为汉王，四年之后，他才正式登基，当上大汉皇帝。匈奴，就是被汉朝灭掉的，如今却由匈奴的后人来恢复大汉江山，好像有点滑稽。

不过，刘渊打出汉朝的旗帜，还是有效果的。当时，司马皇族为了争权夺利，只顾内斗，不管百姓死活，人们觉得，西晋还不如汉朝，人心思汉的情绪比较普遍。刘渊是汉朝外甥，打着恢复汉朝的旗号，也是有点道理的，对争取民众，也大有益处。因此，不仅是匈奴人，也有大批的汉人纷纷加入刘渊的队伍，刘渊的势力迅速壮大。

并州刺史司马腾，见刘渊势力崛起，领兵来打，不料一败涂地，并州也待不下去了，只好逃到了山东。刘渊乘胜进军，派遣建武将军刘曜接连攻占了太原、泫氏、屯留、长子、中都等地。刘渊把都城迁到平阳，平阳离洛阳不远，下一步，刘渊就要兵进洛阳了。

310 年，刘渊病逝。刘渊死后不久，他的儿子们继续展开对晋朝的攻击，最终灭亡了西晋。

永嘉之乱西晋灭亡

永嘉，是晋怀帝司马炽的年号；永嘉之乱，是指汉赵政权攻破洛阳和长安、俘虏晋帝、灭亡西晋的历史事件。永嘉之乱，导致了西晋王朝的灭亡，也标志着中国在短暂的统一之后，再次走向了分裂。所以，永嘉之乱，是中国历史上一个重大事件。

《晋书》记载，长达十六年之久的八王之乱，最后以东海王司马越的胜利而告终。司马越毒死晋惠帝，另立了晋怀帝司马炽，自己掌握朝廷大权。司马越虽然取得了胜利，但西晋王朝已经元气大伤，失去了控制力和民心，而刘渊建立的汉赵政权，已经形成气候，成了西晋的大敌。

309 年，汉赵政权两次出兵攻打洛阳，司马越紧急部署防御，又急令附近的晋军前来救援。好在洛阳墙厚城坚，汉赵政权没有重型攻城设备，经过一番激战，好歹保住了洛阳城。

这时，汉赵政权的大臣王弥，提出一个重要计谋，他建议，在兖州、豫州一带招募士兵，收聚粮食，目的是切断洛阳与周边地区的联系，同时壮大自己的实力。得到批准后，王弥便率军向南，在颍川、襄城、汝南、南阳一带招兵买马。当时，由于诸王混战，百姓流离失所，流民很多，王弥又是世家大族，有很强的号召力，所以，大批流民加入了汉赵政权的军队。王弥是今山东莱州人，爷爷当过汝南太守，是纯正的汉族人，所招募的数万士兵，也几乎全是汉人。

司马越虽然暂时保住了洛阳城，但已经没有能力剿灭汉赵政权了，而且在这危急关头，朝廷仍然内斗不止。清河王司马覃，是司马炎的孙子，在晋惠帝时期，曾被立为皇太子，司马越掌权后，大臣陈颜等人，谋划再次拥立司马覃为皇太子。司马越觉得对己不利，把司马覃囚禁于金墉城，后来杀了他，皇族又死一个王。司马越为了巩固自己的地位，还杀了大臣周穆、诸葛玫、王延等人，罢免了苟晞等一批将领的官职。大敌当前，司马皇族竟然还在搞窝里斗。

310 年，王弥已经占领了洛阳周边地区，切断了粮道，洛阳发生饥荒。司马越诏令全国的军队来救洛阳，可是，只有征南将军山简和荆州刺史王澄应诏前来，却被汉军拦截，大败而回，其他藩镇均作壁上观。洛阳皇族的人，眼巴巴地盼着，始终没有见到救兵的影子。

司马越眼见洛阳成为一座孤城，形势危急，便想带领军队，回他的封国去。晋怀帝苦苦哀求，司马越不为所动，坚持要走。310 年十一月，司马越不顾晋怀帝死活，率领军队，离开洛阳，向许昌进发。晋怀帝恼羞成怒，任命苟晞为大将军，同时发出诏令，公布司马越罪状，要求各方予以讨伐。不过，此时的皇帝诏令，就像废纸一样，丝毫不起作用了。

司马越率军走到项城，得病而死。襄阳王司马范统领部队，秘不发丧，继续东行，想回到东海国安葬。汉赵政权的悍将石勒，得知消息后，率轻骑兵急追，在苦县宁平城追上了晋军。石勒令骑兵四散包围，用弓箭射击，箭如雨下。晋军虽有十万之众，但兵无斗志，人心涣散，自相践踏，结果全军覆灭。

宁平城一战，晋军主力被歼灭，晋王朝输掉了最后一点本钱，它的末日，也就不远了。此时，洛阳城内，几乎无兵可守，而且饥饿日益严重，街上死人交相杂横，成群的盗贼，大白天公开进行抢劫，朝廷各个署衙，都挖掘壕堑自卫。

311 年六月，刘渊的侄子刘曜，率王弥、石勒等将领包围了洛阳，几乎没费什么力气，就攻破城池，占领了洛阳。汉军入城后，军纪很差，士兵们大肆烧杀抢掠，百姓死了三万多人，皇帝陵墓遭到盗掘，宫庙、官府也被烧光，洛阳成了人间地狱。晋怀帝被王弥的士兵抓住，做了俘虏。

洛阳沦陷后，朝中一些大臣跑到长安，拥立司马邺为帝，即晋愍帝。司马邺，是司马炎的孙子，当时只有十三岁。

这个时候，晋王朝已经有其名而无其实了。司马皇族和一些大家世族，见大势已去，纷纷迁至江南，朝中连像样的大臣都没有。朝廷已无法控制天下，各地不再进贡尊奉朝廷，更不听皇帝诏令。长安城内，兵力少得可怜，只有两千多人，物资更是匮乏，文武官员饥寒交迫，只能靠采集野谷野菜生存。

316 年八月，刘曜率军包围了长安，但并不急于攻城，只是断绝城内外的联系。汉军围城两个月后，城内人口饿死了一大半，皇帝也没有吃的，只能靠酿酒的酒糟充饥。实在支撑不下去了，晋愍帝派人送上降书，自己脱去上衣，口衔玉璧，侍从抬着棺材，出城投降，群臣哭泣呼号，在后面跟随。臣子中倒有两个刚烈之人：御史中丞吉朗选择自杀；雍州刺史麴允伏地痛哭，然后自杀。

大一统的西晋王朝，只经过五十一年，就土崩瓦解了。西晋最后两个皇帝，一个被俘，一个投降，他们最后的命运，又是怎么样的呢？

西晋两个"奴仆皇帝"

西晋王朝共有四位皇帝，除了开国皇帝司马炎之外，那三位，一个是不会治国理政的白痴，另两个被俘和投降以后，苟且偷生，甘当奴仆，被人称为"奴仆皇帝"。堂堂的西晋王朝，真够"奇葩"的，确实是畸形。

《晋书》记载，被俘的晋怀帝司马炽，是西晋第三位皇帝。司马炽并无大志，更没有当皇帝的野心，他行事低调，不爱与人交往，不愿涉足世事，而是爱好钻研史籍，如果在太平年间，他有可能会成为一名不错的历史学家。

司马炽因为是司马炎的儿子，所以在六岁的时候，就被封为豫章王。后来的八王之乱，司马炽并没有参加，也没有明显的倾向性。大概正是这个原因，他才被立为皇帝。司马炽虽然当了皇帝，但大权都在司马越手里，他不过是个傀儡而已。

311年，洛阳城陷，司马炽被俘，他被送到汉赵的都城平阳。当时的汉赵皇帝，是刘渊的儿子刘聪，司马炽为了活命，对刘聪低眉顺眼，极力奉承。

有一次，刘聪问他："你当豫章王时，王济带我去见过你，我们一起讨论过诗赋，还一起射箭，临走时，你送给我柘弓、银研。这些事，你还记得吗？"司马炽讨好地说："这些事，我怎么会忘记呢？只可恨我眼拙，当时没有认识您的帝王之相。"

又有一次，刘聪不怀好意地问他："你家骨肉相残，怎么那么厉害呀，都是一家人，如何能下得去手呢？"司马炽谄媚地回答："这大概是天意吧！上天要把天下授予大汉，所以才令我们司马家互相残杀，好为陛下您清除障碍啊。"

司马炽的卑躬屈膝，却让刘聪十分看不起，找机会就羞辱他。刘聪经常让司马炽干奴仆的活，拿他当下人使唤，而司马炽总是逆来顺受，毫不在意，叫干什么就干什么。

刘聪举办宴会时，特意让司马炽穿上奴仆的青衣，为客人端茶斟酒。参加宴会的人很多，都指指点点，说那个奴仆，就是晋朝皇帝。其中有不少归顺汉赵的晋朝旧臣，他们见过去的主子这个样子，禁不住心酸落泪。可是，司马炽却像没事人一样，跑里跑外，忙得不亦乐乎。

司马炽忍辱偷生，只是希望能够活命，但并未遂愿。313年，刘聪觉得司马炽没有什么用处，留着他有害无益，就用毒酒把他毒死了。司马炽死时三十岁，死后也不知葬在何处。

《晋书》记载，投降的晋愍帝司马邺，是西晋第四位皇帝，也是最后一个皇帝。司马邺是司马炎第二十三子司马晏的儿子，过继给伯父司马柬，继承了秦王爵位。司马邺十三岁时，被稀里糊涂地扶上皇位，当上了皇帝。

司马邺这位皇帝，当得够受罪的，当时长安物资奇缺，朝廷一共只有四辆车，大臣们连官服都没有，只好把官衔写在桑木板上，作为标记。刘曜军队围城之后，没有饭吃，堂堂皇帝，只能吃酒糟。实在无法支撑，司马邺无奈出城投降了。

司马邺投降以后，也被押往平阳。此时，刘聪已经彻底灭亡了西晋，趾高气扬，把司马邺视为奴隶，百般羞辱。刘聪在举办宴会时，故技重演，仍然让司马邺充当奴仆，端茶倒酒，宴会结束后，还要让他刷盘洗碗。更过分的是，刘聪上厕所时，竟让司马邺拿马桶盖，站立一旁侍候。

有一次，刘聪外出打猎，让司马邺穿上戎服，手执戟矛，在前边开路。百姓们纷纷聚在路旁观看，有些晋朝遗民故老，见皇帝如此受辱，不由得抽泣流涕。刘聪见了，十分厌恶，担心他还有影响力，便下令把他杀了。司马邺死时，只有十八岁。

西晋灭亡了，但司马皇族的人，有些逃到了江南，许多世族大家，纷纷举族南迁，他们便拥立司马睿为帝，继续称为晋朝，从此开启了东晋的历史。

司马睿南方建东晋

在八王之乱的时候，中原战火纷飞，民不聊生。为了躲避战乱，北方的世族大家以及士人百姓纷纷南迁，司马皇族的人也去了一些。西晋灭亡之后，北方被少数民族政权占领，形成了"十六国"；在南方的世族大家，便拥立司马皇族的人，重新建立了晋朝政权，被称为东晋。东晋第一位皇帝，叫司马睿。

《晋书》记载，司马睿是司马懿的曾孙，他爷爷叫司马伷，是司马懿的第四子。司马伷纬武经文，很有作为，参加过伐吴战争，立有大功，被封为琅琊王。琅琊，在今山东临沂一带。

司马睿的父亲叫司马觐，承袭了琅琊王的爵位。司马觐比起他老子司马伷来，可就差远了，不仅没有什么作为，甚至连老婆红杏出墙他也管不住，三十五岁时就死了。

司马觐的老婆，叫夏侯光姬，小名铜环，是夏侯渊的曾孙女。夏侯光姬聪明漂亮，却风流成性。《晋书》说，当初，有一本流传很广的谶书，叫《玄石图》，上面有"牛继马后"的预言，说司马氏的天下，将来要由姓牛的人继承。司马懿很闹心，他又请来星相术士管辂进行占卜。管辂是今山东德州平原人，是历史上著名的术士，被后世奉为卜卦观相的祖师爷。管辂占卜的结果，与《玄石图》完全相同，司马懿不得不信，心情更加郁闷。

从此，司马懿对姓牛的人格外警惕，生怕他们日后会篡权，为此害死了不少牛姓人。司马懿手下有个将领，叫牛金，为他出生入死，立下许多战功。司马懿怕他将来对子孙不利，便借饮宴之机，把他毒死了。可是，天下姓牛的人太多了，司马懿怎么能提防过来呢？更令司马懿没有想到的是，他的孙媳夏侯光姬，竟与一个姓牛的小吏私通，生下了司马睿，司马睿当上了东晋皇帝。

由此看来，司马睿实际上是牛氏血脉，与司马氏并没有血缘关系，"牛继马后"的预言应验了。所以，历史上有很多人，都戏称司马睿为牛睿。明朝著名思想家李贽，就直接称东晋为"南朝晋牛氏"，而不称司马氏。

关于"牛继马后"的故事，不仅《晋书》有记载，史籍《魏书》以及《容斋随笔》《宾退录》等书也有描写，大概不会是凭空捏造。不过，也有人说，这是北方胡人为了诋毁东晋的正统性，故意编造的谣言，似乎也有可能。事情已经过去近两千年，真相难以搞清，我们姑且仍将司马睿算作司马氏子孙吧。

290年，司马睿的父亲司马觐去世，他继承了琅琊王的爵位，当时，他只有十五岁。同年，司马炎也去世了，傻皇帝司马衷继位，西晋王朝随即开始混乱，先是贾南风利用司马玮、司马亮，铲除了外戚杨骏势力，后来司马玮、司马亮之间产生内讧，再后来就是八王之乱的进一步爆发。

司马睿当时住在洛阳，他由于年轻，又无职权，因而没有参加初期的八王之乱。在动荡险恶的政治环境中，司马睿采取恭俭退让的态度，注重结交士人，获得名士嵇绍的好评，和琅琊人王导成了好朋友。

在皇族大混战中，司马睿后来终于没能独善其身，他的琅琊国，与东海国相邻，于是，他倒向了东海王司马越。

304年，八王之乱进入高潮，司马越裹挟着晋惠帝，率军讨伐驻守邺城的司马颖。二十九岁的司马睿，被任命为左将军，随军出征。结果，司马越大败，逃回东海国，晋惠帝和司马睿都做了俘虏。

司马睿在当俘虏期间，他的叔父司马繇被司马颖杀害，司马睿也十分危险，于是，他想办法逃出了邺城。司马睿回到洛阳后，王导劝他说，洛阳是个危险的地方，不宜久留。司马睿就带着家眷，与王导一起，回到了他的封地琅琊。

后来，司马越积蓄了力量，带兵西去洛阳，打算控制朝廷。司马越觉得司马睿可靠，任命他为平东将军，镇守后方。因此，司马睿没有去洛阳，免去了刀兵之灾。

307年，汉赵政权迅速崛起，成为西晋大敌，而西晋王朝仍然内斗不止，混乱不堪。王导意识到，西晋政权已经无药可救了，迟早会灭亡，中原将要大乱，于是，他多次劝司马睿，抛弃眼前的利禄，到江南去避难。

司马睿听从了，向朝廷谋取了出镇建康（今江苏南京）的职位，渡江南下，去镇守建康。王导携带琅琊王氏家族，全部跟随迁居江南。司马睿是皇族中最早南迁的，等到后来皇族和中原百姓大批南迁的时候，司马睿已经在江南站稳了脚跟。

311年，汉赵军队攻陷洛阳，俘虏了晋怀帝。中原局势动荡不安，中原百姓大批涌入江南避乱，据史籍记载，人数比例达到十之六七。王导劝司马睿乘机招揽人才，收买人心，以图大业。

316年，汉赵军队包围长安，晋愍帝投降，西晋王朝宣告灭亡。王导和堂兄王敦等人，抓住时机，周密谋划，准备在建康重建晋政权，拥立司马睿为帝。

317年，在王氏家族扶持下，司马睿建立政权，改元建武，史称东晋。当时，由于晋愍帝还活着，司马睿称为晋王，第二年，晋愍帝死讯传来，司马睿才正式登基称帝，被称为晋元帝。司马睿让王导行使丞相职权，任命王敦为大将军。

司马睿虽说是东晋开国皇帝，但能力一般，并无雄才大略，再加上声威不够，势单力薄，特别是，东晋政权实际上是由琅琊王氏策划建立的，所以，司马睿必然大权旁落。在东晋建立初期，以王导、王敦为首的王氏家族控制了朝廷，形成了"王与马，共天下"的局面。

这表明，东晋政权从一开始建立，基础就是不牢固的，以至于后来叛乱不断，长期处于风雨飘摇之中。

王与马，共天下

东晋政权，是在琅琊王氏家族扶持下建立的，王氏家族掌握大权，辅佐朝廷二十多年，势力与皇室力量差不多，甚至还有过之。所以，百姓称之为"王与马，共天下"。

琅琊王氏，是秦国名将王翦的后代，秦末时迁到齐国，居住在琅琊，是中原最具代表性的门阀士族之一，书圣王羲之，就是王氏家族的人。西晋末年，琅琊王氏举族南迁，扶持司马睿当上皇帝，创立了东晋。王氏家族的代表人物，是王导和王敦兄弟俩。

《晋书》记载，王导，是西晋著名孝贤王览的孙子，王羲之的堂伯父。王导少年时，就风姿飘逸，见识超群。陈留高士张公见到他后，非常惊奇，说："这孩子的容貌气度，是将相之材啊！"

王导与琅琊王司马睿素来友善，两人情同手足。司马睿还在洛阳的时候，王导就经常劝他，让他离开这个是非之地，回到自己的封国去。后来，王导见西晋王朝覆灭已不可避免，力劝司马睿移居江南。司马睿听从了，出镇建康，王导、王敦兄弟举家跟随。王敦当时任扬州刺史，有不小的势力。

司马睿权威声望不够，他刚到建康时，江南的士族有点看不起他，没有人前来拜见。王导、王敦一商量，便自编自演了一场好戏。

按照江南风俗，每年的三月初三，老百姓都去江边求福消灾，规模很大。到了这一天，王导让司马睿乘坐豪华轿子，前面安排仪仗队鸣锣开道，后面安排一大批从北方来的官员跟随。王氏家族的人，几乎倾巢而动，一大队人马，浩浩荡荡到江边求福。

江南的百姓和士族们，没有见过这么大的阵势，又见司马睿被众人簇拥着，人们对他毕恭毕敬，认为司马睿不是平凡人物，都垂手站立两旁，很恭敬地对待司马睿。许多士族大家，开始前去拜见司马睿。

王导对司马睿说："在江南士族中，顾荣、贺循两人最为有名，许多人都唯他俩马首是瞻，只要把他俩拉过来，其他人就会主动顺从。"司马睿很赞同，马上让王导去办。

王导找到顾荣、贺循，对他们讲了一通司马睿如何贤明，如何仁厚，如何求贤若渴，邀请他俩到王府做官。顾荣、贺循答应了，跟着王导去拜见司马睿。司马睿很热情地接见他们，封给他们官职。果然，江南士人前来拜见的日益增多，司马睿很快在江南站稳了脚跟。

永嘉之乱以后，大批中原人士逃到江南，王导劝司马睿借机收买人心，招贤纳士，前后吸纳了一百零六人，安置在王府里，形成了司马睿自己的势力，巩固了他的地位。司马睿对王导十分感激，称赞他为"我的萧何"。

317 年，在王氏家族扶持下，司马睿建立了东晋政权，称为晋王，第二年，又登基当上皇帝。司马睿自然要重用王导，任命他为骠骑大将军，封为武冈侯，进位侍中、司空、假节、录尚书，领中书监，职权相当于丞相。任命王敦为大将军，封为汉安侯，掌管长江中上游的军队，统率六州。

据《晋书》记载，司马睿登上帝位，接受百官庆贺朝拜。在礼仪进行当中，司马睿忽然招呼王导上前，让他与自己同坐御床受贺。王导急忙拒绝，他哪里敢坐御床啊！司马睿此举，不知出于什么用意？

东晋建立之后，王导主内，总揽朝政，发布政令；王敦主外，掌管军队，专任征伐。兄弟两人，大权在握，权势无人能及。王氏家族的人，也纷纷在朝中和地方上做官。有史料说，当时东晋的官员，百分之七十以上，都是王氏家族和与王氏有关系的人，形成了"王与马，共天下"的格局，王氏家族的势力，甚至超过了皇室的力量。王导有个小妾，姓雷，她依仗王导对她的宠爱，经常干预朝政，收受贿赂，权势很大，人称"雷尚书"。小妾尚且如此，何况其他王氏家族成员呢？

王导是著名的政治家，以保国安民为己任，是东晋政权的重要开创者。他忠于司马睿，宽厚仁义，谦逊谨慎，尽心尽责地辅佐朝廷，声望很高，为东晋政权的建立和巩固，做出了重大贡献。

王导的堂兄王敦，是一位领兵将领。他性格急躁，手握兵权之后，逐渐专横起来，居功自傲，不把皇帝放在眼里，也听不进王导的劝告，后来发动叛乱，给东晋政权造成严重危害。王导和王敦兄弟俩，并不是一路人。

晋元帝司马睿，虽然能力不是很强，但也不是昏庸之辈，他在东晋政权建立之初，需要依赖王氏家族的扶持，而当政权建立之后，他就着手加强皇权了。司马睿不甘心大权旁落，试图打破"王与马，共天下"的局面。

司马睿对王导，一直信任有加，称王导为"仲父"，两人相敬如宾，可是对王敦，司马睿却是越来越不满意了。王敦行事专横霸道，目中无人，而且随着权力的增加，滋生了野心。司马睿对王敦，既忌惮，又提防，为此，他提拔重用刘隗、刁协、戴渊等人，培植自己的力量，试图压制王氏家族的势力。

对司马睿的猜忌和做法，王敦产生了极大不满，他自恃兵权在手，无所顾忌，便悍然发动叛乱，使刚刚建立不久的东晋政权，经受了一次严峻考验。

那么，王敦之乱的起因、过程、结果，是怎样的呢？

王敦之乱　东晋动荡

　　王敦之乱，也叫王敦之叛，是东晋初年发生的一场动乱，造成东晋政权动荡不安。当时，东晋刚刚建立不久，就经历了一场灾难，这似乎预示着，东晋朝廷命途多舛。

　　《晋书》记载，王敦和他的堂弟王导，两人性格不同，为人也不一样，王导宽厚仁爱，王敦却生性残忍。王导和王敦年轻的时候，有一次到王恺家中赴宴。王恺命美女行酒，如果客人不喝，就杀掉美女。王导不善饮酒，但怕美女受害，只得硬着头皮强饮。王敦却执意不喝，眼看着美女被杀，他也无动于衷。王导叹息说："王敦生性残忍，他日后如果当了高官，必不能善终。"

　　王敦成年后，娶了司马炎的女儿为妻，担任了都尉，后又当了太子舍人。贾南风废黜太子司马遹，押往许昌囚禁，严禁官员为其送行。王敦却不管那一套，照样为司马遹哭拜送行，因此被捕入监，后被人营救出狱。

　　王敦兴致勃勃地参加了八王之乱，先后倒向司马伦、司马冏、司马越等人，因有功劳，最后当上扬州刺史。

　　司马睿镇守建康后，王敦积极协助王导，在抬高司马睿声望、建立东晋政权方面立有大功。司马睿称帝后，任命王敦为大将军，掌管长江中上游军队，统率六州。

　　王敦大权在握，逐渐骄横起来。他违反制度，独断专行，擅自撤换和任命州郡官员，到处安插亲信，对军权更是紧抓不放，谁也插不进手。司马睿对"王与马，共天下"的局面十分担忧，更是忌惮手握兵权的王敦。

司马睿开始疏远王氏家族，提拔重用刘隗、刁协、戴渊等人。刘隗等人都与王敦不和，多次建议司马睿削弱王氏势力，特别要注意防范王敦。司马睿也担心王敦作乱，让刘隗、戴渊以防备北方胡人为名，领兵出镇，监视王敦。对司马睿的猜忌防范，王敦大为恼火。当时，王敦忌惮豫州刺史祖逖，尚不敢轻举妄动，后来祖逖病逝，王敦认为，在军事上已经无人与他抗衡，便决定发动叛乱。

322年，王敦上奏刘隗、刁协的罪状，要求朝廷诛杀二人，司马睿当然不肯。于是，王敦打着诛刘隗、刁协的名义，在武昌起兵，进军建康。王敦的哥哥、在朝中担任光禄勋的王含，悄悄溜出城去，投靠了王敦。

司马睿闻之大怒，发布诏令说，谁要能杀了王敦，就封他为五千户侯。司马睿为了都城安全，急令在外领兵的刘隗、戴渊回来，准备抵御王敦的进攻。

王敦进兵建康的消息，立刻掀起轩然大波。王敦的军队人多势众，建康城内兵力单薄，满城百姓，人人恐慌。刘隗、刁协向司马睿建议说："建康城内，王氏家族势力强大，如果他们与王敦里应外合，建康将不攻自破，必须赶紧把王氏家族斩尽杀绝，肃清内患。"司马睿犹豫不决。

此时，王氏家族面临着巨大危险。其实，他们中间有很多人，并不赞成王敦起兵，更加害怕会祸及自身，惶惶不可终日。在这危急关头，王导挺身而出，召集本族有身份的二十多名子弟，明确表示反对王敦叛乱。王导带领他们，主动去向司马睿请罪。司马睿看在与王导的情谊上，没有对王氏家族下手，反而任命王导为前锋大都督，与戴渊、周札等人，率兵抵御王敦。司马睿还让王敦的堂弟王廙，出城去劝止王敦。

当时，东晋的军队大部分都被王敦掌控着，所以，王敦军队没有遇到大的抵抗，很快就兵临城下了。王敦没有进攻建康，而是首先攻占了石头城。石头城为孙权所建，是保障建康安全的重要屏障，石头城丢失，建康就难保了。司马睿命刘隗、刁协、戴渊、王导等人，率兵争夺石头城，但都被王敦打败。

王敦占据了石头城，建康朝不保夕，许多官员纷纷逃走。司马睿流着泪，对刘隗、刁协说："王敦如果打进城来，你二人必定性命不保，你们赶快逃走吧。"二人知道大势已去，无可奈何，只好泣拜司马睿，出城逃命去了。刁协途中被杀，刘隗则投奔了北方后赵政权。

司马睿派使者去石头城，对王敦说："你如果想当皇帝，我就把皇位让给你，何必动刀兵呢?"司马睿又命百官去石头城见王敦，劝他息兵入朝。此时，王敦还不敢公然篡位，于是，他让司马睿任命他为丞相，封他为武昌郡公，然后，得意扬扬地进了建康城。

王敦虽然当了丞相，却不是当丞相的材料，他只会领兵打仗，对朝廷政务一窍不通。另外，他这丞相当得也不光彩，几乎没有人从心里服他，就连王氏家族内部他也摆不平，王导就不与他合作，而是冷目以对。

有一次，王敦埋怨王导，说："不跟着我干，差点被灭族吧?"王导抢白他说："如果被灭了族，你就是罪魁祸首，看你死后有何面目去见列祖列宗。"王敦无言以对。

王敦的堂弟王棱，也多次责备王敦，说他不该举兵犯上，差点祸及全族，惹得王敦恼怒，派人把他暗杀了。王敦觉得在建康心情不爽，不久回到了老巢武昌，在外地遥控朝廷。

王敦之乱，把朝廷搞得乱糟糟的，皇帝颜面也丧失殆尽，司马睿忧愤成疾，一病不起，很快就病死了，终年四十七岁。儿子司马绍继位，被称为晋明帝。

晋明帝确实明智，他知道王敦终究是心腹大患，便悄悄做着铲除王敦的准备。王敦也忌惮晋明帝，知道他有勇有谋，当初就想废了他的太子之位，但大臣们一致反对，结果没有得逞。王敦知道晋明帝迟早会对他下手，也在悄悄做着篡位的准备。

王敦有个喜欢的侄子，叫王允之，经常和王敦在一起。有一天夜里，王允之喝多了酒，早早躺下了。王敦认为他喝醉了，不避讳他，与几个心腹一起，密谋篡位之事，却被王允之听得一清二楚。第二天，王允之告诉了父亲王舒。王舒一听，知道事情重大，赶紧带着他去报告了晋明帝，让晋明帝早做防备。这表明，王敦叛乱，即便在王氏家族内部，也是不得人心的。

323 年，王敦率军由武昌移至姑孰（今安徽当涂境内），为篡位做准备。王敦军队控制了扬州、荆州、徐州等重镇，直接威胁建康。

324 年，王敦病重，晋明帝谋划讨伐王敦，于是与王导等假称王敦已死，王导散布消息，组织王氏家族的人为王敦发丧。晋明帝也下诏讨伐王敦叛军。王敦派王含率五万大军攻击建康。不料，晋明帝早有防备，命王导为大都督，率苏峻、庾亮、温峤等将领攻击王含。王导试图劝降王含，王含不听，晋朝军队便对王含发动攻击，结果把王含军队打得大败。

王敦没想到王含兵败，心中恼怒，病情加重，真的死了。

王敦一死，自然树倒猢狲散。晋军乘胜进兵，很快把王敦的残余势力消灭干净。王含被王舒杀死，王敦被掘墓戮尸，砍下首级示众。为期两年的王敦之乱，终于被平息了。

闻鸡起舞　祖逖北伐

有个著名成语，叫作闻鸡起舞，意思是说，听到鸡叫就起床舞剑，比喻有志报国的人，发愤图强，即时奋起。这个成语，来源于东晋初期的军事家祖逖。

《晋书》记载，祖逖，是范阳遒县（今河北涞水）人。他家世代为官吏，父亲当过上谷太守，是北方幽州一带的名门显族。祖逖兄弟六人，多数都是豪放而有才干，但后来也出了一个败类祖约。

祖逖少年时，不爱学习，不拘小节，不修边幅，但他轻视财物而好行侠仗义，慷慨大方，经常拿出粮食布帛救济穷人，在当地名声很好。

祖逖长大以后，逐渐懂得了知识的重要性，发奋读书，博览书籍，涉猎古今，丰富了知识，增长了才干。同时，他喜好武艺，精于击剑，熟读兵书。祖逖成年后，被推举为孝廉，许多人认为，他有辅佐君王、治理天下的才能。

后来，祖逖担任了司州主簿，与同僚刘琨关系密切，两人同居一室。他俩都有豪迈之气，立志做一番大事，每当谈起天下之事来，往往情绪激动，不能入眠，常常半夜披衣起坐，互相勉励，并且约定，只要鸡一叫，他们就起床，或读书，或舞剑，从不懈怠，这便有了闻鸡起舞的故事。祖逖和刘琨，都学成了文武全才，成就了一番事业。

291年，八王之乱爆发。因祖逖很有名气，诸王纷纷拉拢他，祖逖先后为司马囧、司马乂效力。祖逖见诸王之间的战争，纯粹是为了争权夺利，毫无正义可言，大好河山饱受蹂躏，普通百姓痛苦不堪，因而心生厌恶，便借母丧为名，守孝不出。

311 年，汉赵攻破洛阳，大批中原人士渡江南下，躲避战乱。祖逖见西晋王朝已无希望，也带领宗族数百家南迁。逃难的路上，十分艰苦，祖逖躬自步行，把车马让给老弱病者乘坐，把粮食、衣物分给别人，遇有盗贼，还要组织抵御，祖逖用自己的实际行动树立了威望。祖逖目睹了中原民众的颠沛流离，亲身体验了国亡家破的痛苦，心中充满悲愤，暗下决心，一定要尽自己最大的努力，拯救百姓于水火之中。

祖逖到江南后，司马睿已在建康站稳脚跟，正在招贤纳士。司马睿知道祖逖有名望和才干，任命他为徐州刺史。祖逖欣然应命，利用这个机会，安抚百姓，招募士兵，准备一有机会，就率兵北伐，恢复中原。

313 年，晋愍帝任命镇守建康的司马睿为左丞相、大都督，诏令他率兵北伐，驱逐汉赵，扶助皇室。可是，司马睿当时并没有这个能力，而且他一心经营江南半壁江山，根本不想出兵北伐。

祖逖听说了此事，立即去见司马睿，请缨出征。祖逖说："皇室动乱，是因为诸王自相残杀，才使夷狄有了可乘之机。如今，中原百姓备受欺凌，人人都有奋击抗敌之志，王师大军一到，各地豪杰必定望风响应，那些悲观失望的人，也会振奋苏醒，复国雪耻大有希望，愿大王勉力图之。"

祖逖说得合情合理，正气凛然，司马睿没有理由拒绝。于是，司马睿封祖逖为奋威将军、豫州刺史，让他主持北伐。但司马睿并没有给他军队，只给了他一千人的军粮和三千匹布，让他自己去招募士兵，组建军队。

司马睿的消极态度，并没有动摇祖逖北伐的决心。祖逖先把宗族的数百户人家召集起来，慷慨激昂地表示，要带着他们打回老家去，宗族的青壮年纷纷响应。祖逖又开展募捐活动，募集了一些资金，用于招兵买马，打造兵器，很快招募到士兵两千多人。人数虽然不多，但都是健壮勇猛之士，而且士气高昂。

祖狄率领这支人数不多的部队，北渡长江，毅然踏上了恢复中原的艰苦历程。祖逖乘船渡江，想到山河破碎和中原百姓蒙难，心中愤澎，热血沸腾，豪气冲天，他望着滚滚东去的长江水，敲着船楫，大声发誓说："我祖逖如果不能肃清中原，拯救百姓，就像这长江水一样，有去无回。"成语"中流击楫"，就来源于此，比喻立志进取，不达目的誓不罢休。

祖逖率军到达兖豫一带，这一带，汉赵政权的控制力不是很强，大大小小的豪强各霸一方，犹如一盘散沙。祖逖打着晋朝皇帝的旗号，师出有名，许多豪强纷纷归附，祖逖队伍迅速壮大。对不肯归附的地方势力，祖逖就派兵征剿，经过几年苦战，祖逖在长江以北，占据了一大块地盘。

317 年，祖逖兵进芦洲，意图夺取谯城，打开北伐通道。盘踞在这一带的地方豪强，实力最大的是张平和樊雅，各有数千兵马。他们不愿归附晋朝，只想拥兵自守。祖逖巧施计策，杀了张平，逼降了樊雅，声威大振。

祖逖占领谯城后，继续引兵北上。汉赵政权见祖逖率军北伐，直指中原，感到了威胁，便派大将石虎领兵阻截。祖逖军队士气旺盛，同仇敌忾，把石虎打得大败而回。此后，祖逖多次打败汉赵军队，使汉赵在黄河以南的势力迅速萎缩，不得不退回到黄河以北。

320 年，祖逖已成功收复了黄河以南大部分地区，设置官吏，体恤百姓，施布恩信，发展生产，深得民心。有一次，祖逖设宴招待当地父老，父老们感激流涕说："我们老了，没想到还能过上安稳日子，多亏了祖将军，才使我们没有成为夷狄的俘虏。"

后来，汉赵政权衰落，汉赵的大将石勒自立为帝，建立了后赵。石勒具有雄才大略，他见自己的北方并不稳固，暂时不宜与祖逖为敌，便千方百计与祖逖修好，表示要与祖逖以黄河为界，和平相处。石勒把祖逖母亲的坟墓修缮一新，以此示好。双方还开展了贸易活动，经常互派使者。祖逖心里也清楚，凭着当时的实力，还不足以打过黄河去，收复中原，于是，他表面上同意修好，暗地里却抓紧积蓄力量，训练军队，等待时机。

司马睿见祖逖收复河南，立下大功，深得民心，势力不断强盛，担心不好控制，便派心腹戴渊为征西将军，出镇合肥，节制并监视祖逊。祖逖见皇帝不信任自己，心情郁闷，又听说王敦与朝廷矛盾日益尖锐，担心内乱爆发，北伐大业难成，以致忧愤成疾，一病不起，不久病逝，终年五十六岁。

祖逖一死，王敦大喜，他想叛乱，最忌惮的就是祖逖。祖逖知道王敦有野心，曾经警告他说，如果他敢反叛，自己只带三千士兵，就能灭了他。王敦知道祖逖的才能，心中畏惧，一直没敢作乱，如今祖逖死了，王敦没了顾忌，第二年就举兵叛乱了。

祖逖死后，弟弟祖约接替了他的职位。祖约与祖逖虽是一母同胞，却有天壤之别，他不仅丧失了哥哥辛苦打下的河南之地，而且参与苏峻之乱，最后投降了后赵，却被后赵灭族。

祖逖胸怀大志，文武双全，他把满腔热血奉献于国家和人民，可惜生不逢时，有东晋那样自私昏暗的朝廷，祖逖怎么能有作为呢？

祖逖北伐大业虽未成功，但他"闻鸡起舞"和"中流击楫"的精神和品质，却流传千古，受到人们的景仰和赞誉。

晋明帝贤明却早逝

晋元帝司马睿死后，他的儿子司马绍继位，被称为晋明帝。晋明帝聪明睿智，文韬武略，登基后继续重用王导等贤臣，果断平定王敦之乱，稳定了东晋局势，很有一番作为。可惜天不佑人，晋明帝只当了两年多皇帝就死了，晋朝复兴也成了泡影。

《晋书》记载，晋明帝司马绍是司马睿的长子，他母亲为王府宫人，出身低微，又是鲜卑人，本来难以继承大统。幸运的是，司马睿的皇后没有儿子，司马绍从小聪明伶俐，深受父亲喜爱，所以，司马绍先做王太子，后当皇太子，最终继承了皇位。

司马绍从小就聪明过人，司马睿对他十分宠爱，经常抱在膝前，向别人夸耀。有一天，有个使者从长安来，听到司马睿夸小孩聪明，便故意问道："你说，太阳与长安哪个近？"司马绍不假思索地回答："长安近。"使者问为什么，司马绍说："经常有人从长安来，没听说过有从太阳那里来的，可见太阳离我们很远。"使者暗自称奇。

第二天，司马睿抱着他参加一个宴会，又有人问司马绍："太阳与长安哪个近？"司马绍脱口而答："太阳近。"司马睿吃了一惊，忙问他为什么与昨天说的不一样，司马绍说："抬头就能看到太阳，却看不见长安，可见太阳离我们近。"众人都纷纷夸赞司马绍是个小神童。

司马绍长大以后，博览群书，满腹学问，思路敏捷，能言善辩，有时候讨论问题，连王导也说不过他。司马绍喜好文章辞藻，敬贤爱客，又好习武艺，钻研兵法，善于安抚将士。江南的人才，全都归心于司马绍，认为他必能复兴晋朝大业。

王敦举兵作乱时，朝廷军队溃败，抵挡不住。司马绍怒发冲冠，披甲执戟，登上战车，要亲自率军杀敌。太子中庶子温峤等人苦苦劝谏，说："朝廷兴旺，全依赖于太子，太子切不可冒险。"司马绍不听，打马欲走，温峤无奈，拔出刀来，砍断了战车的马套绳，这才阻止了司马绍。

王敦攻占了石头城，进入建康，逼司马睿封他为丞相，控制了朝廷。王敦知道，司马绍神武有大略，深得人心，是他篡位的最大障碍，便想以不孝的罪名，废黜他的太子之位。

在朝堂上，温峤挺身而出，极力为司马绍辩护。王敦气急败坏，声色俱厉，呵斥温峤："司马绍有什么功德，值得你如此称道？"温峤毫不畏惧，说："太子熟知治国之道，能够使国家长治久安，这就是最大的孝。"大臣们纷纷支持温峤的意见，王敦的图谋没有得逞。

322年，司马睿病逝，司马绍继位。当时，王敦已经回到老巢武昌，但仍然掌管兵权，遥控朝廷，东晋局势很不稳定。司马绍登基后，下令停止皇宫的酒宴活动，把乐器全部封存起来，减少宫中开支，整顿官场风气，重用王导、陶侃、温峤等一批贤臣，东晋朝廷出现了一派新气象。

司马绍心里十分清楚，王敦的篡位野心已经暴露无遗，迟早会成为朝廷大患，于是抓紧做好了防范准备。他任命王导为大都督、假节，并兼任扬州刺史；任命温峤为中垒将军，负责守护石头城；任命皇后的哥哥庾亮为左卫将军，负责保卫皇宫。同时，任命陶侃为征南大将军，领兵在外；诏令临淮太守苏峻、豫州刺史祖约等人带兵入朝，护卫京师。司马绍的部署十分得当，犹如布下了一张天罗地网。

与此同时，王敦也做好了进兵建康、企图篡位夺权的准备。323年，王敦率军由武昌出发，控制了扬州、荆州、徐州等地，意图攻取建康。司马绍听说王敦驻在于湖（今安徽当涂一带），很想亲自去探个虚实，实地侦察一番。司马绍没有告诉任何人，骑一匹巴滇骏马，换上普通人的衣服，悄悄出城，直奔于湖而去。

司马绍到了于湖，围着王敦军营转了一圈，仔细观察王敦军队情况，待了很长时间，才拨马返回。司马绍的举动，引起士兵怀疑，报告了王敦。王敦听士兵描述那人的容貌，吃了一惊，怀疑是司马绍，但又觉得不可能，便派了五名骑兵去寻找此人，想弄个明白。司马绍的母亲是鲜卑人，所以他的长相与众不同，胡须是黄色的。

司马绍观察王敦军营后，策马急驰回京。他也担心有骑兵追来，做了防范，马拉粪时，就浇上冷水，造成已走多时、马粪已凉的假象。在路过一个旅舍时，见一老妇在卖饭，司马绍灵机一动，跳下马来，给了她一把七宝鞭，并教给她说："如果后边有人来，问起你，你就说人已过去多时，并把此鞭给他们看。"

王敦的骑兵追到旅舍时，果然停下来询问老妇，老妇就按司马绍教的话说了一遍，把七宝鞭给了他们。骑兵没有见过这等宝物，传递着赏玩了半天，又见马粪是冷的，确信已经走远，于是不再追赶，拿着七宝鞭回去复命了。

王敦一见七宝鞭，认得是司马绍所用之物，确信是司马绍无疑，心中大悔，后悔没有多派骑兵，全力追赶，错过了这个绝佳的机会。司马绍贵为皇帝，却去充当侦察兵，亲自侦察敌情，这在古今中外的历史上，恐怕也找不出几个来；且不说他的行为是否妥当，就其胆量来说，真够大的！

324年，王敦再次举兵反叛，任命哥哥王含为元帅，率五万大军攻击建康。司马绍早已做好部署，亲率军队迎敌。一天夜里，司马绍派出一千多名勇士，偷袭王含军营，王含士兵没有防备，四散逃命，朝廷大军趁势掩杀，把王含打得大败。

王敦听说王含兵败，气愤而死。王敦军队本来属于造反之师，人心不齐，如今见没有了主帅，更是斗志全无，顿时溃散，将士们纷纷倒戈，投降了朝廷，王敦之乱被平息。司马绍随即发布大赦令，除王敦亲信死党外，胁从者一律不予追究，使局势很快稳定下来。

司马绍平定王敦叛乱、稳定局势之后，在京郊祭祀天地，向上天祷告，他要大展宏图，复兴晋朝。可是，上天并没有保佑他，司马绍不久得病，病势逐渐沉重。

325年，司马绍英年早逝，年仅二十七岁，当皇帝只有两年多时间。

《晋书》对司马绍评价很高，说他聪明敏捷，能随机断事，虽在位短暂，但对于安定国家，影响是深远的。

晋成帝聪慧也短命

晋明帝英年早逝，他五岁的儿子司马衍继位，被称为晋成帝。晋成帝也是聪明过人，可是年龄小，不能理政，等他能够亲政时，却得病死了，只有二十二岁，真是天不佑人。

《晋书》记载，晋明帝有两个儿子，长子司马衍，次子司马岳，都是皇后庾文君生的。晋成帝登基后，由于年龄幼小，他母亲庾文君临朝听政，庾文君的哥哥庾亮和王导共同辅佐朝政，庾氏家族开始登上历史舞台。

庾文君，性情仁慈，姿容淑美，属于大家闺秀，很有名气。司马睿听说后，聘她为太子妃。司马绍对她很宠爱，称帝后封她为皇后。司马衍继位后，依照汉朝旧例，大臣们奏请庾太后临朝听政。庾太后贤惠，不热衷权力，她先后推辞了多次，不得已才接受下来。

庾太后任命司徒王导为录尚书事，相当于丞相，任命庾亮为中书令，两人共同参辅朝政，又任命司马宗为骠骑将军，统领军队。司马宗是司马懿的孙子、司马亮的儿子，长期在军中任职。庾太后的人事安排，是很恰当的。

庾太后临朝听政以后，有些官员极力讨好巴结她，纷纷奏请追封她的父母，庾太后推辞不答应，大臣们好几次奏请都不依从。庾太后还是公正无私的。

庾太后的哥哥庾亮，有能力和才干，也有很强的权力欲，庾太后根本管不了他。326年，就是晋成帝登基的第二年，庾亮以谋反为名，杀了骠骑将军司马宗，把军权抓到自己手里。庾亮不像王导那样宽和，而是严厉任法，得罪了不少人。327年，驻外大臣苏峻，以讨伐庾亮为名，发动了苏峻之乱，举兵进攻建康，占领了京师。庾太后见天下大乱，朝廷危难，悲愤交加，忧伤而死，时年三十二岁。

晋成帝当时只有六七岁，对这错综复杂的局势还不太明白，但他十分聪明，很留心身边的事情。庾亮杀司马宗的事情，他并不知道，也没人告诉他。晋成帝很长时间没有看见司马宗了，便问舅舅庾亮："那位经常来的白头公，到哪里去了？"因司马宗一头白发，所以晋成帝称他为白头公。

庾亮漫不经心地回答："司马宗谋反，被杀了。"晋成帝吃了一惊，他对司马宗的印象不错，听说他死了，很伤心，哭着说："舅舅说谁谋反，就随便杀谁；如果有人说舅舅谋反，又该怎么办呢？"庾亮一听，脸色大变，说不出话来。

苏峻叛乱，攻入建康，庾亮和大臣们不顾小皇帝，纷纷外逃。王导抱着晋成帝，坐在御座上，正气凛然，叛军不敢上殿。王导德高望重，苏峻没敢为难他，只是把晋成帝迁到石头城，软禁在一间仓库里，随时有生命危险。王导没有办法，也只好逃出城去。

苏峻囚禁了晋成帝，并虐待他，派人天天去叫骂。此时，小小年龄的晋成帝，处在生死关头，而且身边没有一个亲人和臣子。可是，晋成帝既没有害怕哭泣，也没有服软求饶，而是泰然处之，照常读书学习，说话、礼节都很得体，一副小大人的样子。苏峻暗自称奇，没敢对他下毒手。

庾亮逃出建康后，联合江州刺史温峤和征西大将军陶侃，平定了苏峻之乱，收复了京师，晋成帝这才脱离了危险。庾亮见到晋成帝，想到由于自己处置不当，引发叛乱，而且不管皇帝死活，只顾自己逃命，心中有愧，哽咽悲泣，跪拜谢罪，请求将自己免职，让自己归隐山林。晋成帝说："这是国家的灾难，不是舅舅的责任。"庾亮便请求在外镇效命，晋成帝同意了。于是，庾亮离开朝廷，出镇芜湖。

此后，东晋朝廷继续由王导辅佐。王导是政治家，是东晋政权的重要开创者，他又为官清廉，处事公正，因而威望很高。在王导的辅佐下，局面逐渐稳定下来，东晋朝廷又一次转危为安。

晋成帝特别敬重王导，专门下诏，说王导见皇帝时，不必下拜，而晋成帝见到王导，总要下拜。王导当然不敢承受，但内心充满了感激。晋成帝写给王导的诏书，都称为"敬问"，成了定规。后来，王导年老体弱，请求退休，晋成帝挽留不允。王导患病，不能出席朝会，晋成帝就亲自到他府中请教，还经常用自己的车子，把王导接到宫中。晋成帝对王导的尊重，达到了无以复加的程度，王导当然要尽心竭力辅佐了。

王氏家族与庾氏家族，为了各自的利益，免不了明争暗斗。有一次，庾亮的弟弟庾怿，给江州刺史王允之送去一坛酒。王允之是王导的侄子，他担心庾怿送酒不怀好意，就试着让狗先喝了一点，结果狗立即倒地而死。王允之大惊，赶快报告了晋成帝。晋成帝一听，怒不可遏，说："大舅已经乱了天下，小舅也要跟着学吗？"马上命人调查。庾怿听说后，惊惧不已，只好自杀了。

339 年，王导病逝，终年六十四岁。晋成帝举哀三日，比照汉代霍光的规格安葬了他。第二年，庾亮也去世了。

此时，晋成帝已经十八九岁了，便亲自执政。他诏举贤良，招揽人才，劝课农桑，发展经济，关注民生。他打击豪强势力，禁止豪族将山川大泽私归己有，很有一些魄力。

晋成帝是一个俭朴皇帝，颇有勤俭的德行。晋朝盛行奢侈浮华之风，晋成帝试图改变这种状况，自己带头节俭。他计划在后院盖个射箭练习室，让人一算，需要四十金，晋成帝嫌钱多而取消了。另外，晋成帝还是一位书法名家。

342 年，晋成帝患病，病情逐渐加重。当时，他的两个儿子司马丕和司马奕，都在襁褓之中。庾亮的弟弟庾冰，劝晋成帝说，国家外有强敌，应该立一个年长的君王，建议让成帝的弟弟司马岳继承皇位，司马岳当时二十岁。晋成帝为国家大局考虑，舍其二子，下诏立司马岳为皇位继承人。不久，晋成帝病逝，年仅二十二岁。

《晋书》给予晋成帝良好评价，说他在雄壮威武方面，比不上他父亲，但具有恭敬节俭的美德，足可以媲美前代英烈了。

庚氏家族兴起

在东晋历史上，先后有王、庚、桓、谢四大家族把持朝政，东晋皇帝几乎成为傀儡。王氏家族势力衰落之后，庚氏家族兴起，其代表人物，是庚亮、庚冰、庚翼等人。

《晋书》记载，庚亮，是颍川郡鄢陵（今河南鄢陵）人。庚亮姿容俊美，能言善辩，喜好老庄之学，为人严肃庄重，一举一动都遵礼而行。人们都顾忌他的方正严峻，不敢随便与他接近。

晋元帝司马睿听闻庚亮名声，征辟他为西曹掾，后任丞相参军、中书郎等职。晋元帝又聘庚亮的妹妹庚文君为太子妃，庚亮成了皇亲国戚。太子司马绍、太子属官温峤，与庚亮关系密切，三人常在一起谈论《韩非子》和老庄之学。据《庚亮传》记载，晋元帝重用刑法，以《韩非子》赐太子（司马绍），庚亮认为申韩之学刻薄，有伤教化，劝太子不要沉溺此学。太子也很重视他的意见。

司马绍即位以后，想任命庚亮为中书监。当时中书监掌管朝廷机密，权势很大，相当于事实上的丞相。东晋建立以来，一直由王导担任这一职务。庚亮觉得自己的名望功绩，比不上王导，上表坚决推辞，晋明帝同意了。庚亮还是有自知之明的。

王敦忌惮庚亮的才能，但表面上对他很敬重。324年，王敦第二次举兵叛乱时，晋明帝任命庚亮为左卫将军，与其他将领一起抵抗王敦。庚亮对付的，是王敦部将钱凤和沈充，二人都是王敦死党，王敦病死后，他们仍不肯归顺朝廷，领兵逃走。庚亮、苏峻等人奋力追击，把他们消灭。战后论功行赏，庚亮被封为永昌县开国公，并赏赐绢五千四百匹。庚亮坚决推辞，他并不看重财物。

325 年，晋明帝病重，不想见人，令负责宿卫的司马宗劝阻群臣探视，群臣都不得入内。庾亮却心存怀疑，认为是司马宗与虞胤、司马羕从中作梗，另有图谋，便径直闯入寝室。庾亮见到明帝，痛哭流涕，诉说司马宗等有异心，要求罢免他，自己辅佐朝廷，但晋明帝没有同意。司马宗由此与庾亮产生了尖锐矛盾。

晋明帝死后，他五岁的儿子晋成帝继位，庾太后临朝听政，庾亮和王导共同辅政。此时，庾亮觉得翅膀硬了，又有妹妹庾太后撑腰，便不再顺从王导，一切政务都由自己定夺。

庾亮首先向司马宗下手了，他以司马宗谋反为名，派右卫将军赵胤，去拘捕司马宗。司马宗不甘心束手就擒，领兵抵抗，被赵胤当场杀死。庾亮免除了司马宗哥哥司马羕及一些党羽的官职，还把其家族改姓为马。司马宗、司马羕是皇族至亲，又是两朝重臣，天下都认为庾亮是在铲除宗室，因而很不得人心。

司马宗与苏峻关系很好，司马宗被杀后，他的亲信很多逃到苏峻那里，寻求庇护。苏峻是流民领袖，西晋灭亡后，他聚集大批流民，屯驻在广陵一带，后归顺东晋政权，在平定王敦之乱中立有大功。庾亮向苏峻索要逃犯，苏峻不给。庾亮觉得苏峻迟早是个祸患，便想削去他的兵权，调他入朝做官。

庾亮征求王导的意见，王导不同意，说："苏峻疑心很重，必定不会奉诏，不如暂且容忍他。"领兵在外的温峤，也写信劝阻庾亮，满朝大臣都认为此事不可。可是，庾亮大权在握，已经听不进别人意见了，他一意孤行，以皇帝的名义下诏，任命苏峻入朝担任大司农，由苏峻的弟弟苏逸统管他的部队。

苏峻知道，入朝后必无好事，干脆举兵叛乱了，直接打进了建康城，囚禁了小皇帝，把朝廷搞得一塌糊涂。庾亮与温峤、陶侃联合，用了一年多时间，才平定了苏峻之乱。庾亮为此懊悔不已，觉得无颜再辅佐朝廷了，主动请求在外镇效命。

329 年，庾亮任豫州刺史、平西将军，都督豫州、扬州诸军事，出镇芜湖。在此期间，后将军郭默杀害江州刺史刘胤，举兵反叛。庾亮与陶侃联合，平定了叛乱，杀了郭默。朝廷给予庾亮封赏，庾亮坚辞不受，朝廷升迁他为镇西将军，他也推辞掉了。

334年，陶侃病逝。朝廷任命庾亮担任豫州、荆州、江州三州的刺史，并都督豫、荆、江、益、梁、雍六州诸军事，移镇武昌。庾亮管辖着相当大的地盘，手里有很多军队，他便想伺机北伐，恢复中原，建功立业。

此时，中原由后赵政权石勒控制着，石勒死后，其子石弘继位，不料，石勒的侄子石虎杀了石弘，篡位为帝，后赵政权出现混乱。庾亮认为，这是征伐中原的好机会。

339年，庾亮命将军毛宝、樊峻守邾城（今湖北黄冈境内），命弟弟庾翼镇守江陵，陶称率部进入沔中，陈嚣领兵进入子午道，庾亮亲率十万大军，进驻石城，摆开了北伐的架势。

庾亮向朝廷上书，请求北伐。在朝堂上，大臣们议论纷纷，多数都不赞成，结果否决了庾亮的计划。庾亮北伐未能成行，却激怒了后赵皇帝石虎。石虎派出七万大军进攻东晋，后赵骑兵凶悍，晋军不是对手，屡战屡败。石虎又派出两万铁骑，奇袭邾城，毛宝、樊峻战死，邾城被烧为虚墟。

庾亮的北伐计划流产，又被后赵军队打败，忧闷成疾，一病不起，于340年去世，终年五十二岁。王导也于前一年去世。

王导、庾亮死后，庾亮的弟弟庾冰入朝，担任中书监，辅佐朝政。庾冰是庾亮的二弟，比庾亮小八岁。庾冰曾是王导的属下，受到王导器重，在平定苏峻之乱中立有大功，被封为新吴县侯，庾冰也是坚辞不受。

庾冰辅佐朝政后，勤勤恳恳，不分昼夜处理政事。他敬重贤士，提拔年轻才俊，整理户籍，充实人口，增加军资供应，还力劝晋成帝立年长的继承皇位，人们都称他为贤相。东晋有个怪现象，凡是贤能之人，多数都不长命，庾冰四十九岁就死了。

庾冰死后，他最小的弟弟庾翼，继续为朝廷发挥重要作用。庾翼外表风仪秀伟，文武双全，有经世大略，被称为魏晋八君子之一。他的书法，在当时和王羲之名气并驾齐驱。庾翼从军多年，善于治军，在军中威信很高。

庾亮去世后，朝廷任命庾翼接替庾亮职务。当时庾翼三十五岁，有人觉得他年轻，对能否担此重任心存疑虑。但庾翼尽心尽责，治军治政都很有一套，数年之间，官府充裕，百姓富裕，军队严明，人们都称赞他的才能，连后赵占领地区的人们，都有归附之心。

庾翼胸有大志，以消灭胡虏、收复中原为己任，他派人联系北方的燕王慕容皝，又联系西边的凉州牧张骏，打算共同出兵，夹击后赵。庾翼准备出动自己统领的全部兵马，直捣中原，但仍然没有得到朝廷批准。庾翼只好与后赵展开了小规模战斗，取得了胜利。343年，后赵的汝南太守戴开，率领数千人投降了庾翼。

庾翼发现桓温是个人才，与他交往密切，并向朝廷推荐，使桓温得到重用。此后，桓氏家族逐步显现。

345年，正当庾翼发挥聪明才智、竭力扶持朝廷的时候，却不幸得病身亡，时年四十一岁。

庾亮、庾冰、庾翼兄弟三人，一个比一个贤能，却一个比一个短命，真是可惜可叹！

庾亮兄弟死后，他们的子孙庾准、庾楷、庾恒、庾希、庾方之、庾爱之等人，先后在朝廷担任要职，但他们的影响力，却远赶不上庾亮兄弟。

苏峻之乱重创东晋

苏峻之乱发生在东晋初期，是继王敦之乱以后又一次大规模叛乱。叛军以讨伐庾亮为名，攻入都城建康，囚禁皇帝，毁坏宫阙，祸乱一年多，造成极大破坏，东晋政权差点灭亡。

《晋书》记载，苏峻，是长广郡掖县（今山东莱州）人。苏峻是一个书生，很有才学，十八岁被举为孝廉，担任过本郡主簿。

八王之乱和永嘉之乱时期，中原战火纷飞，百姓流离失所，社会动荡不安。苏峻纠集百姓流民数千家，在本县修筑堡垒，以求自保。苏峻很有组织管理才能，他处事公平，宣扬王化，又埋葬荒野的枯骨，人们都感激他的恩义，纷纷前来投靠跟随。后来，苏峻带着这些流民，南下广陵（今江苏扬州）。流民越聚越多，苏峻成为流民领袖，把流民组成了军队，归附了东晋政权。

322年，王敦第一次叛乱的时候，朝廷命苏峻出兵讨伐。苏峻见王敦势大，犹豫不决，遂进行占卜，得卦不吉利，于是不肯向前。结果，王敦打败了朝廷军队，攻占了石头城，晋元帝不得不向王敦求和。苏峻没有参加战斗，部队没有受损。

324年，王敦第二次叛乱的时候，晋明帝设法做通了苏峻的工作，苏峻积极参加。苏峻部队在南塘成功阻击了王敦军队，把王敦军打得大败，然后，又与庾亮一起，乘胜追击，消灭了王敦死党沈充。战后论功行赏，苏峻晋升为冠军将军、历阳内史、散骑常侍，被封为邵陵公，食邑一千八百户。

苏峻有功于朝廷，名声更加显赫，手中有精兵万人，武器也很精良，成为长江以北势力最大的武装集团。苏峻因此骄傲起来，有亡命之徒和朝廷罪犯跑来，他也敢于接纳，借以壮大自己的力量。庾亮诛杀司马宗之后，司马宗的党羽逃到苏峻处避难，庾亮令他交出，苏峻置之不理。庾亮认为，苏峻迟早必成祸患，不顾众人反对，下诏削了他的兵权，调他入京做官。

苏峻知道，入京后必无好果子吃，上书请求去镇守青州境内一个偏远小郡，庾亮不答应，非让他入京不可。苏峻没办法了，只好整理行装，准备赴京。这时，参军任让对他说："将军请求到偏远小郡都不允许，您入京后，能有活路吗？不如举兵自卫。"苏峻想想，情形确实如此，于是下决心反叛。

苏峻知道祖约怨恨朝廷，派人与他联系，共同起兵。祖约是祖逖的弟弟，祖逖死后，他继承了哥哥的职务。但祖约没有才能，丧失了哥哥的北伐成果，又埋怨朝廷对他待遇不高，心生怨恨，于是欣然答应。

听到苏峻即将起兵的消息，谯国内史桓宣前去劝说。苏峻说："庾亮说我谋反，我还能活吗？我宁可站在山头看监狱，不想到了监狱再看山头。从前，国家危难的时候需要我；如今兔死狗烹，我不过是以死抗议制造阴谋的人。"

327年，苏峻联合祖约，打着讨伐庾亮的名义，公开造反了。大军渡过长江，攻占姑孰，逼近建康。京城内兵马不多，人心惶惶。庾亮抵挡不住，逃出京城，外出搬兵去了。

苏峻顺利攻占建康，趾高气扬，他把小皇帝囚禁到石头城，自封为骠骑领军将军、录尚书事，祖约为太尉、尚书令，两人把持了朝廷。苏峻纵兵抢掠，士兵们把国库中的二十万匹布、几万匹绢帛、五十斤金银、亿万钱，都抢得一干二净，还放火烧毁宫殿。

庾亮逃出京城后，去找他的好朋友温峤。温峤当时任江州刺史，听说苏峻进犯建康，立即率兵来救，走到寻阳，遇见了庾亮。两人一商量，决定拉上陶侃，以壮大势力。陶侃是东晋名将，当时任征西大将军，率兵据守长江上游。陶侃的儿子陶瞻，在建康被叛军杀了，陶侃悲愤不已，亲自率军，日夜兼程，与温峤、庾亮会合。

与此同时，王导以太后的名义，诏令各地援救建康。会稽内史王舒、吴兴太守虞潭、义兴前太守顾众、吴国内史蔡谟，以及庾亮的弟弟庾冰等人，都纷纷起兵响应。

讨伐军齐聚建康城下，对苏峻展开攻击，但建康城坚固，苏峻凭坚据守，抗拒讨伐军，一时难分胜负，双方相持了很长时间。

328 年，苏峻和儿子苏硕、苏孝，率八千精锐部队出城，与赵胤的部队作战。苏硕、苏孝带头冲锋，把赵胤军打得大败而逃。苏峻见敌军败走，十分高兴，说："我儿子能攻破敌兵，老子还不如儿子吗？"于是，离开部众，拍马向前，只带数名骑兵去追杀敌兵，不料赵胤士兵投掷长矛，苏峻中矛落马，被士兵们砍成数段。

苏峻一死，自然军心大乱。苏峻的弟弟苏逸统领了部队，闭城自守，再也不敢出战了。

329 年二月，讨伐军大举攻城，苏硕被杀。苏逸抵挡不住，带领残兵败将逃到吴兴，被王允之率军消灭，苏逸也被斩杀。至此，苏峻之乱正式完结。

祖约兵败后北逃，率宗族数百人投降了后赵。后赵天王石勒鄙视祖约，下令将他和他带去的男子全部砍头，女子则分给将士做妾婢。可怜祖逖一世英雄，却有一个如此龌龊的弟弟，致使宗族蒙难。

苏峻之乱，给东晋朝廷造成重创，"宗庙宫室，尽为灭烬"，战后物价飞涨，经济衰退，几乎都要迁都。经过王导等人很长时间的治理，社会才逐渐安定下来。可见，战乱的破坏性是相当大的。

苏峻之乱，在很大程度上是庾亮决策失误和逼迫造成的，如果庾亮胸怀开阔，措施得当，苏峻之乱应该是能够避免的。这表明，一个人是否心胸豁达，是相当重要的。

力挽狂澜的勋臣温峤

　　东晋创立初期，基础不牢，叛乱不断，局势动荡不安。这一时期，有个大臣发挥了中流砥柱作用，几次使朝廷转危为安，他就是温峤。

　　温峤是东晋名臣，他忠诚正直，足智多谋，先后辅助元帝、明帝、成帝三代，两次挫败王敦、苏峻叛乱，稳定局势，匡扶朝廷，被誉为挽狂澜于既倒的国之勋臣。

　　《晋书》记载，温峤，是太原祁县人。他风仪俊美，为人聪敏，博学善文，颇有器量，尤以孝悌著称，在少年时代就很有名气。

　　温峤十七岁时，被司隶校尉征辟为都官从事，负责监察百官。温峤年轻气盛，做事认真，不惧权势。当时，有个名士叫庾敳，十分有名，却很贪财，温峤弹劾他搜刮民财。京城因之震动，人人肃然。

　　温峤的姨夫是刘琨，刘琨与祖逖是密友，两人一块闻鸡起舞。在中原混乱之际，刘琨奉诏担任并州刺史。当时，汉赵已占据北方大部分地区，并州成为孤城。刘琨不惧艰险，苦苦支撑，对抗汉赵政权。温峤不顾个人安危，毅然来到姨夫身边，帮他出谋划策，被刘琨视为谋主，甚是倚重。

　　316年，汉赵灭亡西晋，刘琨悲愤不已，他见司马睿在江南已有不小的势力，便派温峤去建康，劝司马睿建立新政权。温峤长途跋涉，历经艰险，到达建康。

　　在朝堂上，温峤慷慨激昂，侃侃而谈，大讲江南承袭晋统，是大势所趋、民心所向，力劝司马睿继承大统。司马睿本来就有心称帝，听了温峤的慷慨陈词，更觉得名正言顺、底气十足了，很快建立了东晋政权。

从此，温峤留在建康，为东晋效力。司马睿很赞赏温峤，王导、庾亮等人也觉得温峤是个人才，争相与他交往。太子司马绍更是器重温峤，与他结成布衣之交。王敦也很欣赏温峤的才能，对他另眼相看。

322年，王敦以诛杀刘隗、刁协的名义起兵，控制了朝廷。温峤见朝廷暂时没有力量遏止王敦，对王敦表示同情，对仆射周顗说："大将军这样做，是有原因的，应当不算过分吧？"所以，当温峤极力反对废黜太子的时候，王敦尽管很生气，却没有为难他，也没有强行废掉太子。

王敦回到武昌，遥控朝廷，他想让温峤来武昌，担任幕府左司马，为他效力。这正中温峤下怀，他要深入虎穴，见机行事。

温峤来到王敦身边后，首先想教化他，经常讲一些周文王、周公等圣贤的事迹，希望他能做辅佐朝廷的忠臣。可是，王敦已经滋生了野心，听不进去了。

温峤见王敦不听劝告、不知悔改，便改变策略，假装对他尊重，事事顺从他的旨意，并揽下他府中的公事，尽心尽力去办，使王敦十分满意。同时，温峤留心王敦府中机密，探听军中事务，时间不长，温峤对王敦的军政情况，都了如指掌。

温峤用心结交王敦手下的亲信，特别注重与王敦死党钱凤交好，到处夸赞"钱凤精神满腹"。钱凤听说后，很感激温峤，主动与他亲近起来。温峤看到王敦正在做着篡位的准备，心中着急，想赶快离开武昌，回到朝廷去。

机会来了。丹阳郡主官空缺，温峤对王敦说："丹阳郡掌管京师，是朝廷之咽喉，必须派个忠诚贤能之人，钱凤就很合适。"其实，温峤知道，钱凤是不愿意离开老巢武昌的。果然，钱凤不愿意去，反而推荐了温峤，王敦同意了。

温峤见计谋得逞，心中窃喜，同时也担心，钱凤是个有智谋的人，过后他明白过来，一定会阻止的。温峤需要想个办法，让钱凤的阻止不起作用。

在王敦为他举行的钱别宴会上，温峤假装酒醉，摇摇晃晃地来到钱凤面前，向他敬酒。钱凤还没端起酒杯，温峤就一巴掌打掉了他的头巾，怒骂道："你钱凤是个什么东西，竟然不接受我的敬酒。"钱凤受到污辱，要与温峤争辩，王敦赶紧把他俩拉开了。

第二天，钱凤果然明白过来了，赶紧找到王敦说："温峤与皇帝关系密切，又与庾亮是至交，恐怕难以信任，不能放虎归山。"王敦却笑着说："温峤昨天喝醉了，和你产生了一点小冲突，怎么能因为这点小事，就在背后说他坏话呢？"钱凤的阻扰，果然没有起作用。

温峤回到朝廷，立即向晋明帝做了汇报，并根据他掌握的情况，有针对性地做好了部署。直到这时，王敦才恍然大悟，恨得咬牙切齿，发誓说，他要亲手割下温峤的舌头。

324年，王敦第二次举行叛乱。温峤被任命为中垒将军，领兵对敌。温峤熟悉王敦军中情况，知己知彼，很快打败了王含的军队，又命刘遐追击钱凤直到江宁。平定王敦之乱，温峤立有首功。战后，温峤升迁为前将军，后来，担任江州刺史，出镇武昌。

327年，苏峻之乱爆发，攻陷了建康。温峤闻之大惊，立即率兵去救，在寻阳遇见庾亮。庾亮以太后的名义，要封温峤为骠骑将军。温峤叹息说："国家危难，大敌当前，哪顾得上个人名禄，等打败苏峻以后再说吧。"

温峤拨了一部分兵力，由庾亮统领，两人互推对方为盟主。温峤的弟弟温充建议，动员征西大将军陶侃参加，由陶侃当盟主。温峤十分赞同，立即派人去联络陶侃。陶侃犹豫，不想来。温峤再次修书，晓之大义，痛陈利弊，再加上陶侃听说儿子被杀，终于率军前来。

在温峤的运作下，各地讨伐军齐聚建康，旌旗蔽日，声势浩大。苏峻见了，面有惧色，对手下人说："我早就知道，温峤能得众心，今日一见，果真如此。"

温峤修建行庙，设置坛场，祭告上天和祖宗之灵，表达誓死讨贼之决心。温峤亲自宣读祭文，神情激昂，泪流满面，声音哽咽，不能自持，三军将士无不垂泪。

在平定苏峻之乱中，陶侃名义上是盟主，但实际策划和指挥者，是温峤，如果没有温峤，苏峻之乱是难以平定的。战后，温峤升迁为骠骑将军，封始安郡公，食邑三千户。

温峤作为朝廷重臣和擎天之柱，正当他尽心竭力扶持朝廷的时候，不料突然中风，壮年而逝，时年只有四十二岁。天下百姓，闻知温峤去世，无不相对而泣。晋成帝下诏，赐温峤谥号"忠武"。

温峤受到后人高度评价，说他"忠诚著于圣世，勋义感于人神""功格宇宙，勋著八表"。清代名士王士禛作诗赞道："不是温忠武，谁堪第一流。"

出身低微的名将陶侃

东晋时期，盛行门阀制度，按门第高低选拔官吏。那个时候，官吏一般都出自官宦之家或世族大家，而名将陶侃，却出自寒门。

陶侃，出身低微，家境贫寒，他凭着自己的勤奋努力，成为显赫一时的名将，千古流芳。唐代追封古代名将六十四人，东晋只有两人，就是陶侃和谢玄。

《晋书》记载，陶侃，本是鄱阳人，后徙居庐江郡寻阳县（今江西九江一带）。陶侃出身孤贫寒门，祖上也不显赫。陶侃幼年丧父，从小到大，家里一直很穷。陶侃虽然家贫，却很有志向，更有一位贤明的母亲。

有一次，鄱阳郡的范逵路过此地，想在陶侃家投宿。范逵很有名气，曾被举为孝廉，陶侃很想与他结交。可是，当时连日冰雪，陶侃家中一无所有，而范逵所带的仆人和马匹又很多，陶侃有些为难。

陶母湛氏悄悄对陶侃说："你只管把客人留下，我来想办法招待。"陶母有一头长长的秀发，剪下来卖掉，换来米、菜等食物。陶家倾其所有，总算招待好了范逵一行。见此情景，范逵自然感动不已。范逵与陶侃交谈，发现他很有才干。分别时，陶侃依依不舍，送出一百多里地。此事给范逵留下极其深刻的印象，范逵见到庐江太守张夔，极力赞美陶侃。

后来，张夔让陶侃当了郡里的小吏。陶侃对母亲很孝敬，有一次，陶侃送给母亲一坛腌鱼。母亲问："哪儿来的?"陶侃说："是官府的。"陶母变了脸色，责备道："你刚当官就把官府的东西送给我，使我很担心啊！"陶侃十分惭愧，把腌鱼又归还了官府。

陶母湛氏，与孟母、岳母、欧母（欧阳修之母）齐名，是中国古代四大贤母之一。她对陶侃要求十分严格，陶侃的成功，是与陶母的教导分不开的。陶侃喜欢喝酒，曾经酒后误事，陶母严格限制他喝酒的量，时间一长，形成了习惯。陶侃当了将军之后，仍然不肯多喝。有一次，别人再三劝他多喝一些，陶侃想起了母亲，不禁潸然泪下，说："慈母有约，我不敢超过限量。"

陶侃非常勤奋，夙兴夜寐，兢兢业业，因而，他的官职一步步地往上升。陶侃从低级官吏开始干起，先后担任郡里的小中正、督邮、县令、主簿、郎中、长史等职务。不论干什么，他都勤勤恳恳，尽职尽责。

有个成语，叫"陶侃运甓"，说陶侃自我勉励，从不闲散，在他官职已经很高的时候，仍然每天早晨，把一百块砖搬到院子里，傍晚又把它们搬回屋内。有人看了不解，陶侃说，这样做，是因为害怕悠闲惯了，形成懒惰，干不成大事。后来，人们用"陶侃运甓"，表示励志勤力，发愤创业。

陶侃喜欢读书，每天都读到深夜，不知疲倦。陶侃读了大量史书和诗经，尤其喜欢钻研兵法，常常凝神思考，琢磨书中的奥妙之处。陶侃特别珍惜光阴，从不浪费一点时间。他常说："大禹是圣人，尚且珍惜时间，何况我们普通人呢？大丈夫应该活着对别人有用处，死了不被后人忘记，这才不枉活一生。"

八王之乱，社会动荡，盗贼四起，这给陶侃提供了施展才能的好机会。陶侃开始担任军中职务，驰骋沙场，他苦心钻研的兵法终于派上用场。陶侃先后平定了张昌、陈敏、杜弢起义，屡立战功，声名鹊起，逐步升迁至鹰扬将军、江夏太守，被封为东乡侯。

司马睿出镇建康后，很欣赏陶侃，任命他为参军、奋威将军、武昌太守，后又升任陶侃为荆州刺史，管辖江夏、武昌、西阳等郡，陶侃成了镇守一方的大员。

陶侃做了高官，仍然勤勉有加，从不懈怠。他终日正襟危坐，处理公务，军政事务千头万绪，没有丝毫遗漏。远近来往的书札，都是他亲自起草答复，下笔如流，一挥而就。来访的宾客，不分亲疏，一视同仁，因而门前客人络绎不绝。

陶侃对自己要求严格，也不允许部下松懈。见有人闲聊游戏，陶侃就不高兴，教育他们要珍惜光阴，一天都不要虚度；见有人喝酒赌博，陶侃更是生气，下令将酒器、赌具扔到江里，将为首者予以鞭打。陶侃的部下，都不敢荒于政务，办事效率很高。

陶侃心思缜密，明察事理。有一次，他令各军营种植柳树，按期限完成。都尉夏施偷懒，将官家的柳树偷偷移栽到自己营前。恰巧陶侃从此路过，看着柳树眼熟，停下车问道："我看这像西门前的柳树，怎么移栽到这儿来了？"夏施一听，吓得连忙认错赔罪，赶紧重新栽植了柳树。

陶侃为官清廉，爱护百姓，勤俭节约。有人给他送礼，陶侃严厉斥责，决不接受。有一次，陶侃出行，见一浪荡公子，手里拿着一把尚未成熟的稻穗，问他哪里来的，那人说从路上捡的。陶侃勃然大怒，呵斥道："你不种田，不知百姓辛苦，竟然偷了别人家的稻谷来玩耍。"下令把他痛打一顿。

荆州造船业发达，在造船时，废弃的木屑和竹头很多，陶侃让人收藏起来，人们都不知道他有何用。到了雨雪季节，路上湿滑，陶侃让人用木屑铺地；再造船时，陶侃又让人把竹头拿出来，用作船钉。人们都佩服他的勤俭和精打细算。

在陶侃的治理下，荆州地区百姓富裕，社会安定，路不拾遗，这种情形，在混乱的东晋时期是很少见的。

王敦十分忌妒陶侃的才能和功劳，他专权时，把陶侃降为广州刺史，而且还想杀害他，但慑于陶侃威严，始终没敢下手。晋明帝继位后，任命陶侃为征南大将军。在王敦之乱时，陶侃拥护朝廷，积极率军平叛，立有战功。

325年，王敦之乱平定后，晋明帝任命陶侃为征西大将军、荆州刺史，都督荆、湘、雍、梁四州诸军事，手握重兵，驻扎长江上游。荆楚一带的民众，听到这一消息，都欢欣鼓舞，奔走相告。

327年，苏峻之乱爆发，朝廷蒙难，陶侃在建康的儿子陶瞻，也被叛军杀死。在温峤的邀请下，陶侃出兵勤王，讨伐叛逆，并担任盟主。陶侃是一代名将，善于用兵，最终平定了苏峻之乱，挽救了处于危难之中的东晋政权。

329 年，苏峻之乱平定后，陶侃因功加侍中、太尉，都督七州军事。330 年，郭默作乱，占据江州，陶侃率军平定，于是朝廷又命陶侃兼领江州，是为都督八州军事。陶侃位极人臣，事业达到顶峰。

陶侃领兵在外，与主持朝政的王导在政见上有过分歧，陶侃曾想举兵废黜王导，经人劝解后作罢。

《晋书》说，陶侃年轻的时候，曾经做过一个奇怪的梦，梦见他生出八只翅膀，直飞云霄，到达天庭。天门有九重，陶侃已经登上八重，忽然，守门人用杖打断他一只翅膀，他便跌落地下。后来，陶侃都督八州军事，手握重兵，暗中产生过夺位当皇帝的想法，但一想到折断翅膀那个梦，就打消了念头。不过，后代许多学者并不认同这一说法，他们认为陶侃一生尽心于国，并没有篡位野心，也没有证据。

陶侃在都督八州军事期间，经营巴东，西伐樊城，攻占新野，收复襄阳，阻止了后赵军队进攻，保障了东晋安全。

334 年，陶侃年老有病，请求退休，把官印送还朝廷。陶侃离任时，所有公物都有簿录统计，一清二楚，封存仓库，陶侃亲自上锁。不久，陶侃病逝，终年七十六岁。晋成帝下诏，追赠陶侃为大司马，赐谥号"桓"，以太牢礼祭祀。

陶侃出身低微，通过自己的勤奋努力，终于成为一代名将，实现了他"活着对别人有用处，死了不被后人忘记"的人生信条。

褚太后三度摄政

在中国历史上，吕后、武则天、慈禧等女人专权，都是赫赫有名的，而且她们的专权，不限于一朝。东晋时期的褚太后更甚，三次临朝摄政，扶持了六位皇帝，前后长达四十多年时间，稳定了东晋朝廷，人们也应该记住她的名字和功绩。

晋元帝司马睿建立东晋，六年后去世。儿子晋明帝贤明睿智，很有作为，可惜在位两年多就英年早逝。他的儿子晋成帝五岁登基，依靠温峤、陶侃、庾亮平定了苏峻之乱，又依靠王导稳定了局势，等到他好不容易长大成人，能够亲政的时候，不料又死了。

晋成帝病重期间，他的舅舅庾冰劝他，以国家大业为重，选个年长的当皇帝。晋成帝真不错，咬咬牙，舍弃了尚在襁褓中的儿子司马丕和司马奕，让弟弟司马岳继承了皇位，被称为晋康帝。

晋康帝当时二十岁，年富力强，而且很有学问，是著名书法家，他的作品被收进宋代《淳化阁帖》，流传后世。人们对晋康帝寄予厚望，希望他能够振兴晋朝大业。没有想到的是，晋康帝并不健康，当了两年多皇帝也死了。他的儿子司马聃只有两岁，继承了皇位，只得由母亲褚太后临朝摄政。

《晋书》记载，褚太后，名叫褚蒜子，是河南阳翟（今河南禹州）人。她出身官宦世家，祖父当过武昌太守，父亲官至卫将军，褚家是东汉以来的名门望族。

褚蒜子天生丽质，从小受到良好的教育，温柔贤惠，聪明大度，很有修养。晋成帝听说了她的名声，把她选入宫中，做了弟弟司马岳的妃子。那一年，她只有十六岁。

婚后，她和司马岳情投意合，十分恩爱。褚妃对生活十分满足，感到日子过得幸福而甜蜜。

342年，更大的喜悦从天而降，晋成帝病逝前，意外地将皇位传给了弟弟司马岳，褚妃随即当上皇后，成为后宫之尊，母仪天下。343年，褚皇后又生下皇子司马聃，她感到自己幸福极了。

可惜好景不长，喜极而悲。344年，晋康帝英年早逝，褚太后哭得死去活来。但儿子继承了皇位，褚太后没有办法，只得擦干眼泪，强忍悲痛，抱着不到两岁的儿子上殿，接受百官朝贺，自己则临朝摄政。那一年，褚太后二十二岁。此后，东晋进入"女皇"统治时期。

褚太后年纪轻轻就当了寡妇，生活从天上掉到地下，她开始吃斋念佛。褚太后不是政治家，也不热衷权力，更不会搞权术，她只能依靠大臣们辅佐。开始的时候，庾冰、庾翼兄弟辅政，他们死后，由丞相何充、皇族司马昱辅佐。好在王敦、苏峻叛乱被平定以后，局势逐渐稳定下来，北方少数民族之间又在混战，无暇南顾，东晋政权处于相对平稳时期。褚太后天天盼着儿子快快长大，能够早日亲政。

357年，晋穆帝司马聃长到十五岁了，这在当时来说，已经算是成年了。褚太后亲手写诏书说："昔日皇帝年幼，百官众卿遵照前朝之例，劝我摄政。如今皇帝已成年加冠，理应亲政，现归还政事，愿诸位努力辅助。我将永归别宫，以终晚年。"

褚太后归还朝政，卸下了千斤重担，可以松一口气了。可没想到，晋穆帝亲政四年后，得病死了，年仅十九岁。晋穆帝没有儿子，褚太后说："这个皇位，本来就是哥哥司马衍的，如今他的长子司马丕，已经二十岁了，没有人比他当皇帝更合适了。"百官全都赞成，于是，扶立司马丕继位，被称为晋哀帝。

晋哀帝年富力强，登基之初干得还不错，不久却迷上了长生不老之术，按照方士说的方法，整天不吃饭，只吃仙丹，结果中毒患病，卧床不起，无法处理公务。大臣们没有办法，只好请褚太后再次临朝摄政。

365年，当了四年皇帝的晋哀帝病死。晋哀帝也没有儿子，褚太后扶立晋哀帝的弟弟司马奕继位。司马奕当时二十三岁，能够亲政，但他懦弱，褚太后仍然要为朝廷操心。这个时候，桓温通过三次北伐，树立了权威，成为东晋权臣，把持了朝政。桓温见司马奕软弱无能，奏请褚太后同意，废了司马奕，扶立司马昱为帝，被称为晋简文帝。

晋简文帝是晋元帝司马睿的儿子，已经五十三岁了，辈分相当高，历经元、明、成、康、穆、哀、废帝七朝，而且当时担任丞相，阅历和经验都很丰富，自然不用太后摄政了。褚太后终于放下心来，回后宫去了。

没有想到，简文帝只当了八个月的皇帝，就与世长辞了，他十一岁的儿子司马曜继承了皇位，被称为晋孝武帝。

晋孝武帝年幼，桓温辅政，控制着朝廷。桓氏家族专权，与其他世族尤其是谢氏家族产生了矛盾。桓温死后，他的弟弟桓冲想继续专权，不料，谢安抢先一步，把褚太后请了出来，褚太后第三次临朝摄政，扶持幼帝。

褚太后第三次临朝摄政期间，朝廷大权实际上是在谢氏家族手里。谢安，是既有胆识又有雅量的政治家，他的侄子谢玄，是东晋名将。在谢氏家族辅佐下，东晋局势平稳，曾取得淝水之战的辉煌胜利。

376年，孝武帝十五岁了，褚太后下诏，还政于皇帝，自己仍回后宫修身养性。

384年，褚太后病逝，终年六十一岁。晋孝武帝与她虽是叔嫂关系，却仍然为她服丧一年，以示尊重。

褚太后只是一位名门闺秀，并不想涉足政治，可命运给她开了个大玩笑，让她三度临朝摄政，扶持六位皇帝，在险恶的官场宦海中，苦苦支撑了四十多年，这从一个侧面，显现出东晋朝廷风雨飘摇的景象。

褚太后没有雄才大略，但她聪明贤惠，识大体，又具有无人能及的崇高地位，这对于调和缓解各派势力的矛盾，稳定东晋政权，发挥了十分重要的作用。在她摄政的四十多年间，东晋政权总体上保持稳定，没有出现大的问题。

在历史上，褚太后没有吕后、武则天、慈禧的名气大，但她没有私欲和野心，没有留下恶名，而被誉为一代贤后。褚太后是值得后人尊敬和怀念的！

何充刚直却爱佛

褚太后摄政期间，重用何充为丞相，辅佐朝政。何充执掌国政，刚强果敢，公正无私，正气凛然，选用官吏，多以功臣为先，不为个人树立党朋，受到人们尊重。这表明，褚太后还是有识人之能的。

《晋书》记载，何充，是庐江灊县（今安徽霍山一带）人。何充美容英姿，风韵深沉高雅，以文章德行著称。何充是王导姨姐的儿子，年少时就与王导友善，王导很看好他。何充成年后，娶了晋明帝皇后庾文君的妹妹为妻，与明帝及庾氏都是亲戚，因而很早就担任了显要官职。

何充性格耿直，表里如一，不会奉承。他最初是大将军王敦的属官，担任主簿。王敦的哥哥王含，当时任庐江太守，贪污腐败，行为不检，名声不佳。在一次宴会上，王敦却夸耀说："我哥哥在庐江为官，庐江人都说他清廉。"众人都点头称是。何充却实话实说："我就是庐江人，听到的并不是这样，大将军应该劝兄长收敛一些。"王敦闹了个大红脸，恼羞成怒，降了他的职。王敦叛乱失败后，何充才又升职为中书侍郎。

在苏峻之乱中，何充逃出京师，投奔讨伐军，积极参加平叛，战后被封为都乡侯，出任东阳太守，后又到会稽郡、丹阳郡为官。何充治理地方，颇有德政，成绩显著，有很好的名声。

王导、庾亮共同向晋成帝推荐何充，说："何充才识过人，严谨而公正，有万夫所归的声望，希望能入朝参政，作为老臣的助手。老臣死后，愿陛下接受何充为近侍，可保社稷无忧。"于是，何充入朝做官，升任吏部尚书。

王导、庾亮去世后，晋成帝很器重何充，任命他为护军将军，与中书监庾冰共同参与总领尚书事，并特许二人入宫时，可各带五十名甲士护卫。不久，晋成帝升迁何充为尚书令、左将军。何充认为，朝廷内外要职，应该分人统领，这样可以互相监督，因而坚决辞让尚书令。晋成帝同意了，改任他为级别稍低的中书令。

　　晋成帝病重时，庾冰建议立年长的皇帝，何充却不同意，认为父死子继的祖宗制度不能改变。晋成帝没有听从，舍弃幼子，让二十岁的弟弟司马岳继承了皇位，司马岳被称为晋康帝。

　　晋康帝继位后，仍然重用庾冰和何充。有一次，晋康帝端坐龙椅，庾冰、何充侍坐两旁。晋康帝看着二人，感慨地说："朕继皇位，有赖于二位爱卿之力。"何充却直愣愣地说："陛下此言差矣，这全是庾冰一人之力，若按臣之愚见，陛下就坐不上这龙椅了。"闹得晋康帝一脸尴尬。何充也太耿直了！

　　不久，晋康帝病重，庾冰、庾翼兄弟又主张立个年长的，建议立司马昱为帝。司马昱是司马睿的第六子，当时二十五岁，能文能武，不少人认为，他能够振兴晋朝。何充仍然死抱着祖宗制度不放，坚决主张父死子继。晋康帝没有哥哥那样的胸怀，听从了何充的意见，让不到两岁的儿子当上皇帝，褚太后临朝摄政。

　　庾冰、庾翼兄弟俩是从国家大局着想的，对何充的迂腐很气愤，但没有办法，只好继续辅佐那个小娃娃。褚太后虽是女流，气度却很大，仍然信任重用他们，可是时间不长，庾冰、庾翼都病死了。褚太后任命何充为丞相，担负起辅佐朝廷的重任。

　　何充一人独掌大权，辅佐幼帝，他感到有点力不从心，上书举荐褚太后的父亲参与总领尚书，辅佐朝政。褚太后的父亲叫褚裒，德行昭著，素有贤名，当时担任卫将军的高官。论他的职位、能力、声望，当辅政大臣是完全可以的。但褚裒怕遭人猜忌，坚决推辞，并且请求出任藩镇之职，离开朝廷，镇守外地去了。褚太后同意父亲的意见，这父女俩的做法，很是令人称道。

　　何充为人正派，心胸坦荡，刚直不阿，敢作敢为，是一个很好的大臣，但按他的能力、智谋和胸怀，当丞相有点勉强，难以有大的建树。好在何充尽心尽责，公正无私，人们都尊重他，因而能够维持朝廷稳定，不至于出现大的问题，褚太后也很省心。

人无完人，何充的缺点也很明显。他因循守旧，没有修正改革之能，也没有大的思路，致使东晋只能维持现状，不能有大的发展。他在用人上也很一般，所亲近的人，很多是平庸杂乱之辈。

何充最大的缺点，是酷爱佛教。佛教，自东汉明帝引进中国以后，恰逢汉末、三国乱世，百姓饱受痛苦，佛教能给人以精神上的宽慰和麻痹，因而发展很快，东晋时期开始盛行。何充对佛教十分虔诚，动用国库的钱财，修建了许多寺庙，供养了大批和尚，为此耗费的钱多达亿万。

何充生情吝啬，亲戚朋友遇到困难，他都不肯施舍帮助，唯独对佛事慷慨大方，一掷千金，为此遭到许多人的非议。有人讥笑他说："你志向远大，古今无人能及。"何充认为是夸奖他，很得意，问其缘故。那人却笑着说："你立志成佛，谁人能有你的志向大啊？"

在何充的带动下，朝廷一度佛事大盛，许多人信佛。何充的弟弟何准，也是一个十足的佛教迷。在佛教盛行的同时，道教也很活跃，不少人信奉道教。大臣郗愔、郗昙兄弟俩，迷恋道教就很出名。人们讽刺道："二郗谄于道，二何佞于佛。"宗教大兴，东晋焉能兴盛？

何充在用人上有一个重大失误，就是提拔重用了桓温，致使桓氏家族兴起，控制了朝廷，后来，桓温的后代篡权作乱，危害东晋。

346 年，何充病逝，享年五十五岁。何充死前感到最遗憾的是，尽管他十分虔诚，却始终没能成佛。

晋哀帝求长寿却中毒

东晋的皇帝，大多都是短命鬼。开国皇帝司马睿，活到四十七岁，算是长寿的。他之后的晋明帝，活到二十七岁，晋成帝活到二十二岁，晋康帝活到二十三岁，晋穆帝活到十九岁。

晋哀帝登基后，为了追求长寿，迷上了长生不老之术，服用仙丹，却不料中毒患病，一病不起，二十五岁就死了。

《晋书》记载，晋哀帝司马丕，是晋成帝司马衍的长子。晋成帝去世的时候，司马丕还在襁褓之中。司马丕虽说是个婴儿，但按照父死子继的继承制度，皇位应该由他继承，在历史上，婴儿当皇帝的并不少见。可是，晋成帝从国家利益考虑，接受庾冰的建议，让二十岁的弟弟司马岳当了皇帝。

《晋书》说，庾冰作为国舅，建议立年长的司马岳为君，是有私心的，他担心司马丕继位后，自己与新帝的关系疏远，会遭到外臣攻击。可是，这个说法，并不能令人信服，因为后来司马岳病重时，庾冰依旧不想立小皇帝，而是建议立二十五岁的司马昱为帝，那个司马昱，可是与庾冰没有什么关系的。笔者认为，庾冰几次建议立年长的皇帝，是为国家利益考虑的，谁都知道，国有长君，乃社稷之福也。

司马丕失去皇位，被封为琅琊王。《晋书》没有记载司马丕长大后有什么怨言，反而是积极上进，十六岁时担任中军将军，十九岁任骠骑将军。

361年，司马岳的儿子司马聃死了。司马聃没有儿子，褚太后认为，这皇位本来就应该是司马丕的，如今没有人比他当皇帝更合适了，于是，二十岁的司马丕登上帝位。司马丕封弟弟司马奕为琅琊王，立妃子王穆之为皇后。

司马丕在登基之初，表现还是不错的。他称帝不久，就下诏减少田税，每亩地只收两升，大大减轻了百姓负担。到了冬天，天寒地冻，司马丕考虑到民众生活艰难，下令给贫困户赏赐大米，每人五斛。司马丕还亲自下田耕作，鼓励农耕。

司马丕推行改革，划定州、郡、县领域，百姓按居住地编定户籍。这一政策，有利于行政统一和节省开支。这项政策是在庚戌日推行的，被称为"庚戌土断"。司马丕推行改革态度坚决，严肃认真，彭城王司马玄隐匿了五户，被收监入狱，在当时震动很大。

司马丕的学问也很好，尤其是他的书法，造诣很深。他的书法作品，被收入《淳化阁帖》。他的书法真迹《中书帖》，流传后世，曾被美国著名收藏家安思收藏。2003 年，上海博物馆花了四百五十万美元，又从安思手里买了回来。

司马丕见前边的几个皇帝都是年纪轻轻就死了，心中恐慌，便迷上了长生不老之术。当时，道教兴盛，贵族阶层沉迷于长生不老、修道成仙，炼丹服药之风盛行。这种仙丹，主要成分是朱砂、石钟乳、石硫黄等矿物质，偶尔少量服用，能使人精神亢奋，但长期服用，对身体损害很大，等于吃毒药。

司马丕求长寿心切，按照道士教给的办法，"断谷服丹"，就是不吃饭，只吃仙丹。侍中高崧觉得这样不行，劝谏司马丕说："陛下这样做，不是好事情啊，望陛下三思。"司马丕不听，结果可想而知。

时间不长，司马丕因服用丹药中毒，卧床不起，中毒太深，无药可救，只能眼看着在病床上痛苦挣扎。皇帝不能理政，大臣们只好请出褚太后，让她第二次临朝摄政。

365 年，司马丕终于死了，年仅二十五岁。在他去世的前一个月，皇后王穆之先死了，看来，夫妻俩有可能是一块"断谷服丹"的。

司马丕年富力强，本该大有作为，却因服丹中毒而死，令人悲哀，所以，人们称他为晋哀帝。

司马丕曾经有过一个儿子，但不幸夭折了，于是，褚太后便扶立司马丕的弟弟司马奕继承了皇位。当初，晋成帝司马衍从国家利益考虑，舍弃两个幼子，让弟弟继承了皇位，没想到的是，后来他的两个儿子先后都当了皇帝，老天爷还是很公道的。

司马丕在位期间，重用大臣桓温。桓温通过三次北伐，提高了自己的声望，成为权臣，桓氏家族开始控制朝廷。

桓温英雄却遗臭

在褚太后临朝摄政期间，东晋出了一个赫赫有名的人物，名字叫桓温。桓温说过一句很有名的话，叫"既不能流芳后世，亦不足复遗臭万载邪！"意思是说，即便不能流芳百世，也要遗臭万年。

桓温是东晋政治家、军事家，他胸有韬略，善于用兵，曾经平定蜀地，三伐中原，战功累累，堪称一代英雄；然而，他又野心勃勃，独揽朝政，杀害异己，意欲篡权。所以，后世对他褒贬不一，贬多于褒，形成了流芳与遗臭并存的情况。

《晋书》记载，桓温，是谯国龙亢（今安徽怀远一带）人。桓温的父亲叫桓彝，在当宣城太守期间生下了他。桓温未满周岁时，有一次，名士温峤见了他，说："此儿骨骼不凡，可让他哭一声，听听声音。"听到他的哭声，温峤感叹道："真是英才降世！"因为受到温峤赏识，桓彝为儿子取名叫桓温。

桓彝效忠于东晋朝廷，在平定王敦之乱时立有功劳，被擢升为散骑常侍。苏峻作乱时，桓彝率部坚守泾县一月有余，多次击退叛军进攻。不料，泾县县令江播暗地投敌，献出城池，桓彝被杀，壮烈殉国。

桓温当时十六岁，悲愤交加，眼流血泪，睡觉时头枕戈矛，发誓要报父仇。三年后，江播死亡，儿子江彪兄弟三人居丧，他们知道桓温立志报仇之事，身藏兵器，做了防范。可是，桓温并不畏惧，闯进守墓的庐屋里，杀死江彪，然后又追杀了他的两个弟弟。

桓温为人豪迈爽朗，有雄风高节，姿貌甚伟，面有七星。沛国人刘惔曾称赞他说："桓温眼睛像紫石棱，须发如刺猬毛，是仅次于孙权、司马懿一类的人物。"后来，桓温娶了南康长公主为妻。南康长公主叫司马兴男，是晋明帝和庾文君生的长女。

庾翼十分看好桓温，两人约定，要安定天下，匡国济民。庾翼曾对晋明帝说："桓温有英雄之气，希望陛下不要拿他当平常人看待，也不要当作平常的女婿，而应当像周宣王对方叔、召伯那样，委以重任。"在庾翼的推荐下，桓温开始得到重用。在褚太后临朝摄政期间，丞相何充很器重桓温，提拔他为安西将军、荆州刺史，都督荆梁等四州诸军事。

桓温出镇荆州以后，打算率军西征，消灭成汉政权，以建立功勋。346年十一月，桓温上疏，请求伐蜀，并且不等朝廷答复，就率军出征了。朝廷得知后，十分忧虑，认为他兵力不多，蜀地又险要，担心他会兵败而回。只有刘恢，对桓温信心十足，认为他必能灭掉成汉，平定蜀地。

成汉政权，是在304年，由氐族领袖李雄建立的，属于"十六国"之一。成汉政权经过四十多年时间，历经四代皇帝，国势日渐衰落。第五代皇帝叫李势，他荒淫无道，人心尽失，成汉已经到了崩溃的边缘。

347年，桓温率军深入蜀地，进入三峡，看到陡峭的山壁，好像悬挂在天上，翻腾的波涛迅猛飞奔，方知蜀地之险峻，不禁感叹说，想要干大事，就不能畏惧艰险、贪生怕死，并以此激励三军将士。李势派兵抵御晋军，但兵无斗志，三战三败，溃不成军。桓温长驱直入，包围了成都。

桓温兵临城下，成汉危在旦夕。李势只得集结所有兵力，在成都城外的笮桥与晋军决战，做最后一搏。战斗十分激烈，起初晋军前锋失利，伤亡严重，箭矢都射到桓温马前。诸将畏惧，意欲退兵，而鼓吏却误击了前进鼓，战鼓激荡人心，催人奋进，桓温乘势督促将士奋勇向前，结果反败为胜，打垮了汉军。晋军趁胜攻入城中，四处纵火。李势乘乱逃出城去，但走投无路，只好投降了。两年后，余部被消灭，成汉政权宣告灭亡。

平定了蜀地，桓温声名大振，被封为征西大将军、临贺郡公。此时，何充已死，皇族司马昱辅政。朝廷担心桓温势力坐大，不好控制，就有意培植扬州刺史殷浩，令其参与朝政，与桓温抗衡。桓温心怀不满，当时他治下已有八州之地，便自行招募士兵，调配资源，逐渐形成半独立状态。后来，桓温迫使朝廷免去殷浩职务，朝廷内外大权尽归桓温，他便产生了不臣之心。

354年至369年，桓温三次率军北伐，曾一度收复洛阳，进入关中，声势大振，鼓舞了军民士气，史称"桓温北伐"。可是，桓温北伐，并不是真正想收复中原，而是为了树立自己的权威，伺机取晋室而代之。同时，东晋君臣志在割江自保，无意恢复失地，又惧桓温权势日盛，并不真心支持他。所以，桓温北伐未能成功，特别是第三次北伐，反而惨败而归。

桓温北伐没有成功，但个人立威的目的却达到了。朝廷加授桓温为大司马，都督全部军事，拥有假黄钺的特权，可以代表皇帝行使征伐之权。从此，桓温大权在握，凌驾于朝廷之上，桓氏家族控制了东晋政权。

372年，桓温带兵入朝，威逼褚太后废掉了皇帝司马奕，改立司马昱为帝。司马奕是东晋历史上唯一一个被废的皇帝。与此同时，桓温在朝中清除异己，曾经辅佐朝廷的庾氏家族遭到迫害，庾倩、庾柔、庾蕴等人被杀，庾希、庾邈、庾攸之等人逃亡，后被追杀。桓温还想清除王氏、谢氏势力，但没有得逞。

桓温清除异己，是为篡位做准备。不料，373年，他得病死了，终年六十二岁。403年，他的儿子桓玄，终于实现了他的愿望，代晋称帝，建立桓楚，追尊桓温为宣武皇帝。

房玄龄在监修《晋书》时，把桓温与乱臣王敦并列一传，并评价说，桓温有雄豪之逸气，文武之奇才，观兵洛阳，引旆秦郊，威怀三辅，但是，他蓄无君之志，废主以立威，杀人以逞欲，岂不悖哉！

所以说，在中国历史上，桓温是个复杂的人物，他既有功，也有过，既流芳百世，又遗臭万年。在桓温身上，体现出人性的复杂。

桓温三次北伐

桓温北伐，是东晋时期的重大事件。桓温趁北方混乱之际，在十五年时间内，三次举兵北伐。桓温北伐，往往开头声势浩大，并取得胜利，但结局却是失利退兵，令人遗憾。

《晋书》记载，在褚太后临朝摄政期间，东晋相对平稳，而北方开始混乱不堪，先是后赵内部分裂，冉闵建立魏国，后来鲜卑族慕容儁灭掉冉魏，占据了中原大部分地区，建立前燕。与此同时，氐人苻健建立前秦，占据长安和关中一带。因此，很长一段时间，北方都战乱不断。

桓温见北方混乱，便上疏请求北伐，想以此建立功勋，树立权威。朝廷猜忌桓温，不想让他领兵，而是让殷浩率军北伐。殷浩不懂军事，被打得大败而归，死伤一万多人，损失武器粮食不计其数。桓温借机上奏，将殷浩撤职办罪，自己独揽了大权。桓温为了提高自己的声望，开始筹划北伐大计。

354 年，桓温第一次北伐，目标是占据关中的前秦。桓温亲自率领四万步骑兵，直取武关；命水军从襄阳出发，进至南乡郡；命梁州刺史司马勋，经子午道向北进军。前秦的西邻前凉，是汉人建立的政权，见前秦遭到攻击，也趁火打劫，进攻陈仓，以作响应。前秦政权面临巨大压力。

前秦皇帝苻健，见大兵压境，急忙派太子苻苌、丞相苻雄等人，率五万军队御敌。晋军攻占上洛，俘获前秦将领郭敬，接着又攻占青泥城，向蓝田进军。在蓝田，晋军迎头撞见前秦太子苻苌的军队，随即展开攻击，把苻苌打得大败。同时，桓温的弟弟桓冲，也在白鹿原打败前秦丞相苻雄。晋军连战连捷，声威大振，进入关中，直逼长安。

关中的百姓，见晋军到来，扶老携幼，夹道欢迎，争相拿出酒肉，慰劳晋军将士。许多老人都流着眼泪说："没想到今天又看见了官军。"

桓温连打胜仗，军心大振，关中百姓人心归附，三辅各郡县都来归降，桓温迅速抵达灞上，离长安只有一步之遥了。将士们纷纷请战，要求一鼓作气，进攻长安。不料，桓温并不听从，他为了保存实力，屯驻灞上以后，就不再进兵，只是与前秦军队相持，打算等麦子熟了，收割麦子以充军粮。

前秦得到喘息的机会，皇帝苻健亲率三万精兵，与苻苌、苻雄会合，只留六千老弱士兵守长安城，他要孤注一掷了。苻健率领七千精锐骑兵，首先攻击司马勋，在子午谷打败了他，然后，又在白鹿原与桓冲大战，晋兵死伤万余人。同时，前秦抢先一步收割麦子，实行坚壁清野，使晋军陷入无粮困境。进攻陈仓的前凉军队，也被前秦击退。

桓温见形势急转直下，军中缺粮，只得下令退兵。关中百姓自愿跟随南迁的，多达三千余户。这样，为期五个月的第一次北伐，就半途而废了。

356年，桓温第二次北伐，目标是打败许昌一带的姚襄。姚襄原是后赵将领，归降了东晋，后与殷浩产生矛盾，叛晋北归，攻占了许昌，并打算占领洛阳，以图大业。

桓温从江陵起兵，令高武据守鲁阳，戴施屯驻黄河附近；令水军进逼许昌和洛阳；令徐州、豫州出兵，经淮泗入黄河，协助北伐。

桓温率军北进，路过金城，看见自己年轻时栽种的柳树已有十围之粗，感叹道："树尚且如此，人岂能不老？"桓温踏入北方境内，登上平乘楼，放眼远眺中原，感慨地说："神州沦陷，百年间竟变成荒墟。"

桓温到达洛阳城南的伊水，姚襄正在攻打洛阳，见晋军到来，急忙转身抵抗桓温。姚襄势力不是太强，想施以计谋，以智取胜，却被桓温识破。桓温亲自披甲上阵，督促将士，双方交战，姚襄大败，死者数千人，只得向西逃窜。后来，姚襄被前秦苻坚所杀。

桓温打败了姚襄，随即展开对洛阳的攻击。洛阳守将周成，自知不是晋军对手，开城投降了。桓温进入洛阳城，拜祭诸先帝陵墓，修复被毁坏的陵园，设置了陵园令。桓温数次上表，请求朝廷移都洛阳，朝廷没有同意。不久，桓温班师南回，又有数千户百姓自愿跟随。几年之后，洛阳重新被前燕占领。

369 年，桓温第三次北伐，目标是占据中原的前燕。前燕，是鲜卑贵族慕容儁建立的政权，全盛时占据幽、冀、兖、青、并、豫、徐等七州之地，历时十九年，从慕容皝称王算起是三十四年。

桓温亲率步骑兵五万，与弟弟桓冲、豫州刺史袁真一起北伐前燕。晋军攻占湖陆，生擒燕将慕容忠，进逼金乡。当时正逢大旱，水道不通，桓温令军士在巨野开凿水路三百里，使船只由清水进入黄河。将领郗超献出急、缓两策：急策是，全军快速行军，直捣前燕国都邺城；缓策是，据守河道，控制漕运，储蓄粮食，防备军中缺粮，到明年夏天再进攻。可是，桓温全都不采纳。

桓温率军稳步向前推进，占领了黄河以南、虎牢关以东大片土地。当时的前燕皇帝慕容暐恐惧，打算逃回老巢辽东。慕容暐的叔父慕容垂有勇有谋，主动请求抗击桓温。前燕又以虎牢关以西的土地为代价，向前秦求援。

这时，晋军的粮食果然出了问题，桓温令袁真攻打谯国和梁国，意图开石门水道以通漕运，运送军粮。但慕容垂早有防备，派重兵围困袁真，使袁真不能开通水道。慕容垂又率军牵制桓温，使其不能支援袁真。

桓温见战事不利，粮食将竭，前秦援军又快到了，于是焚烧船只，抛弃辎重，从陆路退军。慕容垂在前面设下埋伏，后面大军急追，晋军被两头夹击，损失惨重，被杀三万多人。桓温带领残兵败将，狼狈南逃，第三次北伐以惨败而告终。

桓温的三次北伐，取得了一些战果，沉重打击了北方统治者，鼓舞了东晋军民的士气，也为后来的谢安、刘裕北伐提供了经验，具有一定的积极意义。

桓温北伐之所以功败垂成，根本原因是统治者内部矛盾深重。在当时北方混乱的形势下，如果东晋朝廷能够君臣一心、全力以赴，恢复中原是大有希望的。可是，当权者都是为自己的利益考虑，而不以国家统一大业为重，所以，失败是必然的。

桓温废掉晋皇帝

桓温北伐，主要意图是建功树威，为日后篡位捞取资本，可没想到，他第三次北伐遭到惨败，损兵折将，使他的名望严重受损。怎样才能树立权威呢？桓温使用了废立皇帝这一招。

当时的皇帝叫司马奕，是晋成帝司马衍的次子、晋哀帝司马丕的弟弟。司马奕胆小懦弱，当皇帝确实不合格，但他小心谨慎，并没有过失，用什么名义废掉他呢？桓温苦思冥想，最后废他的罪名，竟然是说他阳痿！

《晋书》记载，桓温自负才能过人，久怀异志，希望通过北伐建立功勋，回朝接受九锡，进而篡位代晋。不料，第三次北伐惨败，声威大减，图谋不成。

桓温十分懊恼，他给朝廷上疏，把失败的责任全都推到袁真头上，要求把袁真废为庶人。袁真自然心中不服，满肚子委屈，一怒之下投靠了前秦和前燕。袁真死后，儿子袁瑾接替了他的职务，占据寿春。桓温发兵征讨，不料被前秦、前燕的援军打败。后来费了好大劲，桓温才攻破寿春，剿灭了袁瑾，但他的声威也进一步降低。

桓温为此愁眉不展，深感忧虑。郗超看穿了他的心思，在一天夜里，悄悄来到他的寝室，献计说："明公既居重任，天下之责将归于公矣。若不能行废立大事，为伊霍之举者，不足镇压四海，震服宇内，岂可不深思哉！"桓温早就有此想法，遂决定废立皇帝，树立权威，震服朝廷。

皇帝司马奕，已经二十多岁了，当皇帝也有六年，但他生性懦弱，实际上是一个双重傀儡。在内，由褚太后说了算；在外，是桓温独揽大权。司马奕知道自己的处境，因此谨言慎行，生怕被桓温抓住把柄，给自己带来祸端。

桓温费尽心机，还真没有找到司马奕的过错。不过，欲加之罪，何患无辞？桓温和他的谋士们，找不到光明正大的理由，便使出了阴招，在司马奕私生活方面找借口。他们四处散布谣言，说司马奕有阳痿，不能生育，反正这事没办法验证，别人也搞不清楚。一时间，司马奕患有阳痿的谣言满天飞，搞得像真的一样。

此时，司马奕已经有了三个儿子，既然司马奕不能生育，那他这三个儿子，自然来路不正。他们继续造谣说，司马奕身边的宠臣，与后宫女子有染，生下了私生子。这样，司马奕不仅被戴了一顶绿帽子，还背上了秽乱宫闱的罪名。

太和六年（371年）十一月，桓温带兵入朝，向褚太后呈递奏章，要求废司马奕，改立丞相司马昱为帝。当时，褚太后正在佛堂烧香，侍臣报告说："外有紧急奏章。"褚太后出来，靠着门看奏章，看了一半就不看了，感叹道："我本来就猜疑会发生这样的事。"褚太后要来一支笔，在奏章上批复："我遭此百忧，感念生者与死者，心如刀割。"桓温呈送奏章的时候，顾虑褚太后有异议，恐慌得流汗，脸色也很难看，等到诏书批复出来，桓温大喜。

桓温怕夜长梦多，当天就派散骑侍郎刘亨入宫，收缴了国玺，逼司马奕离开皇宫。时值仲秋，司马奕穿着单衣，乘牛车出宫，群臣哭着拜别。桓温令部下率数百名士兵，押送他回到原来的东海王府。

372年，司马奕被降封为海西公，迁往吴县西柴里居住，由吴国内史刁彝和御史顾允领兵监管。许多人都同情他，有人假借他的名义，声称奉他的诏命，聚众起事，反对桓温。司马奕知道后，深居简出，闭门谢客，尽量避免嫌疑。

有一天，有个叫许龙的人，秘密来找司马奕，自称奉褚太后密诏，来迎接司马奕回京复位。司马奕有些心动，想要答应他。这时，他的家人极力劝阻，司马奕便拒绝出门，并斥退许龙。此后，司马奕足不出户，整日沉湎于酒色之中，总算避免了杀身之祸。386年，司马奕病逝，终年四十五岁。

东晋建立以来，从未发生过废立之事，桓温擅行废立，本欲树立权威，不料弄巧成拙，引起许多人反对，他自己也紧张不已。前秦天王苻坚听说之后，嘲笑他说："桓温三次北侵，两次败绩，使国家遭受重大损失，本该反思过错，向百姓谢罪，反而倒行逆施，废黜君主。六十岁的老叟，干出这等荒唐之事，如何自容于天下？"由此看来，苻坚比桓温明智。

桓温在民间的形象，也一落千丈。桓温认为自己的雄姿气概，能与名士刘琨相比。有一天，桓温在街上遇见一个老妇人，老妇人一见桓温，忽然流下泪来。桓温惊讶，问她缘故。老妇人说："我曾经是刘琨的婢女，您长得太像刘琨了，所以禁不住流泪。"

桓温闻言大喜，忙问哪里像？老妇人说："脸很像，可惜太薄；眼睛很像，可惜太小；胡须很像，可惜太红；形体很像，可惜太短；声音很像，可惜太柔。"桓温听得一头雾水，等老妇人走后，他才明白过来，这分明是在嘲笑他呀！桓温怅然若失，好几天都闷闷不乐。

桓温废立皇帝的目的，是想树立个人权威，结果却适得其反，而且不到两年就病死了。这表明：靠不正当手段树立权威，是根本靠不住的，也不会有好的结果。

晋简文帝只当八个月

桓温废掉司马奕，改立司马昱当皇帝，是为晋简文帝。当时，司马昱已经五十三岁了，而且身居丞相高位，辅政多年，论名望和能力，确实比司马奕强得多。可惜，司马昱似乎没有当皇帝的命，他称帝只有八个月，就患病去世了。

《晋书》记载，司马昱，是晋元帝司马睿最小的儿子，他自幼聪慧，深得父亲宠爱。郭璞评价司马昱说："振兴晋朝的，必是此人。"（郭璞是两晋著名文学家和风水学家。）

司马昱长大以后，满腹学问，尤其擅长玄学，喜欢清雅的谈论，权力欲望却不是太强，史称："清虚寡欲，尤善玄言。"司马昱是有名的书法家，他的作品《庆赐帖》，被收入《淳化阁帖》中。

司马昱两岁被封为琅琊王，八岁改封为会稽王；十四岁进入朝廷，任侍中、右将军；二十岁时升任抚军将军，兼领秘书监。司马昱忠于职守，做事认真，受到人们称赞。

司马昱二十五岁时，晋康帝司马岳病重，他的儿子不到两岁。辅政大臣庾冰建议，立年长的司马昱为帝。丞相何充反对，认为不符合父死子继的继承制度。晋康帝听从何充意见，把皇位传给幼子晋穆帝，褚太后临朝摄政。庾冰、何充死后，褚太后诏命司马昱辅政，总理朝中事务。

347年，桓温攻灭成汉，平定蜀地，权威日盛。司马昱担心桓温势力坐大，对朝廷不利，便请出名士殷浩辅政，与桓温抗衡。殷浩是个大学问家，精通玄理，酷爱《老子》，隐居十年，不出仕做官，志向高雅而久负盛名。可惜，殷浩只会清谈，没有治国才能，徒有虚名，不是桓温对手，最后被免官为民，内外大权都落到桓温手里。

司马昱是个正人君子，桓温对他很尊重。有一次，司马昱和哥哥司马晞同坐一辆车，在行进途中，马突然受惊，奔跑起来。司马晞吓得脸色苍白，想要跳车，司马昱却端坐不动，镇定自若。桓温对人说："司马昱是个贤能之人。"

晋穆帝十九岁就死了，晋哀帝司马丕继位，不久因服丹药中毒而死，司马奕继位当了皇帝，司马昱升任丞相。司马昱作为三朝元老，始终尽心尽责地辅佐朝廷。当时，皇帝走马灯似的轮换，司马昱是正统皇族，又是辅政大臣，他如果有异志，占据皇位并非难事，可他并没有这个念头。可见，司马昱是没有野心的。

太和六年（371年）十一月，桓温奏请褚太后同意，废掉司马奕，改立司马昱为帝。在褚太后批复的当日，桓温带领百官，去会稽王府迎请司马昱。司马昱在朝堂更换服装，戴平顶头巾，穿单衣，面向东方流涕，叩拜接受皇帝的印玺绶带，登基为帝。桓温临时住在中堂，分派兵力屯驻守卫。

桓温扶立了晋简文帝，觉得功劳巨大，很想自夸表功一番，可是，晋简文帝每次见他，都涕泪涟涟，弄得桓温十分尴尬，一句话都说不出来。

司马昱虽然当了皇帝，但大权仍然在桓温手里控制着。不过，司马昱毕竟辅政多年，年龄大，阅历和经验都很丰富，能够对桓温起到一定的制约作用。

司马昱的哥哥司马晞，喜好习武练兵，遭到桓温忌惮。桓温诬陷司马晞谋反，奏请处死，司马昱不肯。桓温再次上奏，语气严厉，非要杀了司马晞不可。在朝堂上，司马昱温和地对桓温说："爱卿，如果您觉得晋朝能够长久，就按朕说的去办；如果您认为晋朝大势已去，朕就把皇位让给您。您看怎么样？"晋简文帝语气平和，但说的话分量很重，绵里藏针。桓温听了，汗流色变，不敢再逼。

晋简文帝为了抗衡桓温势力，提拔重用谢安、王坦之等人。谢安、王坦之十分贤能，后来挫败桓温篡权图谋，挽救了东晋。

晋简文帝任命桓温为丞相，让他留在京师辅政。可是，桓温觉得还是军权重要，坚辞不受，领兵驻扎在离京师不远的姑孰，遥控朝廷。后来，晋简文帝再次征召桓温入京，并增加食邑万户，桓温始终不来。

晋简文帝当了八个月皇帝以后，身患重病，急诏桓温入朝，一天一夜连发四道诏令，桓温都推辞不去。至于桓温不入京师的原因，有多种说法。有学者说，桓温是怕晋简文帝对他下手。笔者认为，这是有道理的，毕竟晋简文帝不是等闲之辈，而且对桓温早有戒心，桓温只有领兵在外，才是最安全的。

晋简文帝见桓温不肯来，也没有办法，于是立十一岁的儿子司马曜为太子。晋简文帝有七个儿子，前五个全死了，只好让第六子司马曜接班。晋简文帝临终写下遗诏，让桓温摄政，效仿周公，并写道："少子可辅者，辅之；如不可，君自取之。"

王坦之见了遗诏，很生气，认为这是一个给桓温篡权的最有利的借口，于是将遗诏撕毁，劝晋简文帝另写了一份，删去了那句话，并且将"摄政"改为"辅政"。不久，晋简文帝病逝，终年五十三岁。

桓温原来以为，晋简文帝临死会把皇位禅让给他，至少也要让他摄政，而今大失所望，怨愤不已，因此，他既不接受"辅政"，也不入朝。

在晋简文帝死了四个月之后，桓温带兵入京了，一时间，流言四起，人心惶惶，都说桓温此次入朝，是要铲除王氏和谢氏势力，颠覆朝廷。谢安、王坦之率百官到城外迎接，拜于道侧，许多人惊慌失措。面对险境，谢安沉着机智，处置得当，再加上桓温入京后很快就病倒了，桓温只得返回姑孰，前后在京只有十四天时间。

桓温在病重期间，仍然念念不忘加九锡之事，多次派人催促。谢安、王坦之知道桓温快不行了，故意拖延，直到桓温咽气，九锡之事还没有办妥。

桓温死后，谢氏家族兴起，东晋政权进入谢氏辅政时期。

谢安撑起东晋江山

在东晋时期，王氏、庾氏、桓氏家族相继兴衰之后，谢氏家族又登上历史舞台，辅佐东晋政权。谢氏家族的主要代表人物，是谢安、谢玄等人。

谢安是著名政治家，品行高尚，有宰相气度。他以国家利益为重，不计较个人得失，发挥聪明才智，挽救了濒临灭亡的东晋政权。所以，谢氏家族与开创东晋的王氏家族齐名，并称为王谢，并留下了"山阴道上桂花初，王谢风流满晋书"的千古诗句。

《晋书》记载，谢氏，出自陈郡，是名门大族。谢安，是陈郡阳夏（今河南太康）人。谢安少年时，神态沉稳，思维敏捷，风宇条畅。丞相王导和名士王濛都很器重他，因此，谢安年纪不大，就享有盛名。

谢安多才多艺，善书法，通音乐，性情娴雅温和，喜欢结交文人雅士，而不愿意凭借出身和名声去获取高官厚禄。谢安不想做官，几次推辞朝廷征召。庾冰辅政时，知道谢安有才能，志在必得，多次让郡县督促他应召。谢安不得已前往，但只过了一个多月，就称病而归了。

谢安为了躲避朝廷征召，干脆跑到会稽郡的东山隐居起来。谢安不愿与官府打交道，却与王羲之、许询、支道林等名士名僧交往频繁，常在一起游览山水、吟诗作文。

有一次，谢安与几个朋友泛舟大海，忽然起了大风，海浪汹涌，众人都变了脸色，谢安却吟啸自若，大家都佩服他宽宏镇定的气度。

谢安的弟弟谢万，也是才华出众，不到二十岁就被征召入仕，后来升迁至中郎将、豫州刺史，担负守边的重任。谢安不乐仕途，隐遁山林。

司马昱听说了谢安的名声，说："谢安既然能与人同乐，也必定能与人同忧，再征召他，他肯定会应召。"

后来谢万战败被废黜，谢安于是着意仕进，为桓温司马，谢安前去赴任，百官在建康新亭送行。中丞高嵩对谢安说："足下屡次违背朝廷旨意，高卧东山，不愿做事，大家都说，谢安不愿出仕，天下百姓怎么办呢？如今您又出仕，天下百姓怎么看您呢？"谢安听了，深有愧色。这时，谢万打了败仗，被罢官免职，谢家声望受到影响，于是，谢安决定出山从政。那个时候，谢安已经四十多岁了。成语"东山再起"，便由此而来。

谢安受桓温邀请，做了他的司马。桓温很欣赏谢安的才华，对他格外尊重。有一次，桓温到谢安的住处，正碰上谢安整理头发，谢安性情迟缓，好大一会儿才弄好，桓温就耐心地在旁边等候。

谢安后来担任了吴兴太守，逐步升迁为侍中、吏部尚书、中护军。司马昱称帝后，对谢安十分器重，让他参与朝政，与桓温抗衡。司马昱最大的贡献之一，就是重用了谢安。

司马昱死后，桓温入京奔丧，但走到新亭就停了下来，派重兵把守关口，打算乘机推翻东晋。桓温知道，朝廷目前全靠谢安、王坦之维持局面，便召二人前来，埋伏下刀斧手，想在会见时将他们杀掉。

谢安、王坦之心里很清楚，桓温是不怀好意，此去必定凶多吉少。王坦之十分恐惧，问谢安怎么办。谢安神色不变，说："晋室存亡，在此一行。"于是，二人不避凶险，应召前往。

王坦之见到桓温，惊慌得汗流浃背，连手板都拿倒了。谢安却十分从容，谈笑如常，没有一丝畏惧。他隐约看见墙壁后面有刀斧手的身影，笑着对桓温说："我听说有道诸侯，谨守四方，明公何必壁后藏人，图谋不轨呢？"桓温面露尴尬，命他们撤走。桓温与谢安谈了很久，谢安谈笑自如，机智镇定，桓温因此没敢作乱。

桓温临终前，对后事安排不当，引发内斗。桓温有六个儿子，他最喜欢第六子桓玄，便让他继承了爵位，又把兵权交给弟弟桓冲，桓冲也是桓温五兄弟中最小的。这引起了长子桓熙、次子桓济的强烈不满，他们联合叔父桓秘等人，阴谋作乱，诛杀桓冲，结果失败，全被流放。

桓氏家族内乱，给了谢安一个绝好的机会。桓冲掌握兵权以后，本想代替哥哥控制朝廷，不料谢安技高一筹，抢先请出了褚太后，让她第三次临朝摄政。褚太后辈分最高，威望也高，桓冲无可奈何。这样，桓氏家族继续掌控朝廷的图谋被挫败了，谢氏家族取而代之。

谢安宽厚仁义，处事公允，他没有像桓温对待庾氏家族那样赶尽杀绝，而是继续重用桓氏。他任命桓冲都督徐、豫、兖、青、扬五州诸军事，后又加至七州，对抗北方的前秦。桓冲也能够以大义为重，甘心镇守四方，与谢安合作共事。

谢安有治国才能，他把儒家、道家思想互为补充，作为治国之道，这符合当时的社会状况。谢安胸怀宽广，推行仁义，广行德政，无为而治，关注民生，致使朝中百官同心同德，东晋局面很快稳定下来。谢安以宽仁安定内外，恩威流布广远，人们把他比作王导，并认为文雅超过王导。

东晋内部稳定之后，外部的敌人却打了过来。383 年，前秦天王苻坚亲率百万大军南下，志在吞灭东晋，统一天下。当时军情紧急，建康一片震恐，可谢安依旧镇定自若，不慌不忙地调兵遣将。他派谢玄、谢石、谢琰、桓伊率八万兵马，抵达淝水（今安徽寿县一带）迎敌，并谋划好破敌计策，然后，照常吟诗下棋，登山游玩。

桓冲当时镇守荆州，听说形势危急，派使者向谢安请战。谢安说："不用桓将军来，我这里已经安排好了，你们只要守住西边，就是大功一件。"

桓冲十分担心，说："谢公气度，令人钦佩，但他不懂打仗，眼看敌人就要到了，他还那样悠闲自在，特别是派去的兵力那么少，又让没有经验的年轻人去指挥。我看，我们恐怕都要当俘虏了。"

谢玄等人率军迎敌，先是奇袭洛涧，旗开得胜，随后在淝水与敌对峙。晋军采用奇计，以少胜多，取得淝水之战的辉煌胜利，打得前秦军队草木皆兵，风声鹤唳，一败涂地。

淝水之战捷报传来的时候，谢安正在家里与客人下棋。谢安见到捷报，心中狂喜，但不动声色，随手把捷报放在旁边，照常下棋。

客人知道是前方送来的战报，忍不住问道："战况如何？"谢安轻描淡写地说："孩儿们已经把敌人打败了。"

客人一听，高兴地跳起来，把棋盘一推，说："这是天大的喜讯，哪里还有心思下棋啊？我要赶快去告诉大家！"客人走后，谢安兴奋的心情再也控制不住了，他手舞足蹈，过门槛时猛地折断了屐齿。

384年，谢安趁着淝水大捷、敌人丧胆之际，起兵北伐，分三路攻击中原。东路由谢玄率领，自广陵北上，经过一番苦战，收复了兖州、青州、司州、豫州；中路和西路由桓氏兄弟率领，攻占了鲁阳，收复了梁州和益州，并再次成功收复洛阳。这样，东晋与前秦，原先以长江为界，就改成了以黄河为界，整个黄河以南地区，都归东晋所有了。

谢安用了十几年时间，对内稳定局势，对外打败强敌，收复失地，功勋卓著，声望达到顶峰。此时，晋孝武帝已经成年，开始亲政。他忌惮谢安功大，宠信自己的弟弟司马道子，奸诣小人逐渐得势。

谢安深知功高震主的危险，他又不慕权力富贵，于是主动交出手中的权力，自请出镇广陵的步丘，建筑新城来避祸。孝武帝同意了，设宴为他饯行，并敬酒赋诗。

谢安支撑东晋政权达十六年时间，他虽然位高权重，但隐居东山的志趣始终未消失。他出镇新城后，携带全家前往，制造泛海的船只和装备，打算从水道回东山，继续过隐居的生活。但不久之后，谢安患病，计划未能成行。

385年，谢安病逝，享年六十六岁。晋孝武帝在朝堂哭吊三天，举行了隆重的葬礼，追封他为庐陵郡公，谥号"文靖"。

后人对谢安给予高度评价，称他是东晋中流砥柱，"江左风流宰相"，是"中国历史上有雅量有胆识的大政治家"。民间则把谢安尊奉为神，称他"谢圣王""广惠圣王""显济灵王"。

谢安的丰功伟绩和英名，流传千古，受万世景仰。

一代名将谢玄

谢玄，是谢安的侄子。他有治国才略，尤其善于治军，组建训练了精锐的"北府兵"；他作战勇猛，善于用兵，在淝水之战中巧施计策，大破敌军；淝水之战以后，他率军乘胜北伐，取得辉煌战果。谢玄积极协助叔父谢安，为东晋立下了汗马功劳。

《晋书》记载，谢玄自幼聪慧过人，深受叔父谢安器重。谢安曾训诫约束子侄，说："你们日后怎样参与世事，而且做得让人满意呢？"子侄们都不知如何回答，只有谢玄答道："要像芝兰玉树那样，生长在自家的堂前阶下，勤于浇灌，让它开出艳丽的花朵。"谢安听了，十分高兴。

谢安很关心谢玄的成长，但要求并不严厉，而是循循善诱。有一次，谢安见谢玄佩戴紫罗香囊，那是轻浮少年喜欢佩戴之物。谢安见了，心中不悦，但没有强行让他丢掉，而是与谢玄做游戏，将香囊作为博戏的筹码，把它赢到手中，随即烧掉了。谢玄十分聪明，自然明白了叔父的意思，从此再也不佩戴这类物件了。

谢玄成年后，步入仕途，很快显示出了治理国家的才能，尤其军事才能更为突出，桓温也很器重他。当时，前秦势力强盛，多次侵扰东晋边境。为了抵御前秦，朝廷下令征召良将，谢安推荐了侄子谢玄。

郗超与谢玄不和，但听到这一举荐，也不得不叹服说："谢安敢于冒触犯众怒的风险，举荐亲侄子，确实是英明的。谢玄一定不会辜负他叔叔的推荐。"

当时，有许多人并不赞同郗超的看法。郗超说："我和谢玄，共同在桓将军府中做过事，亲眼见他用人能各尽其才，考虑问题又很细致，即便一些细小的事务，他处理得都非常恰当。所以，我知道他一定会成功的。"

377年，朝廷接受了谢安的举荐，征召谢玄入朝，授其为建武将军、兖州刺史，领广陵相，监江北诸军事。从此，谢玄担负起抗击前秦的重任，那一年，他三十五岁。

谢玄不负重托，尽职尽责，选拔良将，训练军队，加强边防，立志保境安民。谢玄突出的贡献，是组建并训练出了一支精锐劲旅——北府兵。北府兵大多由中原南下的流民组成，他们驱逐夷族、恢复家园的愿望强烈，斗志旺盛，谢玄又注重选拔勇猛之士担任将领，强化训练，因而战斗力很强，能够以一当十，成为东晋军队的主力。

379年，前秦军队大举南下，攻陷了襄阳，随后围攻彭城。谢玄奉命率军救援，他派小将田泓前去彭城，告知援军将至，以坚定守城将士的决心。

田泓快到彭城时，不幸被敌军抓住。敌军见他年龄小，便威逼利诱，让他对彭城守军说："援军已被打垮。"田泓假装答应，但到了城下，却高喊道："谢将军的援军很快就要到了，诸位一定要努力坚守！"敌军恼羞成怒，将田泓杀害。

谢玄很快抵达彭城，击退敌军，解了彭城之围，然后，连续与前秦军队作战。北府兵如狼似虎，刘牢之等将领身先士卒，勇不可当，敌军将领都颜、邵保等人被杀。前秦军队抵挡不住，溃散而逃。朝廷闻讯大喜，特派使者慰问谢玄军队，进封谢玄为冠军将军，加领徐州刺史，封为东兴县侯。

383年，前秦天王苻坚亲率百万大军，再次南下，意图吞并东晋。朝廷命谢玄为前锋都督，与谢石、谢琰、桓伊等人领兵八万，前去迎敌。敌众我寡，许多人心存疑虑。

谢玄趁敌立足未稳，命勇将刘牢之率五千精兵，奔袭洛涧。敌军没有防备，被打得大败。刘牢之英勇无敌，斩杀了敌军将领梁成、梁云，活捉了梁他、梁悌、王显、慕容屈氏等人，缴获了大批军用物资。谢玄首战告捷，大挫敌军锐气。

符坚大军在淝水沿岸布阵列兵，谢玄要求他们后退，腾出地方，以便于晋军渡河决战。符坚依仗人多势众，又想趁晋军半渡而击之，便同意了。谁知后退令一下，秦军一下子乱了阵脚，再也控制不住了。谢玄趁势渡河，乘胜追杀，取得了淝水之战大捷。

淝水之战以后，前秦元气大伤，无力南下了。谢安得此良机，果断举兵北伐。谢玄作为东路军统领，率军攻取中原。谢玄首先攻打兖州，当时前秦的兖州刺史张崇，领兵驻扎在鄄城。张崇不是谢玄对手，被打得大败而逃，兖州轻松落到谢玄手里。

谢玄平定兖州之后，马不停蹄，进军青州。谢玄筑土坝拦截吕梁之水，以利于漕运，保障了军粮供应。前秦的青州刺史符朗，得知谢玄大军到来，闻风丧胆，不战而降。

谢玄收复青州之后，随即命部将刘牢之、刘袭、丁匡、郭满、颜雄等人，分兵攻取冀州、豫州、司州各地，不给前秦军队喘息之机。前秦军队刚刚遭受淝水大败，人心涣散，军无斗志，而且缺乏粮食，难以抵挡。符坚的儿子符丕驻军黎阳，因军中无粮，将士饥饿，不得已向谢玄投降，谢玄马上送给符丕两千斛军粮。

谢玄大军犹如摧枯拉朽一般，经过连续作战，收复了兖、青、司、豫四州。与此同时，桓氏兄弟统领的中路军和西路军也节节胜利，收复了梁州、益州。谢安北伐，获得巨大成功，整个黄河以南广大地区，又重新纳入东晋的版图，东晋似乎就要兴盛起来。

谢安厥功至伟，却遭到孝武帝猜忌，不得已交出权力，离开朝廷，不久病逝。

谢安死后，谢玄十分悲伤，他眼见皇帝昏庸，奸臣当道，朝纲混乱，他和叔父千辛万苦开创的大好局面，很可能会付之东流，因而忧郁成疾，一病不起。

388年，在谢安去世三年之后，谢玄壮年而逝，时年只有四十六岁。

后人对谢玄给予高度评价，唐代追封古代名将六十四人，宋代追封七十二人，谢玄都名列其中。

淝水之战决定历史走向

淝水之战，是东晋时期的重大事件，它不仅是以少胜多的著名战例，而且对历史发展产生了重大影响。淝水之战以后，东晋在数十年间再无外族入侵，强盛的前秦政权却因此衰败灭亡，北方再次分裂成若干个国家。所以说，淝水之战，在很大程度上决定了历史走向。

《晋书》记载，350 年，氐族人苻洪占据关中，建立了政权，称为三秦王。352 年，苻洪的儿子苻健称帝，定都长安。苻健死后，其子苻生继位。357 年，苻健侄子苻坚发动政变，废杀苻生，掌控大权，但苻坚没有称皇帝，而是叫"大秦天王"。

苻坚虽是氐人，却自幼学习汉族文化，仰慕儒学，尊崇孔子，重用汉人。苻坚谋略过人，励精图治，推行休养生息政策，实现了国力强盛。然后，出兵灭掉多个割据政权，统一了北方。苻坚胸怀大志，试图统一天下，他统治北方之后，下一个攻击目标，就是东晋了。

382 年，苻坚在太极殿召集群臣说："我继承大业，近三十年了。如今四方平定，只有东南一角，尚未蒙受教化。我粗略算了一下兵力，能有百万之众，收复东南不成问题。我准备亲率大军南征，你们以为如何？"

群臣有的赞同，有的反对。有人说，江南有长江天险，不易攻下。苻坚轻蔑地说："我有百万之众，只要一声令下，士兵们把马鞭投入江中，足可以使江水断流，长江天险有什么好怕的？""投鞭断流"的典故，便由此而来。

383 年八月，苻坚命弟弟苻融，率二十五万步骑兵做先锋，先行南下，同时征召凉州、幽州、冀州等各地兵马，总计有步兵六十万、骑兵二十七万。苻坚亲自统军，开始大举进犯东晋。一时，大军旗鼓相望，前后千里，声势浩大。

面对强敌压境，东晋只派出了八万军队迎敌。不过，这八万晋军，都是训练有素、勇猛凶悍的北府兵，足可以一当十。

前秦军队虽然有百万之众，却是从各地征调来的，并不是同时到达，而是有先有后。九月，苻坚率一部分军队抵达项城，凉州的军队到达咸阳，幽州、冀州的军队到达彭城。十月，苻融率领的先锋部队围攻寿阳，经过数日激战，攻克了寿阳，擒获守将徐元喜等人。同时，前秦将领慕容垂率部攻占了郧城。苻融向苻坚报告说，晋军是软弱之旅。

接到报告，苻坚得意扬扬，他认为东晋军队不堪一击，便派尚书朱序去晋军，劝谢石等人投降。朱序原是东晋将领，兵败后被俘，不得已降了前秦。因他与谢石等人熟悉，苻坚便派他去劝降。不料，朱序仍然心系晋朝，不仅没有劝降，反而献上一计。

朱序对谢石说："秦军虽有百万，却还在进军途中，如果兵力全部集中起来，将难以抵挡。应当趁其没有全部到达，迅速发动进攻，只要击败前锋部队，挫其锐气，就能击破秦百万大军。"

朱序的建议，真是雪中送炭。原先，谢石等人见秦军势大，打算坚守不出，待其疲惫后，再伺机反攻，现在听了朱序的话，认为很有道理，便改变作战部署，决定主动出击。

十一月，谢玄命勇将刘牢之，率五千精兵奇袭洛涧。当时，驻守洛涧的秦军有五万多人，他们没有想到晋军会来攻击，顿时陷入混乱，被杀死一万五千多人，其余溃散而逃。此役，前秦损失了十名将领和五万部队，锐气大减。

洛涧兵败的消息传来，苻坚大吃一惊。他听说晋军正向寿阳开来，便和苻融登上城头观看，只见晋军队伍整齐，训练有素，再看北面的八公山上，风吹过后，草木晃动，仿佛埋伏着千军万马。苻坚对苻融说："晋军是一支强大的对手，你怎么说他们是弱旅呢？"后来，人们用"草木皆兵"形容疑神疑鬼。

十二月，苻坚率领先期到达的军队抵达淝水，沿岸排兵布阵，谢玄率军在河对岸相持。谢玄设下一计，派人对苻坚说："你们远道而来，难道不想速战速决吗？请你们退后一点，腾出地方，好让我们过河，与你们决战。"

苻坚的部下说："我们应该凭借淝水，把晋军堵在河对岸，那对我们是有利的。"苻坚却说："我们人多，晋军人少，不怕他们过河。再说，如果趁他们过河时出击，他们就只有挨打的份了。"

苻坚没有想到，秦军刚刚遭受了洛涧之败，心有余悸，听到后撤的命令，纷纷争先恐后地后退，一下子乱了阵脚。忽然，朱序和一些亲信齐声大喊："秦军败了，赶快逃命吧！"秦军不明底细，信以为真，顿时大乱，溃不成军。朱序战后回归东晋，被任命为龙骧将军、琅琊内史，后升迁为豫州刺史。

谢玄得此良机，亲率八千凶悍的北府兵，抢先渡河，奋勇追杀，其他几万晋军随后跟进。一时间，锣鼓齐鸣，杀声震天，秦军心惊胆战，争相逃命，自相践踏，死者无数。许多秦军士兵走投无路，跳入水中，多被淹死，尸体堵塞了淝水，使之断流。真是兵败如山倒，惨不忍睹。

苻融死在乱军之中，苻坚中箭，差点丧命，他乘驾的云母车，以及仪服、珍宝、军资全都丢光。苻坚带领残兵败将，不顾一切地向北狂奔，一路上听到风吹的声音和鹤的鸣叫，都以为是晋军在后面追赶，于是便有了"风声鹤唳"这个成语典故。

淝水之战，前秦军队损失十之七八，元气大伤，而且黄河以南地区全部丢失。这不仅使苻坚统一天下的梦想化为泡影，更糟糕的是，已经统一的北方也分崩离析了。鲜卑、羌等部族，见苻坚失去了控制能力，纷纷举兵反叛，建立政权，北方重新陷入混乱之中。

385年，鲜卑军队围困长安。苻坚出逃到五将山，被羌族首领姚苌所杀，终年四十八岁。

淝水之战，使前秦迅速衰落，北方陷入混乱，东晋度过了危险期，相对平稳。此时的东晋皇帝是晋孝武帝，他又可以高枕无忧，安心吃喝玩乐了。

晋孝武帝死于宫女之手

在东晋历史上，几乎所有的皇帝都是傀儡，可是晋孝武帝却是个例外。晋孝武帝亲政以后，逼走了贤相谢安，自己独揽大权，实现了皇权至上。

然而，晋孝武帝虽有很强的权力欲，也做过一些事情，但缺乏治国才能。他沉湎于酒色，吃喝玩乐，只因一句戏言，竟然死在宫女手里，甚是荒唐可笑。

《晋书》记载，晋孝武帝，名叫司马曜，是晋简文帝司马昱的第六子。司马昱生了七个儿子，却只有司马曜和弟弟司马道子存活下来。

372 年七月，晋简文帝驾崩，十一岁的司马曜继承了皇位。朝廷起初由桓温辅政，桓温死后，褚太后临朝摄政，但实权掌握在以谢安为代表的谢氏家族手里。谢安是一代名相，把朝廷治理得很好，晋孝武帝什么都不用操心，只是专心学习。所以，晋孝武帝学问很好，尤其擅长书法，他的作品，也被收入《淳化阁帖》。晋孝武帝还喜欢作文写诗，有《孝武帝集》二卷，已亡佚。

376 年，晋孝武帝十五岁，褚太后归政于帝，晋孝武帝开始亲政。这个时候，前秦强盛起来，屡次进犯东晋，可晋孝武帝一点也不用担心，因为有谢安等人为他支撑着江山。后来，晋军在淝水大败前秦，又乘胜收复黄河以南地区，东晋朝廷更加稳固。

晋孝武帝长大以后，不愿意大权旁落，开始抓取权力。他知道谢氏家族势力庞大，功勋卓著，便开始重用胞弟司马道子，分了谢安一部分权力。淝水大捷之后，谢氏家族声望达到顶峰，晋孝武帝更加猜忌和不安，便设法排挤谢家势力。谢安不慕权力富贵，主动交出权力，不久，谢安、谢玄相继病死，晋孝武帝实现了"威权己出"。晋孝武帝成功收回皇权，不是因为他贤明英武，而是由于谢安有名士情结，主动让权所致。

晋孝武帝顺利恢复皇权，亲自处理政务，"亲览万机"，很想有一番作为。东晋自建立以来，多数时候是大家族控制朝廷，晋孝武帝掌权以后，开始削弱士族门阀的势力，大力提拔平民寒士，用以巩固皇权。

晋孝武帝不像父亲简文帝那样热衷玄学，而是崇尚儒学。他建立孔庙，奉祀孔子，加封孔子后裔，提拔儒生。他恢复国学，修建"夫子堂"，设立国子学，后来演变为国子监，成为历代的最高学府。晋孝武帝为儒学发展做出了积极贡献。

晋孝武帝还喜欢佛学，信奉佛教。他修建寺庙，请高僧讲法传教，与僧人关系密切，有些佛教徒得到他的宠信。晋孝武帝是汉族皇帝中第一个公开信佛的，在他的支持下，佛教有了很大发展。晋孝武帝崇尚佛教的名声传得很远，连外国人都知道了。师子国（今斯里兰卡）听说以后，专门派高僧向晋孝武帝进贡玉佛。据说此玉佛像高四尺二寸，玉色洁润，制作精美，巧夺天工，被誉为绝品。

晋孝武帝注重发展经济，鼓励农耕。他推行赋役改革，取消了按地亩缴税，改为按人丁赋税，服役人员则不交税，促进了经济发展。《晋书》说，晋孝武帝时期，"天下无事，时和年丰，百姓乐业，谷帛殷阜，几乎家给人足矣"。

晋孝武帝是依靠弟弟司马道子，把谢安排挤走的。司马道子是晋孝武帝唯一的弟弟，比他小两岁。在对付权臣方面，兄弟俩利益一致，同心协力，但大权到手以后，二人便产生了矛盾。

司马道子代替谢安做了丞相，他专权骄横，培植亲信，形成"主相相持"的局面，晋孝武帝对他越来越不满意。幸亏他们的母亲李太后从中周旋制约，两人的矛盾才暂时没有爆发。不过，时间久了，兄弟俩必定同室操戈。谁也没有想到，就在这时，晋孝武帝突然遇害身亡了。

晋孝武帝私生活糜烂，沉溺酒色，贪图享乐，放纵情欲。他嗜酒如命，经常喝得酩酊大醉，而且喜欢"长夜之饮"。晋孝武帝末年，出现长星（即彗星，古人认为是不祥之兆），晋孝武帝心中厌恶，便举杯向长星祝酒："长星，劝你一杯酒。自古以来，哪有万岁的天子。"

396年的一天，晋孝武帝在后宫与张贵人一起喝酒。张贵人原来是个宫女，特别能喝酒，号称千杯不醉，因而得到晋孝武帝宠爱，被封为贵人，此时年龄已近三十岁了。晋孝武帝喝得醉醺醺的，他盯着张贵人看了半天，开玩笑说："照你这年纪该是被废的时候了。"

张贵人听了，信以为真，又想到他平日里乱找女人，荒淫无度，心里又气又妒，一怒之下，遂起杀心。张贵人干脆把晋孝武帝灌醉，又灌醉了晋孝武帝的侍从，然后，趁着晋孝武帝烂醉如泥，召来几个心腹宫女，用被子把他活活捂死了。晋孝武帝时年三十五岁，他因为一句戏言，竟然命丧黄泉，真是可悲可叹！

第二天，张贵人谎称皇帝在睡梦中"魇崩"。司马道子闻讯后，心里又惊又喜，晋孝武帝之死，他求之不得，因而对此事并未深究。张贵人犯下如此弥天大罪，却没有被追究，晋孝武帝算是白死了。

晋孝武帝有两个儿子：长子叫司马德宗，当时十四岁；次子叫司马德文，当时十岁。司马道子立了司马德宗当皇帝，被称为晋安帝，司马德宗比西晋的司马衷还要傻。司马道子掌控朝廷大权。

东晋又出白痴皇帝

东晋从 317 年建立，到 396 年晋孝武帝被害，已经摇摇晃晃地走过了八十年路程。白痴皇帝司马德宗继位以后，大权落在叔父司马道子手里。司马道子无才无德，荒淫无道，败坏朝纲，导致天下大乱，东晋朝廷无可避免地走向衰亡。

《晋书》记载，司马德宗从小就是个傻子，而且傻得厉害。《晋书》原文说："帝不惠，自少及长，口不能言，虽寒暑之变，无以辨也。凡所动止，皆非己出。"意思是说，司马德宗很傻，从小到大，不会说话，连寒冷的冬天和酷热的夏天，也分辨不出来，不知道春夏秋冬，而且所有的行动，都需要别人帮助，没有自理能力。这比起西晋著名的白痴皇帝司马衷来，可要傻多了，可以说是傻到家了。

这样一个彻头彻尾的傻瓜，居然能当皇帝，成为天下之尊的天子，这只有在封建社会里，才会出现这样的荒唐事。有这样一位白痴皇帝，东晋岂能不亡？当然，晋朝的衰亡，不能怪罪傻皇帝，而应该归咎于让他们当皇帝的人，或者当时的制度。

387 年，晋孝武帝与弟弟司马道子已经产生了矛盾，便立长子司马德宗为皇太子。当时，司马德宗只有五岁，而且很傻，但晋孝武帝仍然确立了他的皇位继承人的地位，目的是想表明，他的皇位，只能由儿子继承，即便儿子是傻瓜，别人也不能染指。晋孝武帝把皇位看成自家独有的财产，宁肯让傻儿子把江山毁掉，也不能把皇位让给别人，亲弟弟也不行。这符合封建时代一般皇帝的心理。

396 年，晋孝武帝突然遇害身亡，当时司马德宗只有十四岁，依然很傻。司马道子果然没敢篡位称帝，而是让傻太子继位当了皇帝，被称为晋安帝。司马道子盘算得也很好，晋安帝是个傻瓜，只是当个傀儡，大权还是由自己控制着。

司马道子以皇叔的身份辅政，控制着朝廷。司马道子没有治国才能，更不会用人，他喜欢别人对他阿谀奉承，信用奸诡小人，正直的大臣则受到排挤。

有个叫王国宝的人，是谢安的女婿，却因为品行不端，始终未得到谢安重用。司马道子掌权以后，王国宝精心投机钻营，又因为其堂妹是司马道子的王妃，所以很快受到宠信，成为心腹。司马道子提拔他当了中书令，加中领军，同掌大权。王国宝是东晋有名的奸臣，得势后干了不少坏事。

司马道子生活奢侈，荒淫无度，沉溺酒色。他和哥哥晋孝武帝一样，也是嗜酒如命，经常喝得大醉不醒。他所宠信的人趁机玩弄朝权，收受贿赂，卖官鬻爵，为所欲为。有个叫茹千秋的人，得到司马道子宠信后，在很短的时间内，就聚敛了上亿的钱财。

司马道子也喜欢佛教，在这方面，他比晋孝武帝有过之而无不及。由于司马道子挥霍无度，当时国库已经空虚，但司马道子仍然斥巨资大兴佛事，钱不够了，就向百姓征敛，搞得下边不堪重负，民怨沸腾。司马道子还宠信重用佛教徒，不少佛教徒成了他的亲信。

司马道子由于纵情酒色，毫无节制，身体出了问题，经常患病，他的儿子司马元显开始掌握权力。司马元显年轻气盛，目空一切，专横跋扈。这样，东晋政治、刑律一片混乱，百姓怨声载道，社会动荡不安。

397 年，在傻皇帝登基、司马道子掌权的第二年，兖、青两州刺史王恭、豫州刺史庾楷就联合兴兵，威迫朝廷，要求诛杀奸臣王国宝。司马道子慌了手脚，只好丢卒保车，杀了王国宝，暂时平息了兵乱。

398 年，王恭、庾楷又联合荆州刺史殷仲堪、广州刺史桓玄，再次举兵造反。四五个州联合叛乱，表明朝廷失去了对地方的控制力。司马道子没有退路了，只好派兵平乱，费了好大劲，才平定了叛乱。

399 年，浙江、江苏一带爆发大规模农民起义，起义领袖孙恩，用五斗米道的形式，发动大批民众造反。起义军攻城略地，声势浩大，先后攻占了浃口、临海、广陵，多次打败晋军，威胁建康。孙恩起义持续了十多年时间，使东晋政权遭到重创，大伤元气。

402年，趁着朝廷内外交困之际，桓氏势力东山再起，卷土重来。桓温的儿子桓玄在江陵起兵，一路势不可当，最后攻入京师建康，杀掉司马道子、司马元显父子。司马道子死时三十九岁，司马元显年仅二十一岁。桓玄控制了傻皇帝，自封为丞相、太尉，成为东晋事实上的统治者。

404年，桓玄干脆篡位，废了傻皇帝，自己登上皇位，改国号为楚，史称桓楚，东晋一度灭亡。

404年，北府兵将领刘裕势力迅速崛起，举兵攻击桓玄，桓玄兵败，挟晋安帝逃往江陵。不久，桓玄被杀，晋安帝复位。但好景不长，桓玄的堂侄桓振率部攻陷江陵，晋安帝再次被囚禁。直到405年，刘裕彻底消灭了桓氏势力，晋安帝才终于脱离虎口，重登皇帝宝座。

桓氏势力再次兴起，摧毁了东晋皇权，也为刘裕起兵创造了机会。新兴的刘裕势力灭掉桓氏，控制了朝廷，成为实际上的统治者。

419年，晋安帝被刘裕派王韶之勒死于东堂，时年三十七岁。刘裕为了过渡一下，又立晋安帝的弟弟司马德文为帝，被称为晋恭帝。一年之后，刘裕废晋建宋，自己当上皇帝，东晋从此灭亡。

晋安帝虽然傻得什么事都不懂，却当了二十三年的皇帝。可是，在这些年里，却是战乱不断，社会剧烈震荡，最终导致东晋分崩离析。

刺史兴兵　朝廷内乱

　　历史经验表明，形成一个好的局面，是要经历千辛万苦，付出巨大代价的，可毁掉这个好的局面，却是很容易的事情。

　　谢安执政时期，政通人和，朝廷稳定，打败强敌，收复失地，东晋出现了昙花一现的兴旺。可是，晋孝武帝死后，由于皇帝无能，执政大臣昏庸，很快就出现了动乱。地方大员首先向朝廷发难，为首的是青、兖两州的刺史王恭。

　　《晋书》记载，王恭，是太原晋阳人，是晋孝武帝皇后王法慧的哥哥。王恭年轻时就有美誉，也很自负，常有当宰相、做辅臣的愿望，曾任佐著作郎，因嫌官小而称病辞职。

　　王恭是晋孝武帝的大舅哥，后来自然飞黄腾达起来。晋孝武帝很器重王恭，他与弟弟司马道子产生矛盾之后，就让王恭镇守外地，手握兵权，以武力作为外援。390年，王恭被任命为兖州和青州的刺史，并任平北将军（后改号前将军），都督兖、青、冀、幽、并、徐州和晋陵诸军事，假节，镇守京口（今江苏镇江境内）。王恭大权在握，势力庞大。

　　396年，晋孝武帝驾崩，傻皇帝继位，司马道子专权。司马道子宠信佞臣王国宝，引起王恭极大不满。王恭在入拜山陵时，曾感叹道："栋梁虽然是新的，可已见亡国之兆了。"王恭是晋孝武帝的亲信，历来与司马道子不和，司马道子对王恭十分忌惮和怨恨，便想削减他的兵权，还想召他入京，伺机除掉。王恭知道司马道子的心思，也在暗中做着起兵的准备。

　　397年，王恭与荆州刺史殷仲堪联络，打算联合出兵，庾楷赞同。庾楷是庾亮的孙子，是庾氏家族的代表，有他参加，王恭的底气更足了。于是，王恭、庾楷打着诛杀王国宝的名义，举兵造反了。司马道子没有经历过这种事，顿时慌了手脚，便把全部罪责都推到王国宝头上，下令将他赐死，并向王恭谢罪。王恭没有了借口，只好带兵返回了。

王恭虽然退兵，却并不甘心，因为他的矛头实际上是对着司马道子的。所以，王恭又积极联络荆州刺史殷仲堪和广州刺史桓玄，共同反对司马道子。殷仲堪原是谢玄的部下，很有名气；桓玄素有野心，又代表了桓氏家族的势力。二人都表示同意，王恭大喜。

398年，四名地方大员联合起兵，推举王恭为盟主，大军浩浩荡荡，向京师建康进发。面对大敌压境，司马道子不得不出兵抵御，他任命儿子司马元显为征讨都督，征调各地兵马，前来平定叛乱。

司马元显命心腹司马尚之率军对抗庾楷，司马尚之打仗很有一套，接连在慈湖、牛渚等地大败庾楷，庾楷带着残兵败将，投奔桓玄去了。司马尚之被任命为豫州刺史，取代了庾楷。

王恭自恃才能和家族地位，成功逼杀了王国宝，如今联军又人多势众，他便趾高气扬起来。王恭手下有一大将，叫刘牢之，英勇过人，战功累累，是谢玄一手提拔起来的，深受器重。王恭却认为他不过是一介武夫，拿他当一般将领看待，刘牢之心中不平。

司马元显得知这一情况，觉得有机可乘，便派庐江太守高素去策反刘牢之，许诺事成之后，刘牢之可获重利。刘牢之见利忘义，背叛了王恭。司马元显策反刘牢之的消息，被王恭的参军何澹之探听到了，赶紧告诉了王恭。因何澹之平时与刘牢之不和，所以王恭并不完全相信。

王恭为了拉拢刘牢之，专门设宴款待他，当众拜其为兄，命他为先锋，把手下精兵都交给他统领。可是为时已晚，刘牢之已经投靠了朝廷。酒宴过后，刘牢之吃得饱饱的，嘴里喷着酒气，下令攻击王恭。王恭自然不是对手，手下人溃散逃命，他单人独马出逃，但因不善骑马，最终被人抓住。

王恭被捕以后，被押往建康，在倪塘处斩。临受刑前，王恭吟诵佛经，整理胡须鬓发，毫无惧色。王恭对监刑官说："我王恭愚昧无知，过于相信他人，以致有今日败局。但我的内心，岂是不忠于国家社稷？百代之后，人们会明白的。"《晋书》没有记载王恭的出生年月，不知他终年多少。

王恭一死，桓玄、殷仲堪只得撤兵。后来，桓玄执政时，为王恭辩护申冤，追赠他为侍中、太保，谥号为忠简。

地方大员联合举兵造反，无疑是个重大事件，震动了全国。当时东晋一共只有十几个州，却有四五个州发生叛乱，这标志着东晋朝廷开始失去对地方的控制力，也预示着东晋正在走向灭亡。

刺史联合兴兵，使朝廷陷入混乱，而随后爆发的孙恩起义，则动摇了东晋朝廷的统治基础，给了当权者致命一击。

孙恩起义动摇根基

地方刺史举兵不久，民间又爆发了孙恩起义。起义前后持续了十多年时间，沉重打击了东晋统治者，动摇了东晋朝廷的统治基础，这是东晋灭亡的关键因素。

《晋书》记载，孙恩，是琅琊人。永嘉之乱的时候，孙氏家族渡江南迁，寓居会稽（今浙江绍兴）。孙氏家族属于平民，在南方是低下阶层。

孙氏家族世奉五斗米道，五斗米道始创于东汉，是道教起源的重要一支。孙恩的叔父孙泰，做过五斗米道的教主，教徒广布南方。傻皇帝即位以后，朝廷无道，刺史兴兵，局势混乱，民不聊生，孙泰便想发动教徒，趁乱起义，不料事情泄露，孙泰被司马道子诛杀。孙恩逃入海岛，聚集上百人，伺机复仇。

399 年，司马道子父子觉得朝廷兵力不够，下令强行征调三吴一带的民众入伍，发往北部戍边。老百姓生活贫苦，早就不满朝廷的横征暴敛，这一下更是激起了民愤。孙恩抓住这个机会，令教徒四下煽动，号召起义，很快纠集了数万人，扯旗造反了。

孙恩率领起义军攻占上虞，杀了上虞县令，接着，占领了会稽，一时间声势大振，官军望风而逃。当时，会稽、吴、吴兴、义兴、临海、永嘉、东阳、新安八郡皆反，民众纷纷响应，杀掉官吏，加入起义军，孙恩的部队达到数十万人。

孙恩见此情景，不禁喜形于色，高兴地对部下说："大事成了，过几天，咱们就能穿着朝廷的官服，住到建康城去了。"

然而，孙恩缺乏政治远见，也没有才干，他的队伍就是一群流寇。

起义军每到一处，除了杀死地方官吏之外，还抢劫财物，烧毁房屋，甚至砍伐树木，填埋水井。另外，孙恩出身于社会底层，对世家大族特别仇恨，王家和谢家首当其冲，王谢子弟被杀了不少。起义军烧杀抢掠，许多大户人家被杀光、抢光、烧光，给社会造成严重破坏。

朝廷见孙恩势大，派刘牢之率兵前去镇压。孙恩知道刘牢之厉害，担心打不过他，便对部下说："看来，咱们去不成建康了，不过，咱们割据浙东这个地方，也能做勾践。"

刘牢之果然厉害，他率领的北府兵训练有素，而且身经百战，孙恩的乌合之众根本不是对手，一触即溃，死伤严重。刘牢之大军收复会稽等地，横扫三吴，孙恩只得拼死抵抗，步步后退，一直撤到钱塘江以南。

刘牢之仍不肯罢休，迅速渡江，紧追不舍。孙恩听说刘牢之渡江而来，尴尬地对部下说："看来，割据浙东也不行了。不过，被刘牢之打败，就算逃走，也没什么丢人的。"孙恩带着他剩余的部队，以及所掳掠的民众，共二十余万人，出海逃到海岛之中（今舟山群岛一带）。

400年，孙恩在海岛经过一段时间休整，再次登陆作战，很快攻占浃口（今镇海口），进入余姚，占领上虞，接着，进军邢浦，兵临会稽城下，其势如暴风骤雨。当时守会稽城的，是东晋名将谢琰。谢琰是谢安的次子，从军多年，屡立战功，在著名的淝水之战中，谢琰与堂兄谢玄共同领兵抗敌，因功被封为望蔡公。

谢琰在上年就曾经与起义军打过仗，把孙恩部队打得一败涂地，所以，他很是轻敌。这次起义军又卷土重来，当时谢琰正在吃饭，听说叛军到来，立即披挂上马，说消灭了叛军再回来吃。不料，起义军经过训练整顿，已经今非昔比了，谢琰出城迎敌，被杀身亡。

谢琰战死，朝廷大惊，急忙派高雅之等人领兵前去镇压。高雅之是刘牢之的女婿，也是东晋名将，结果仍然被起义军打败。朝廷只好使出撒手锏，又派刘牢之前去破敌。孙恩对刘牢之心有余悸，觉得抢掠的财物不少了，便再度退入海岛。刘牢之部队没有船只，也不懂水战，只好望海兴叹。

401年，孙恩率部第三次登陆，又攻浃口。不料刘牢之并没有回朝，而正在严阵以待。孙恩见占不到便宜，随即撤回海岛。不久，孙恩第四次登陆。孙恩这次想避开刘牢之，从海路进至京口，企图直取建康。没有想到的是，孙恩又遇上一个强大的对手，他就是刘裕。

刘裕是刘牢之的部下，是北府兵将领。他骁勇善战，有勇有谋，很受刘牢之器重。刘牢之听说孙恩即将在京口登陆，急令刘裕率军前去支援。刘裕知道军情紧急，日夜兼程，与孙恩军同时到达京口。当时刘裕军经过长途跋涉，十分疲劳，而且敌众我寡。刘裕大声激励将士，同时身先士卒，带头冲击孙恩部队。孙恩部队立足未稳，遭受攻击，顿时大乱，被杀和跳海溺死者不计其数。后来，刘裕在郁州、沪渎、海盐三战三捷，捕获上万名俘虏。起义军遭受重大损失，刘裕也由此声名大振。

孙恩部队遭此重创，退入海岛后，又因饥饿、疾病、瘟疫等原因，死了一大半，再也无力登陆作战了。

402年，孙恩的部队仅剩数千人，孙恩见屡次战败，大业难成，损失惨重，愤懑不已，投海自尽。

孙恩死了，余部由妹夫卢循统领。卢循比孙恩儒雅，办法也多一些，起义军势力有所恢复，后来多次登陆作战，袭扰内陆，也曾接受朝廷招安，后又复叛，直到411年，才被朝廷彻底剿灭。

孙恩起义，依据的是海岛，因此，他被称为"中原海寇之始"，为后世海盗活动提供了经验。后人常称海盗为孙恩，孙恩成了海盗的代名词。

孙恩的起义军坚持了十多年，给统治者造成沉重打击，动摇了东晋朝廷的根基，同时，也给桓氏势力东山再起创造了机会。

桓氏趁着孙恩起义、朝廷焦头烂额的机会，举兵叛乱，攻入建康，杀了司马道子父子，颠覆了朝廷，敲响了东晋灭亡的丧钟。

桓氏势力东山再起

谢安执政温和，谢氏家族控制朝廷以后，并没有对桓氏势力进行清洗，两个家族之间，虽然也有矛盾，但总体上能够合作共事。等到谢氏势力衰弱、朝廷混乱的时候，桓氏势力便再度兴起。这次桓氏势力兴起的代表人物，是桓温的儿子桓玄。

《晋书》记载，桓玄，又名灵宝，是桓温最小的儿子，而且是庶子。可是，桓温偏偏特别喜欢他，临终时让他继承了南郡公的爵位，当时桓玄只有五岁。桓温的长子和次子非常生气，企图作乱，但被手握兵权的叔父桓冲挫败。

桓玄七岁时，长得比同龄孩子高大许多，而且聪明过人。桓玄服丧期满，桓冲也离任扬州刺史，府中文武臣僚都来告别。桓冲摸着桓玄的头，指着臣僚们说："这些人，都是你家的旧官属啊。"桓玄看着他们，不禁流下泪来，然后掩面痛哭。众人见他小小年纪却如此伤感动情，都感到诧异，觉得他与众不同。

桓玄长大以后，相貌奇伟，神态爽朗，博通艺术，善写文章，很有才华。桓玄对他的出身和才华颇为自负，总认为自己是英雄豪杰。然而，由于其父桓温晚年有篡位迹象，朝廷怀有戒心，不敢重用他。桓玄到二十三岁时，才当了一个太子洗马，几年之后，又出任义兴（今江苏宜兴）太守。

桓玄认为自己才能颇高，当个太守是大材小用了，感觉很不得志，曾感叹道："父为九州伯，儿为五湖长。"于是，愤而弃官，回到他的封地南郡去了。

桓玄途中路过建康，按照礼节，去拜见执政的司马道子。司马道子设宴请他吃饭，在宴席上，司马道子喝多了，嘴上没有把门的，直愣愣地对他说："你父亲桓温，晚年想做贼，你怎么看？"桓玄一听，吓得跪倒在地，汗流浃背，场面十分尴尬。众人赶紧打圆场，才没有让宴会不欢而散。从此，桓玄对司马道子怀恨在心。

桓玄到了南郡，住在江陵。江陵是南郡的治所，也是荆州的治所。桓温、桓冲兄弟曾经治理荆州多年，很有势力和威望，桓玄借助这个优势，招贤纳士，培植势力，专横一方，连荆州刺史殷仲堪都怕他。

荆州是个战略要地，司马道子忌惮桓玄，不想让他在荆州发展势力，便下诏任命他为广州刺史。广州地处偏远，对建康威胁不大。桓玄知道司马道子的用意，心里更恨他了。

398 年，王恭起兵讨伐司马道子，桓玄积极参加。司马道子为了分化利诱，改任桓玄为江州刺史，桓玄很高兴。王恭被杀之后，桓玄就撤兵回去了。

399 年，孙恩起义爆发，朝廷忙于调兵遣将，平息叛乱。得此良机，桓玄杀掉荆州刺史殷仲堪，夺取了荆州，然后招兵买马，扩大势力。朝廷忙于对付孙恩，也顾不上管他了。

400 年，桓玄势力已大，便上表朝廷，要求担任荆、江两州的刺史。朝廷下诏让桓玄都督荆、江、扬、豫、雍、秦、梁、益八州诸军事。此时，朝廷被孙恩起义搞得焦头烂额，没有办法，不得已同意了，先安抚下他再说。朝廷担心，如果桓玄与孙恩联合起来，那就不得了了。

401 年，孙恩沿海道进攻京口，意图直取建康，消息传来，京师一片惊慌。桓玄上奏朝廷，要求出兵勤王，抵御孙恩。朝廷却不敢答应，因为担心会出现前门驱狼、后门进虎的情况。桓玄确实是想浑水摸鱼，并不怀好意。

402 年，孙恩兵败自杀，起义军陷入低潮，朝廷终于可以松一口气了。当时掌权的，是司马道子的儿子司马元显。司马元显早就对桓玄十分不满，他年轻气盛，按捺不住心中的愤恨，下令讨伐桓玄。

桓玄闻讯大喜，他正愁找不到借口攻打朝廷呢，这下好了，师出有名了。桓玄发出檄文，声讨司马元显的罪恶，打着清君侧、诛奸臣的旗号，率军东下，直取建康。

桓玄蓄势已久，准备充分，兵马训练有素，一路攻关拔寨，锐不可当。司马元显急忙派心腹司马尚之迎敌。司马尚之很能打仗，曾经打败过庾楷，对孙恩的起义军也是屡战屡胜，深得司马元显器重。

司马尚之领命以后，率军排兵布阵，准备抵御桓玄。不料，桓玄大军到来之后，司马尚之的大将杨秋，却突然阵前倒戈，致使朝廷军队大败溃散。看来，桓玄事前已经策反了杨秋。司马尚之落荒而逃，后来被捕获杀害。

桓玄大军乘胜前进，进逼建康。司马元显恐慌，只好打出了王牌，命刘牢之率军御敌。刘牢之英勇无敌，几乎没打过败仗，是朝廷最后的救命稻草。可没想到，刘牢之带领他精锐的北府兵，也投降了桓玄。看来，桓玄事前做的策反工作相当不错，此时大见成效。

刘牢之一降，司马元显就玩完了，他连守城的兵力都组织不起来，桓玄便轻而易举地进了建康城。桓玄入城后，逮捕了司马道子和司马元显，宣布他们的罪行，把他们杀掉，同时清除司马道子在朝中和地方上的党羽亲信，杀了一大批。桓氏子弟及亲信纷纷担任要职，桓玄自封为丞相，独揽大权，桓氏家族控制了朝廷。

桓玄十分忌惮刘牢之。刘牢之英勇善战，无人能敌，但却见利忘义，反复无常。桓玄对刘牢之不放心，夺了他的兵权，任命他为会稽太守，让其离开朝廷。

刘牢之心中不满，想再反叛桓玄。不料，他手下的将领刘袭说："反叛是个耻辱的事，可将军一叛王恭，二叛司马元显，如今再叛桓玄，一生中三次反叛，如何立足于天地之间？"说完，将领们纷纷离他而去。刘牢之感到愧疚无奈，再加上怀疑儿子刘敬宣已被刘袭杀害，心灰意冷，上吊自杀了。

403年十二月，桓玄废掉晋安帝，改国号为楚，自己登基当了皇帝。

在封建时代，人们的观念是：晋安帝即便再傻，他当皇帝也是天经地义的；别人再贤能，如果篡位称帝，也是大逆不道。所以，桓玄篡位，遭到许多人反对，也给刘裕势力崛起提供了一个好机会。

　　后起之秀的刘裕，以维护正统的名义，打着复晋反桓的大旗，公开举兵，讨伐桓玄了。这真是螳螂捕蝉，黄雀在后。

刘裕崛起控制朝廷

刘裕，是东晋末期的风云人物，是迅速崛起的新兴力量。桓玄篡位以后，刘裕抓住机会，打着复晋反桓大旗，举兵灭掉桓玄，恢复了晋朝。然而，当他控制朝廷、巩固统治之后，就取代东晋，建立了宋朝，自己做了皇帝。这是可以理解的，毕竟皇位的诱惑力，是相当大的，而且刘裕也有当皇帝的资本。

《宋书》记载，刘裕，原籍在彭城（今江苏徐州），是刘邦弟弟刘交的二十二世孙。他的家族，早年随晋室南迁，居住在晋陵郡丹徒县的京口里，刘裕就出生在那里。

刘裕家境贫寒，母亲生下他就死了。父亲刘翘无钱请乳母，打算抛弃他。幸亏同族刘怀敬的母亲善良，伸出援手，哺育刘裕，才使他活了下来。刘裕称帝后，不忘此恩，封刘怀敬为光禄大夫。

刘裕小小年纪，就去砍柴、种地、打鱼、卖草鞋，吃尽了苦头。由于家贫，他一向被人看不起。刘裕小时候吃的苦，是他日后成功的宝贵财富。刘裕长大以后，身高七尺六寸，风神奇伟，气度宏大，为人雄杰。

刘裕成年后，为生活所迫，便去投军，加入了北府兵。刘裕从一名普通士兵干起，由于他作战勇敢，又有智谋，逐步升迁至将军孙无终的司马。孙无终觉得刘裕是个人才，将他推荐给刘牢之，当了刘牢之的参军。

刘裕崭露头角，是在镇压孙恩起义的时候。刘牢之率军征讨孙恩，抵达吴地，命刘裕带几十名骑兵，先去侦察敌情。刘裕出发不久，碰上了几千起义军。部下惊慌，想拨马而逃。刘裕厉声喝止，带头冲入敌群，手舞大刀，连杀十几人。起义军虽然人多，但被他的气势吓住了，纷纷后退。这时，后边的部队赶到，斩杀了千余人，起义军大败而逃。

刘牢之很赞赏刘裕的勇气和胆略，常常让他独领一军。孙恩准备沿海道从京口登陆，刘牢之命刘裕前去支援。刘裕日夜兼程，与孙恩同时到达京口。当时，孙恩军队有十余万，而刘裕只有数千人。刘裕不惧敌众我寡，带头攻击，把孙恩军打得大败，被杀和投水而死者不计其数。

在与起义军作战的几年中，刘裕屡次充当先锋，每战必胜。刘裕不仅披坚执锐，身先士卒，勇猛无敌，而且富有计谋，指挥有方，常常以少胜多。同时，刘裕还善于治军。当时，许多将领纵兵抢掠，涂炭百姓，独有刘裕治军整肃，军纪严明，受到百姓欢迎。在镇压孙恩起义中，刘裕的军事才能得到充分展示，他的名气也随之显赫起来。

402年，桓玄起兵，进攻建康。刘牢之打算投降桓玄，众人都同意，只有刘裕、何无忌二人反对，刘牢之不听。桓玄进入建康、把持朝廷之后，收夺了刘牢之的兵权，以堂兄桓修代之。刘牢之想再反叛桓玄，却得不到部下支持，遂心灰意冷，自缢而死。

桓玄不仅忌惮刘牢之，也忌惮刘裕和其他北府兵将领，但他欣赏刘裕的才能，还想利用他。桓玄的夫人刘氏颇能识人，她对丈夫说："刘裕行止有龙虎之态，不会久居人下，宜早除之。"桓玄说："不急，我欲荡平天下，此人用得着，等平定关陇之后，再作计议。"

桓玄为了杜绝后患，打算瓦解北府兵，便假借各种罪名，杀害了孙无终、高素、刘袭等一批北府兵将领，北府兵将领与桓玄的矛盾日益尖锐。刘裕知道，自己终究不能为桓玄所容，便暗中与剩余的北府兵将领联络，积蓄力量，等待时机，准备反击桓玄。

不久，机会来了。403年十二月，桓玄废晋称帝，引起许多人的反对和不满。404年二月，刘裕、何无忌、刘毅等人，聚集北府兵将士一千七百余人，在京口举兵，消灭了桓玄在京口的部队，并杀死了桓修。众人推举刘裕为首领，传檄四方，声讨桓玄篡位称帝的罪行，各地纷纷响应。

刘裕起兵之后，桓玄整日忧心忡忡，唉声叹气。有人说："刘裕力量弱小，陛下不必担忧。"桓玄叹着气说："刘裕是当代雄才，无人能及；何无忌是刘牢之的外甥，很会打仗；刘毅家境并不富裕，却捐出百万钱救济穷人，深得人心。如今他们联合反叛，是难以对付的。"

果然，刘裕等人声望很高，又打着复晋反桓的正义大旗，人心所向，队伍迅速壮大。刘裕领兵向建康进军，很快到达竹里。桓玄任命桓谦为征讨都督，率军迎敌。桓谦是桓冲的次子，虽然也有才干，但自知不是刘裕的对手，便请求桓玄，让猛将吴甫之和皇甫敷前去协助。不料，刘裕两战两捷，先斩吴甫之，后杀皇甫敷，使桓玄军队闻风丧胆。

刘裕乘胜进军，攻占覆舟山，用火攻的办法，消灭了守军。刘裕军队斗志高昂，所向披靡，锐不可当，只用一个月的时间，就兵临建康城下。桓玄大惧，他信奉道教，便召集一帮道士作法，请求天兵天将相助。可是，哪里有什么天兵天将，桓玄最后的希望也破灭了。

桓玄从内心畏惧刘裕，其实从一开始就没有信心，他一面命桓谦迎敌，一面却让心腹殷仲文准备船只，便于随时逃跑。三月，桓玄放弃建康，挟持晋安帝，载着金银财宝，向西逃走，他要逃回老巢江陵去。

桓玄出逃时，心情悲伤，垂泪不止，一整天吃不下饭。他的儿子桓升，只有几岁，却很懂事，抚摸着桓玄的胸口，奶声奶气地安慰他。这更使得桓玄心中酸疼，犹如刀绞。

刘裕兵不血刃进入建康，随即稳定秩序，安抚百姓，处理善后事宜。同时，命何无忌、刘毅率军追击桓玄。何无忌等人在溢口、寻阳、峥嵘洲等地，接连大败桓玄军队，桓玄主力几乎损失殆尽。

五月，桓玄好不容易逃回江陵，但此时的江陵，也是混乱不堪，城中还有人暗杀桓玄。桓玄打算继续西逃入蜀，在途中被益州督护冯迁杀死。桓玄死时三十六岁。

刘裕后来迎接晋安帝复位，他自己则掌控了朝廷大权。刘裕具有卓越的治国治军才能，他掌权后，励精图治，推行改革，发展经济，晋国出现了一派新气象。

刘裕开创新局面

刘裕，是东晋至南朝杰出的政治家、军事家、改革家。他执政时期，对内安定局势，对外扩张领土，在政治、经济、用人制度等方面，推行一系列改革，开创了一个崭新局面，他被誉为"定乱代兴之君"，也有"南朝第一帝"之称。

《晋书》记载，404 年，刘裕起兵，只用几个月时间，就灭掉篡位称帝的桓玄，恢复晋朝，自己掌握了朝廷大权。然而，此时的东晋，已经是内忧外患，摇摇欲坠了。其内部，有卢循、徐道覆起义和一些地方割据；外部，则有后秦、南燕不断袭扰。同时，朝纲紊乱，政治腐败，经济衰退，民不聊生。刘裕励精图治，决心重整东晋江山。

刘裕采取的第一个重大举措，是北伐南燕。南燕，是由鲜卑族建立的政权，属十六国之一，统治区域在今山东和江苏北部，当时的皇帝叫慕容超。南燕与东晋接壤，经常侵袭边境，抢掠财物，掳走边民，在东晋内乱的时候，南燕活动更加猖獗，对东晋造成严重威胁。在东晋局势稳定之后，刘裕决定起兵北伐，消灭南燕。

409 年，刘裕亲率大军，从建康出发，坐船经淮水、泗水，抵达下邳，之后军队弃船上岸，改由陆路进攻。南燕皇帝慕容超恃勇轻敌，没有采纳部下"坚壁清野、断晋粮道"的建议，而是节节抵抗。慕容超还认为晋军像从前那样不堪一击，没想到刘裕率领的晋军，是以北府兵为骨干，又经过严格训练，战斗力很强，南燕军队抵挡不住，节节败退。

刘裕大军只用两个多月时间，就连续攻克琅琊、莒县，翻越沂山，攻入南燕腹地，抵达临朐（今山东潍坊境内）。慕容超亲率四万步骑兵，与晋军在临朐一带展开激战，结果大败，十余名将领被杀，部队溃散，慕容超只好逃回老巢广固（今山东青州一带）。

刘裕乘胜追击，包围了广固。慕容超被困城中，急忙向后秦求救，后秦派一万援兵前来，却被晋军击退。刘裕为了减少伤亡，并不急于攻城，而是开展攻心战，招降纳叛，争取民心，并就地取粮养战。

410年，刘裕大军围城半年之久，城内人心涣散，投降者甚多。刘裕见时机已到，四面攻城，一举攻占城池，慕容超和鲜卑贵族三千多人被杀，南燕灭亡。

趁刘裕北伐南燕之际，卢循和其姐夫徐道覆再次起兵。卢循是孙恩的妹夫，孙恩死后，卢循成为起义军首领。卢循蓄势多年，此时有十万之众，兵力强盛。卢循率兵进攻江州，江州刺史何无忌战死。起义军直取建康，刘毅率兵抵挡，却大败而归。刘裕闻讯后，急速回兵，先是巩固建康城防，然后看准战机，大举反攻，火烧卢循船队。卢循兵败，南逃广州，后来被杀，坚持了十多年的起义军，终于被彻底剿灭了。

412年，荆州刺史刘毅叛乱。刘毅原是北府兵将领，与刘裕、何无忌共同举兵，讨伐桓玄，被封为南平郡公。刘毅被卢循打败，声望大跌，便请求出镇地方，担任了荆州刺史，并都督荆、宁、秦、雍四州诸军事，雄兵一方。刘毅自认为能力不在刘裕之下，内心妒忌，便暗中勾结朝廷大臣，欲举兵反叛，攻打建康。刘裕得知后，亲自率军讨伐。刘毅兵败，自缢身亡。

在桓玄作乱的时候，益州发生兵变，建立谯蜀政权，脱离东晋。413年，刘裕派兵灭掉谯蜀，巴蜀地区重新纳入东晋版图。

415年，皇室司马休之父子作乱，割据荆、扬二州，刘裕派兵剿灭。至此，通过连续征战，南方各个割据势力，全被刘裕消灭，东晋出现了近百年来未有的统一局面。

417年，刘裕统一东晋之后，趁后秦内乱之际，率军再次北伐。刘裕兵分四路，声势浩大，后秦军队闻风溃逃。晋军进展神速，五个月时间，就攻占洛阳，收复河南全境。接着，挥师西进，突破潼关防线，一举攻陷长安。后秦皇帝姚泓率群臣投降，后秦宣告灭亡。

刘裕通过两次北伐，灭掉了南燕、后秦两国，攻占洛阳、长安两都城，收复了淮北、山东、河南、关中大片土地，使东晋版图空前扩大，刘裕也因此威名远扬。

刘裕在军事上取得巨大成就，在治国方面，也表现出非凡的才能。刘裕针对东晋长期存在的各种弊端，大刀阔斧地进行了一系列改革。他首先改革的，是用人制度。刘裕结束了长期存在的门阀专政时代，掀开了按才能选拔官吏的新篇章。

东晋时期，中央和地方的大权，一直掌握在王、庾、桓、谢四大家族手中，选拔官吏，主要依据出身门第，寒门出身的人很少，致使大量庸人充斥朝廷，这是东晋长期不能兴盛的重要原因。

刘裕出身寒门，对门阀专政深恶痛绝，也深知其弊端，于是，他果断抛弃这一极不合理的用人制度，大力提拔重用了大批寒微之人，为东晋政权注入了新鲜血液，呈现出新的生机和活力。刘裕还首创用考试的办法选拔官吏，这是科举制度的萌芽。

在政治上，刘裕致力于削弱强藩，强化中央集权，减少州府官吏和军队的数量，防止他们拥兵自重；在吏治上，刘裕严格整顿，对"骄纵贪侈，不恤政事"者，予以严厉惩罚，甚至处死；在经济上，刘裕实行轻徭薄赋政策，多次下令减免税役，减轻百姓负担，发展生产；在文化上，刘裕推崇儒学，重视教育，加强对汉文化书籍的保护，注重改善社会风气。

刘裕执政以来，凭着卓越的政治、军事才能，用了十几年时间，使东晋政局稳定、疆域拓展、政治清明、经济发展、人民安居乐业，开创了一个崭新的局面。刘裕的卓越功勋，也受到人们的广泛赞颂。

此时，东晋的最高统治者，仍然是那个分不清春夏秋冬、生活不能自理的白痴皇帝司马德宗。

刘裕代晋建宋国

东晋自 317 年建立以来，由于自身发育不良，步履蹒跚地走了百余年，终于走到了尽头。刘裕凭着杰出的才能和卓著的功勋，顺其自然地取代了东晋。东晋的灭亡，不是被别人打垮的，而是由它自己丧失的，所以怨不得别人。

《晋书》记载，刘裕出身寒门，依靠军功登上历史舞台，执政后力矫东晋弊政，推行改革，其军事、政治、经济、文化等方面都焕然一新，使东晋成为当时疆域最大、实力最强的国家，刘裕也因此成为声望最高、统治力最强的权势人物。刘裕获得巨大成功之后，野心也随之滋长，开始做着篡位的准备。

418 年，刘裕任相国，封宋公，建宋国，受九锡殊礼。刘裕家族世居彭城，彭城属于春秋时期的宋国，所以刘裕称为宋公，建国号为宋。

419 年，刘裕命王韶之悄悄杀掉晋安帝司马德宗。本来，刘裕是可以直接称帝的，但当时流传谶语"昌明之后有二帝"，昌明是晋孝武帝的字，意思是说，孝武帝死后，应该还有两个皇帝。刘裕为了符合谶语，又立了晋安帝的弟弟司马德文为帝，自己则晋爵为宋王，出入打着天子的旌旗。

司马德文是孝武帝的次子，即位时三十三岁，被称为晋恭帝。司马德文倒不傻，而且学文习武。他年轻时喜欢射马，因他本身就姓司马，所以人们都认为，那是不祥之兆。当时刘裕的统治地位非常稳固，晋恭帝只能当一个傀儡。

420 年，刘裕见时机成熟，便让人写好禅位诏书，入宫逼晋恭帝誊抄。晋恭帝知道这是迟早的事，不敢违背，欣然接受，执笔抄写诏书，并对左右说："桓玄篡位时，晋室已经亡了，因为有刘公，才延长了近二十年的国祚。今天做这事，我是心甘情愿的。"两天以后，晋恭帝主动搬出皇宫，退居琅琊王府，百官向晋帝告别，东晋至此灭亡。

刘裕登基称帝，建立宋国。为了与后来赵匡胤建立的宋国相区别，史称南朝宋，也叫刘宋，刘裕被称为宋武帝。

刘裕把晋恭帝降为零陵王，把他迁到秣陵，由冠军将军刘遵考带兵看管。晋恭帝的皇后叫褚灵媛，她有两个哥哥，叫褚秀之、褚淡之。兄弟俩依仗皇亲国戚，在朝中担任太常卿和侍中的高官，此时也随同居住。

这兄弟俩见妹妹、妹夫落难，不仅不尽心照顾安慰，反而卖主求荣，甘当刘裕的走狗，替刘裕监视皇帝。褚皇后生下一个儿子，褚氏兄弟遵照刘裕的命令，将婴儿害死。刘裕还想让褚氏兄弟暗害晋恭帝，但因褚皇后一刻也不离恭帝左右，一切饮食都由她亲自动手，褚氏兄弟才找不到机会下手。

晋恭帝尽管恭敬顺从，刘裕还是不肯放过他。421年，刘裕命侍中张伟，携带毒酒，去秣陵毒杀晋恭帝。张伟不忍谋害旧主，竟然在半路上自己喝毒酒死了。刘裕闻讯大怒，干脆派出自己的亲兵，由褚氏兄弟带路，闯入晋恭帝室内，用棉被把他捂死了。

褚皇后没有被害，活到五十三岁。后来，她的女儿司马茂英，还嫁给了刘裕的太子刘义符。刘义符接了父亲刘裕的班，做了南朝宋第二任皇帝，司马茂英则当了皇后，真是匪夷所思。

刘裕建宋之后，吸取前朝士族豪门专权的教训，集权皇室，抑制豪强，整顿吏治，重用寒门；同时注重发展经济，轻徭薄赋，废除苛法，振兴教育，关心民生。刘裕对江南经济的发展，对汉文化的保护与发扬，都做出了重大贡献。明末清初思想家王夫之认为，刘裕是汉后唐前非常有作为的皇帝。

刘裕在个人生活方面，也很不错。他崇尚节俭，不爱珍宝，不喜豪华，宫中嫔妃也不多。有一次，地方官奉献琥珀枕，是无价之宝。

刘裕听说琥珀能治伤，便命人砸碎，捣成粉末，分给将士们，作为疗伤药物。

刘裕患有热病，喜冷怕热，有人献上石床，刘裕躺上，感觉十分舒服。但他听说磨制石床需要耗费大量的人工和时间，便下令将石床砸毁，以戒奢侈。

刘裕当了皇帝，却仍然保留着昔日的农具，平时吃、穿、用的东西，都很普通。有人赞他有俭素之德，刘裕笑着说："老农夫有这些东西，已经很富足了。"

刘裕对结发妻子有着深厚感情，为人所称道。刘裕的结发妻子，名叫臧爱亲，是今山东莒县人。臧爱亲出身官宦之家，是大家闺秀，她嫁给刘裕时，刘裕只是一个布衣平民，而且穷困潦倒，好斗性猛。臧爱亲温柔贤惠，心地善良，生活俭朴，夫妻俩感情很深。臧爱亲四十八岁病逝，十二年后，刘裕称帝，封臧爱亲为皇后。刘裕念念不忘结发妻子，此后再也没有立过皇后。

不仅如此，刘裕称帝建立宗庙时，还为臧爱亲立庙祭祀。当时皇帝进行天子宗庙建制时，一般都立庙祭祀六代世祖，刘裕却把自己的爱妻与六代世祖并列，形成天子七庙之制，使臧爱亲成为中国历史上第一个列入开国皇帝天子七庙的女性。这无疑是空前绝后的骇人之举，后世不少人对刘裕进行抨击，说他不遵礼制，"皆堪骇人"。不管刘裕的做法是否妥当，但它表达了刘裕对结发妻子的深情厚谊，这种感情和勇气，还是令人敬佩的。

刘裕也有让人诟病的地方，主要是他首开杀害禅位皇帝的恶例。之前曹丕和司马炎篡位，都礼待禅位皇帝，而刘裕却开了杀害禅位皇帝的先河，此后便相沿成习，禅位的皇帝大多性命不保。其实，晋安帝是个傻子，晋恭帝唯唯诺诺，刘裕没有必要杀害他们，让自己留下恶名。

具有讽刺意味的是，五十多年之后，刘裕的曾孙刘准被迫禅位，刘准问："准备杀了我吗？"别人回答道："当年，你家取代司马氏，就是这样做的。"刘准知道自己必死无疑，流着泪发誓说："愿我今后生生世世不再生于帝王之家！"后来，刘裕的后代几乎被杀绝，不少人认为，这是他的报应。

刘裕杀害禅位皇帝，并不是担心他们日后作乱复辟，或者有人拿他们做文章，因为刘裕的地位，是相当牢固的。刘裕杀戮过重，主要是他人性中缺少宽厚仁爱。刘裕不仅杀了东晋两个皇帝，还杀了楚国皇帝桓玄、谯蜀王谯纵、南燕皇帝慕容超、后秦皇帝姚泓。刘裕一生杀了六个帝王，大概是历史上杀皇帝最多的人。

422 年，刘裕只当了两年皇帝，就得病死了，终年六十岁。

南方的东晋灭亡了，改成了宋国；北方的"十六国"，经过百年混战，最终由北魏统一起来。此后，中国历史就进入了南北朝时期。

竹林七贤非贤士

竹林七贤，是魏晋时期的七位名士，分别是嵇康、阮籍、阮咸、山涛、向秀、刘伶、王戎。他们年轻时，结为朋友，常聚在竹林之中，饮酒纵歌，肆意酣畅，以此排遣心中的苦闷，发泄对现实的不满。

魏晋时期，政治黑暗，朝廷腐朽，伦理败坏，人心涣散，许多文人崇尚老庄哲学，从虚无缥缈的世界里寻求精神寄托，玄学便应运而生，成为晋朝时期重要的思想潮流。竹林七贤，是当时玄学的重要代表人物。

竹林七贤都很有才，他们中的一些人，通过诗歌等文学形式，揭露统治者的罪恶，讽刺虚伪的礼教，表现了民不聊生的社会现实，因而受到许多人推崇。

然而，他们或者放荡不羁，做事荒诞；或者追逐名利，贪财吝啬。所以，他们称不上是贤士，起码不全是贤士。人们历来把德才兼备的人称为贤士，贤士应该是道德高尚、举止高雅、志行高洁、才能出众之人，竹林七贤显然不符合贤士的标准。

《晋书》记载，竹林七贤的主要人物和精神领袖，是嵇康。嵇康是谯国铚县（今安徽濉溪）人，魏晋时期思想家、文学家、音乐家。

嵇康自幼聪颖，博览群书，广习诸艺，喜爱老庄学说，对玄学的发展起了重要作用。嵇康成年后，娶了曹操的曾孙女长乐亭主为妻，成为皇亲国戚。嵇康因此入朝当了郎中，郎中是仅次于尚书、侍郎的高级官员，后来，又担任了中散大夫，所以人称"嵇中散"。

司马昭专权时，嵇康因是曹氏姻亲，受到排挤。嵇康不愿与司马氏合作，辞官隐居，并多次拒绝司马昭征召。后来，竹林七贤之一的山涛，因举荐嵇康做官，嵇康公开作《与山巨源绝交书》，坚决予以拒绝。巨源是山涛的字，山涛也叫山巨源。

《与山巨源绝交书》风格清俊，立意超俗，行文精练，是一篇名传千古的散文，表达了嵇康对世俗礼法的蔑视，也是他崇尚老庄无为思想的反映。不过，嵇康并非不想当官，只是不想为司马昭效力。嵇康临死时，没有把年幼的儿子托付给任何人，而是托付给了早已绝交的山涛。因为山涛在朝中做大官，能够帮助儿子入仕。后来，嵇康的儿子果然当了晋朝高官，并且为保护傻皇帝司马衷而丢了性命。

嵇康拒绝做官后，专心从事文学创作，他的诗歌和散文都流传很广。嵇康还喜欢书法、绘画和音乐，都有很深的造诣。嵇康钻研玄学，注重养生，他著的《养生论》，是中国养生学史上第一篇比较全面系统的养生专论。

嵇康既有才华，又有名望，但不肯为司马昭效力，司马昭自然不会放过他。263年，司马昭找了个罪名，把嵇康处死了。临刑前，嵇康气色安详地抚了一曲《广陵散》，然后从容就戮，终年四十岁。嵇康是竹林七贤中最有骨气的一位。

《晋书》记载，竹林七贤的另一位重要人物，是阮籍。阮籍是陈留尉氏（今河南开封）人，天赋异禀，八岁就能写文章，终日弹琴长啸。

阮籍成年后，很有名气，朝廷征召他入朝做官。司马氏专权时，阮籍倾向于曹魏，但不敢公开表露，便采取了不涉是非、明哲保身的态度，他或者闭门读书，或者游山玩水，更多的时候，是以酒为伴，酩醉不醒。

有一次，步兵营空缺一名校尉，阮籍主动要求担任这一职务，众人都感到奇怪，因为阮籍从不介意当什么官，更不会主动求官。原来，阮籍听说步兵营里贮藏了不少好酒，这使他大为动心。阮籍当了步兵校尉之后，近水楼台先得月，常常游于府内，每次朝宴必定参加。

阮籍不攀附权贵。司马昭为了拉拢阮籍，想与他结成亲家，这是许多人求之不得的。可阮籍不愿意，又不敢拒绝，于是，天天喝得大醉，不省人事，一连醉了六十天。司马昭知道他的心意，只好作罢。

司马昭想当晋公，加封九锡之礼，公卿让阮籍起草劝进书。阮籍彻夜饮酒，大醉不醒。第二天，公卿催要奏文，阮籍还在伏案大睡。众人推醒他，阮籍取来纸笔，不假思索，一挥而就，言辞清正雄壮，众人佩服不已。

阮籍曾酒后失德。有个开酒馆的妇人，长得很美，阮籍常去她那里喝酒，喝醉了，就躺在妇人身边，一点也不避嫌。阮籍看上一个姑娘，患上了单相思，可姑娘并不认识他，也不知道他的心思。不久，姑娘得病死了，阮籍喝得醉醺醺的，跑去哭丧，竭尽悲哀，众人都惊怡不已。

阮籍不拘泥于礼教，行事怪诞。有一天，阮籍正同客人下棋，忽然有人报丧，说阮籍母亲死了。客人赶紧起身告辞，阮籍却不让客人走，坚持把这盘棋下完，才去处理母亲丧事。母亲下葬时，阮籍大吃大喝，吃了一只蒸猪腿，又喝了两斗酒。与母亲灵柩告别时，阮籍一声恸哭，吐血几升，伤害了身体，几乎丧了性命。阮籍的举止，确实与众不同，十分怪僻。阮籍活了五十四岁病逝。

《晋书》记载，阮籍的侄子阮咸，也是竹林七贤之一。阮咸文学出众，精通音律，善弹琵琶，很有才华。但他为人任性，不拘礼节，举止轻浮，比起叔父来，有过之而无不及。

阮咸与朋友相聚饮酒，不是用杯子喝，而是用大瓮盛酒，大家围坐痛饮。有一次，一头猪跑来，把嘴插到大瓮里。众人大笑，并不把它赶走，而把猪也当作朋友，与它一道喝。

阮咸与一帮朋友，都认为放荡任性，就是开朗豁达，不去管什么礼教。他们整日聚众痛饮，闹酒狂醉，甚至赤身裸体，到处乱跑。这种行为，别说是在注重礼教的古代，就是如今社会，也是不被允许的。

阮咸常到姑母家去，时间一长，便与姑母家的婢女好上了。阮咸在为母亲守丧时，姑母带着婢女，要搬到远处去。阮咸听说了，心中大急，借了头马，身穿重孝，骑马去追。最后，阮咸和婢女同骑一马而回。

阮咸起初在朝廷任散骑侍郎，司马炎认为他好酒虚浮，又有重臣诋毁，故不肯重用阮咸，后来把他贬为始平太守。阮咸活了五十六岁病逝。

《晋书》记载，竹林七贤中年龄最大、官职最高的，是山涛。山涛是河内郡怀县（今河南武陟一带）人，早年丧亲，家中贫困，但有志向和才能，喜欢《庄子》《老子》，与嵇康、阮籍等人结为竹林之交。

山涛的政治倾向与嵇康、阮籍不同，他的从祖姑是司马懿的岳母，因而山涛一直受到司马氏的信任和重用，先后在朝廷担任侍中、吏部尚书、太子少傅、左仆射等职，到晋武帝时期，升任司徒，位列三公，属于晋朝重臣。

山涛处事公正，他任吏部尚书时，注意查访贤人和隐逸之士，所选之人遍及京师和州郡，都是有用的人才。他当地方官时，爱护百姓，尊重士人，受到人们称赞。山涛为官清廉，不收受别人财物，以至于无法供养家人。晋武帝司马炎听说后，特别赐给他家膳食。山涛家里仅有旧屋十间，而子孙众多，容纳不下，晋武帝又为他建造了住宅。

山涛做事很有节制，与其他竹林之友大不相同。他的酒量很大，能喝八斗不醉，但从不过量。晋武帝想试试他的酒量，有一次，准备了八斗酒，暗地里却又增加了一些。山涛喝到八斗的时候，就再也不肯喝了。山涛活到七十九岁，寿终正寝。

《晋书》记载，竹林七贤之一的向秀，是河内郡怀县人，与山涛是同乡，大约比山涛小二十三岁。向秀少年时，就以文章俊秀闻名乡里，研读《庄子》颇有心得。他在为乡里讲学时，被山涛所知，山涛认为向秀所讲高妙玄远，见解超凡，二人遂成为忘年之交。

向秀对《庄子》有很深的研究，曾对《庄子》加以注释，有自己独特的见解，开创了玄学的新思路。

向秀酒量很小，不爱饮酒。他淡于仕途，不慕名利，长年过着隐居生活。后来，受朝廷威逼，不得已而出仕，先后任黄门侍郎、散骑常侍等职，四十六岁病逝。向秀属于淡泊名利之人。

《晋书》记载，竹林七贤之一的刘伶，是个地地道道的酒鬼。刘伶是沛国（今安徽淮北一带）人，他身材矮小，容貌丑陋，社会地位不高，澹泊少言，不随便与他人交往，终日以酒为伴。

刘伶嗜酒如命，纵情狂饮，有时喝醉了，就脱光衣服，赤身露体。刘伶整日醉醺醺的，他让仆人扛着锹跟在后面，说他死在哪里，便就地埋在哪里。

刘伶曾担任过参军，因无所作为而被罢官。后来，朝廷派特使征召他再次入朝做官，刘伶不愿去，便喝得酩酊大醉，裸身奔走。特使认为，这不过是个酒疯子而已，于是不再征召他。

刘伶著有《酒德颂》，被人戏称为"酒侯"。奇怪的是，刘伶终日酗酒，却没有伤害身体，活了近八十岁。

《晋书》记载，号称竹林七贤之一的王戎，却是一个出名的贪财吝啬鬼。王戎是琅琊人，出身名门士族和官宦之家，父亲和祖父都是大官。

王戎自幼聪明过人。有一次，他与小伙伴们在路边玩耍，见道旁的李树结满李子，小伙伴们都争相去摘，只有王戎不动，并说："这么多果实没人摘，必定是苦的。"验证之后，果然如此。

王戎最初袭承父亲王浑的爵位，后来参加伐吴战争，官运亨通，先后任豫州刺史、建威将军、吏部尚书、太子太傅等职，最后与山涛一样，升任司徒，位列三公。

王戎并不酗酒，却十分爱财，家中聚集了巨额财富。到了晚上，王戎和老婆一笔笔地计算家里有多少钱，十分开心。他虽然有钱，却很小气，从不施舍给别人。竹林七贤中，有的嗜酒如命，而王戎是爱财如命。

王戎家中有棵李树，品种很好，结了李子去卖，能卖个好价钱。王戎怕别人拿李核去种植，便将果核钻破再出售。王戎的女儿出嫁时，借了家里数万钱，很久没有归还。女儿回家时，王戎便给她脸色看，直到女儿还清钱，王戎才高兴起来。王戎的侄子结婚，王戎只送给他一件单衣，但完婚之后，又索要回来。王戎天性鄙吝，为世人所讽刺。

八王之乱的时候，王戎明哲保身，不理世事，以游山玩水为乐，活到七十二岁去世。

从《晋书》记载来看，竹林七贤，都崇尚老庄，热衷玄学，对玄学的发展产生了重要影响。然而，他们的政治倾向、思想品德、为人处世、经历、性格并不相同，甚至差异很大。他们并非都是道德高尚之人，所以，他们只是当时的名士，而算不上贤士。

王祥兄弟皆孝贤

在晋朝时期，被公认为是贤士的，有王祥和他的弟弟王览。这兄弟俩，不仅贤，而且孝，属于真正的孝贤之人。他们的孙辈，有大名鼎鼎的王导和王羲之，并且整个王氏家族，也名声显赫。

《晋书》记载，王祥，是琅琊人。其祖父王仁，当过青州刺史；父亲王融，屡次被官府征召，但都未应召入仕。

王祥性情非常孝顺，他生母死得早，继母朱氏对他很不好，多次在王融面前说他的坏话，还时常虐待他，甚至想毒害他。父亲对王祥也不好，经常让他干一些打扫牛圈之类的脏活累活。王祥却毫无怨言，始终对父亲和继母恭谨孝顺。父母有病时，王祥日夜在床前伺候，不脱衣服睡觉，汤药必先自己尝过，才给父母服用。

有一次，继母有病，想吃鲜鲤鱼。当时是冬季，没有卖鲜鱼的，河水冰冻，也无法捕捞，王祥便赤身卧于冰上，用自己的体温化冰。忽然，冰冻化开，从裂缝处跳出两条鲤鱼，王祥大喜，拿回家供奉继母，这就是著名的"卧冰求鲤"的故事。元代郭居敬辑录古代二十四个孝子的故事，编成《二十四孝》，王祥名列其中，被人们誉为"孝圣"。

王祥后来入仕做官，他勤政爱民，清正廉洁，受到百姓拥护。王祥先是任温县县令，后逐步升迁为光禄勋、司隶校尉、太常等职。司马昭专权时，很敬重王祥，又升任他为司空、太尉，成为三公之一。

司马昭受封晋王以后，佞臣何曾带头向他行跪拜大礼，其他大臣纷纷效仿。王祥却说："晋王虽然尊贵，但按照礼节，三公是不能向他跪拜的，那样做，会损害魏国的威望，也有损于晋王的品德。君子爱护一个人，就应该按礼行事。"所以，王祥见司马昭时，并不跪拜，只是行长揖之礼。司马昭素知王祥孝贤，不予计较，反而说："今日才知道，您是多么看重我啊！"

司马炎建晋称帝后，也很敬重王祥，拜他为太保，封为睢陵公。王祥因年老有病，多次请求逊位，司马炎始终不许。

御史中丞侯史光上奏说，王祥久病，不能按时朝会，应该接受他的请求，免去他的职务。司马炎下诏说："太保德行高尚，是世人皆知的大贤，是朕赖以兴隆政教的元老。他多次请求逊位，朕都没有答应。今后，此事不必再议。"司马炎是想把王祥留在朝中，树一面道德的旗帜。

王祥毕竟年事已高，无法再为朝廷效力了。268年，王祥病重，自知阳寿已尽，写下遗嘱说："有生就有死，这是自然之理。我已经八十五岁了，死而无憾。我生前没有什么功劳，死后丧事一切从简，切不可铺张浪费。入棺时不必沐浴，不要布帛缠身，只穿平时旧衣服，身上不要戴玉佩、玉玦等物。墓穴不要太大，不要用砖石砌，不要起坟垄，更不要有殉葬品。"

王祥还对子孙留下遗训说："言行一致，是信的最高要求；有功归人、有过责己，是德的最高标准；扬名显亲，不做辱没祖宗的事情，是最大的孝；兄弟和顺、宗族相亲，是最好的悌；对待财物，一定要让，切不可贪。这五条，是立身之本，希望子孙牢记。"王祥的后代子孙中，大多数都能遵守他的遗训，所以，王氏家族能够兴旺发达、名人辈出。王祥的这五条遗训，在今天看来，仍然是至理名言，足可以使人安身立命。

王祥有个同父异母的弟弟，名叫王览。王览是王祥继母朱氏所生，比王祥小二十二岁，也是一个孝贤之人。

王览四五岁的时候，见父母责打王祥，他便一边哭，一边护住哥哥，使王祥少吃了许多苦头。王览长大以后，经常劝谏母亲，让她善待王祥。父母有时认为王祥做错了事，发怒斥责，王览总是把过错揽到自己身上。王览的妻子也很贤惠，朱氏虐待王祥妻子时，她主动保护嫂嫂。王祥与王览之间的兄弟感情，自然非常深厚。

历史上有个著名的"王览争鸩"的故事，主人公就是这个王览。王览的母亲朱氏，心肠歹毒，只疼爱自己的亲儿子，容不下王祥，多次想毒害他。王览察觉了母亲的意图，决心用性命保护哥哥，只要朱氏送给王祥食物，王览必定先尝。有一次，朱氏送给王祥一壶酒，王览怀疑酒中有毒，便从王祥手里夺了过去。王祥也担心酒里有毒，怕害了弟弟，又要去夺，于是，兄弟俩便争抢起来。后来，朱氏见没有下手的机会，只好打消了毒害王祥的念头。

继"二十四孝"之后，社会上又流传"二十四悌"故事，"王览争鸩"是其中之一。就孝和悌而言，奉养长辈谓之孝，尊敬同辈称之悌。中国传统文化中，不仅强调要孝顺父母，兄弟之间也要相互尊敬，尤其要尊重兄长。

王览后来也入仕做官，担任过司徒西曹掾、清河太守、太中大夫、光禄大夫等职务，官声颇佳。王览活了七十三岁病逝。

王导、王敦是王览的孙子，王羲之是王览的曾孙。王祥和王览的后代子孙中，出了一大批名人贤士。可见，家教的作用，是相当大的。

王衍清谈误国家

魏晋时期，社会动荡，人民痛苦不堪。许多人推崇老庄学说，追求虚无缥缈，借以逃避现实，这便产生了玄学思潮。

当时，社会上盛行清谈之风。很多文人名士，甚至朝廷高官，都认为议论国事和民生等现实问题，是"俗谈"，不屑一谈，而热衷于谈论一些不切实际、幽深玄远的问题。时任朝廷司徒、位高权重的王衍，就是著名的玄学清谈领袖。

《晋书》记载，王衍，是琅琊人。其父王乂，当过平北将军；祖父王雄，做过幽州刺史。

王衍外表清明俊秀，风姿安详文雅。他少年时，曾去拜访山涛。山涛与他交谈后，感叹良久，对别人说："不知是哪个老妇人，竟然生出这样的儿子，将来误天下的，可能就是此人。"

王衍十四岁的时候，经常到羊祜那里去。羊祜德高望重，名气很大，许多人见他时，都恭敬拘谨。王衍虽然年轻，却没有丝毫卑屈的神色，谈笑自如，大家都十分惊异。后来，外戚杨骏掌权，杨骏想把女儿嫁给王衍。王衍鄙视杨骏的为人，假装疯癫，推托了此事。

王衍长大以后，才华横溢，聪明敏捷，口才很好，常把自己比作子贡。他起初喜欢谈论连横合纵的游说之术，后来又擅长玄学，专门研究谈论《老子》《庄子》。王衍能言善辩，口若悬河，无论是朝廷高官，还是文人名士，都说不过他，因而名声大噪，许多人都崇拜他，争相效仿，王衍成了清谈的领军人物。

晋武帝司马炎听说了王衍的名声，问王戎："王衍的才华，能与当世的哪个人相比？"王戎说："王衍之才，举世无双，当世没有人比得过他，只能从古人中去找。"

王衍有如此高的名望，朝廷把他视为人才，因此，王衍官运亨通，步步高升，历任黄门侍郎、中领军、尚书令、尚书仆射，到晋惠帝时期，升任司空，位列三公，不久，又担任司徒，相当于丞相，总理朝廷事务。

然而，王衍的才华，只是在玄学方面，表现在嘴皮子上，并没有真才实学，更没有治国理政的才能。玄学的主要特点，是不切实际，不解决具体问题，而是谈论抽象的东西，把《老子》《庄子》《周易》作为经典，使人感到"玄之又玄"。这样的学问，是不能解决现实问题的。所以，王衍在任司空、司徒期间，不考虑经世治国，单想着如何自保。

王衍不仅没有治国理政的才能，也没有这样的想法。当时朝廷混乱，先是贾南风专权，后来是八王之乱，王衍一心想的，是在这乱世之中，如何保住自己和家族的荣华富贵。于是，他见风使舵，明哲保身，效果很不错，不管是谁掌权，王衍都是"不倒翁"。

汉赵政权崛起之后，王衍预感到前景不妙，面临危险，可是，他不去考虑如何抵御汉赵，维护国家安全，而是为自己精心营造后路。当时，青州和荆州，都是军事要地，物产也很丰饶。于是，王衍让弟弟王澄担任荆州刺史，族弟王敦为青州刺史，掌控了这两个地方。王衍对弟弟们说："荆州有长江、汉水的坚固，青州有背靠大海的险要，你们镇守两地，我留在京师，这样就可以称上三窟了。"当时有识之人都很鄙夷他。

308 年和 309 年，汉赵军队两次攻打洛阳，王衍以司徒身份都督军事，后又转任太尉，率军抵抗汉军。王衍的表现还算不错，当时洛阳危急，人心惶惶，许多人都想出城避难，王衍便卖掉牛车，表示不会离城，以安抚人心。

311 年，把持朝廷的司马越病逝，众人一致推举王衍为统帅，领军对抗汉赵。王衍自知无力回天，心中畏惧，坚决拒绝。王衍带着晋军主力和一些王公大臣，护送司马越的棺椁去东海安葬。其实，他们是想借机离开洛阳这个危险之地。

可没有想到，汉赵大将石勒，率轻骑兵追赶灵车，在苦县宁平城消灭了晋军十几万人，王公大臣全被杀死或捕获，王衍也当了俘虏。

因王衍官职最高、名气最大，石勒召他相见，询问西晋之事。王衍成了阶下囚，为了活命，他卑躬屈膝，向石勒详细介绍了西晋的情况，并一再声称，自己从小就没有当官的欲望，朝廷的政策也不是他制定的，把责任推得一干二净。王衍为了讨好石勒，竟然谄媚地夸赞石勒，劝石勒称帝。

不料，王衍拍马屁拍错了地方，反而使石勒心生厌恶。石勒没有想到，堂堂的名士和晋朝重臣，竟然是如此卑鄙小人。石勒虎着脸，冷冷地说："你年轻的时候，就已经当上高官了，凭什么说自己没有当官的欲望？你身居要职，名声响彻海内，却把天下搞得一团糟，不是你的责任，又是谁呢？"王衍哑口无言。

石勒极为不屑地对部下说："天下人我见得多了，还不曾见过这样无耻的人，留下来没用。"当天晚上，石勒命人推倒墙壁，把王衍等人砸死。王衍死时五十六岁。

几十年之后，桓温北伐，看到中原一片废墟，不禁想起了只会清谈的王衍，感慨道："国土失陷，王衍等人推脱不了罪责。"

平心而论，西晋灭亡，并不能完全归罪于王衍等人，但是，他们热衷于清谈而不干实事，形成清谈之风，误事误国，也是西晋覆灭的重要原因，他们是难逃干系的。

可见，清谈误国，实干兴邦，这是从历史经验教训中得出来的一条真理。

胡威清廉传美名

晋朝时期，朝廷腐败，纲纪不振，奢靡之风大兴，贪官污吏横行。但是，在这风气恶劣的大环境下，仍然有人坚守道义，做官清廉，被人称道。大臣胡威，就以廉洁慎重而闻名于世，受到人们赞扬。

《晋书》记载，胡威，是淮南寿春（今安徽寿县）人。他的祖父叫胡敏，父亲叫胡质，都当过曹魏政权的官员，因品行端正、为官清廉，在长江、淮河一带很有名气。胡威从小就受到良好的家庭教育。

胡威的父亲胡质，担任征东将军、荆州刺史，位高权重，但他严于律己，独身赴任，没有带家眷。胡威十几岁的时候，思念父亲，决定去荆州探亲。胡威家里很穷，雇不起车马童仆，就独自一人，骑一头毛驴，踏上前往荆州的漫长道路。

胡威一路前行，他住不起高等旅店，只拣便宜的客舍住宿。客舍条件很差，胡威需要亲自动手，割草喂驴，劈柴做饭。经过多日辛苦，胡威终于到达荆州，见到了父亲。

胡质见儿子前来，十分高兴，但对胡威说："府衙内房屋虽多，可都是公房，不能私用。"于是，安排儿子在马厩住下。胡威并不在意，愉快地在马厩里住了十多天。临别时，胡质拿出一匹绢给儿子，愧歉地说："为父没有积蓄，你拿着这匹绢，沿途卖掉，作为回家的盘缠吧。"

胡质手下有个都督，见此情景，心中不忍。他知道胡质要求严格，不敢送给胡威金钱，便想了一个办法。都督借口请假回家，却在途中等待胡威，与他结伴而行，沿途的吃住费用，都由都督结账，这样，暗中把胡威送回了家。胡威感激都督，把那匹绢送给了他，并向父亲写信，告诉了此事。不料，胡质得知情况后，勃然大怒，下令将都督打了一百军棍，并革除了他的官职。都督虽然受到重罚，心里却更加敬佩胡质，逢人便夸胡质品德高尚。胡质的清廉之名广为人知，人们都称赞不已。

胡威长大以后，入仕做官。他继承了优良家风，勤政爱民，克己奉公，清正廉洁，不谋私利，获得一片赞扬声。胡威先后任侍御史、安丰太守等职，逐步升迁至徐州刺史。胡威治理徐州很有成绩，《晋书》说他勤于研究施政方法，教化之风盛行，给百姓带来福祉。

晋武帝司马炎听说了胡威父子的廉洁之名很感兴趣，有一次，问胡威："人们都说你们父子清廉，那么，你和父亲比起来，谁更廉洁？"胡威回答说："臣不如父亲。"晋武帝又问："你父亲为什么胜于你？"胡威很认真地回答："臣父的清廉，是发自内心的，唯恐别人知道，而臣却做不到这一点，所以，臣远不如父亲。"晋武帝听了，认为胡威的话坦率而委婉，谦虚而顺理，很是赞赏。

胡威后来入朝为官，任尚书，加奉车都尉。胡威见朝廷贪官泛滥，痛心疾首，多次向晋武帝谏言说，为政不能太过宽松，一定要用刑治贪。司马炎说："尚书郎以下的官员，犯了罪没有得到宽恕的，已经处罚不少了。"胡威严肃地说："应该重点整治尚书郎以上的高官，他们的危害更大。"可是，很多高官，都是司马炎的亲信，或者对他有恩，司马炎不忍下手，致使腐败屡禁不止，而且愈演愈烈，最终危害了西晋江山。

280年，一代廉吏胡威病逝。史书没有记载他的出生年月，不知道他终年多少。

后人对胡威给予高度评价，赞誉他为晋朝廉吏之最。

在风气败坏的晋朝，像胡威这样的清官，是凤毛麟角，也无法左右大局。但是，出淤泥而不染，在污境中能够洁身自好，更能显示出一个人的高尚品德，更应该受到人们的推崇和景仰。

吴隐之敢喝贪泉水

西晋出了廉吏胡威，到东晋时期，也出了一位清官，名叫吴隐之。吴隐之一身正气，两袖清风，他清廉的美德，同样千古流芳。

《晋书》记载，吴隐之，是濮阳鄄城（今山东鄄城）人，曹魏名臣吴质的六世孙。吴隐之仪容丰美，通览文史，善于言谈，以博雅儒者而闻名。

吴隐之家境贫穷，他从小就养成了清苦节俭的习惯。他每天进餐，仅食豆羹，决不享用非分之粮。有一次，邻居送来一坛咸酸菜，吴隐之吃了，感觉味道很美，但担心养成享乐美食的习惯，便拒绝再吃。

吴隐之性情至孝，父亲去世，他整日号啕哭泣，行人也不禁感动流泪。后来母亲也死了，吴隐之悲伤过度，身体受到损伤。举办母亲丧事时，因家里穷，无钱雇伴奏哀乐，一对仙鹤从天而降，相伴哀鸣。母亲周年祭祀时，又有一群大雁聚在一起，鸣叫致哀。人们都说，这是吴隐之的孝心感动了上天，才出现这样奇特的现象。

吴隐之的邻居，叫韩康伯，在朝廷当官。韩康伯的母亲贤良明理，每听到吴隐之的哭声，都停止吃饭，悲哀落泪，并对儿子说："吴隐之是孝直之人，你以后如果有选拔官吏的权力，一定要推荐他做官。"后来，韩康伯果真当了吏部尚书，手握选拔官吏大权，吴隐之便步入仕途。

吴隐之志存高远，明辨事理，兢兢业业，官声颇佳。他先后担任辅国功曹、晋陵太守、中书侍郎、御史中丞等职务。吴隐之虽然做了官，却仍然过着清贫的生活。他家里不雇用人，所有家务都由夫人来干；他的俸禄，多数用来分发给亲族，或救济穷人；他只有一身官服，没有换洗的衣服，冬天没有棉被，盖着棉絮御寒，其清贫程度，比一般老百姓更甚。

吴隐之的女儿大了，要出嫁。吴隐之四下看看，家徒四壁，没有值钱的东西。幸亏家中养了一条大狗，吴隐之把它牵到集市上卖了，换来钱操办女儿的婚事，这便流传下来"卖狗嫁女"的千古佳话。

397年，朝廷任命吴隐之为龙骧将军、广州刺史，前去治理广州地区。广州地处僻远，瘴疫流行，属于蛮荒之地，许多人不愿意去那里做官。但广州出产象牙、珍珠、名贵海产品和中药材，只要弄上一箱珍珠宝物，就够享用一生，因而一些想发横财的人，却愿意去那里。所以，历任广州刺史，几乎没有不贪的。

广州有个叫石门的地方，有一眼著名的泉水，泉水清澈透明，甘甜爽口，名字却不雅，叫"贪泉"。据说喝了"贪泉"水，人就会变得贪得无厌。贪官们为了推脱责任，造谣说，不是他们存有贪心，而是因为饮了"贪泉"水，迷失了本性，才变得贪婪起来。

听说吴隐之去广州任职，有些人好意劝他，到广州后，千万不要喝"贪泉"水。吴隐之听了，哈哈大笑，他压根就不相信，认为那是无稽之谈。到了广州以后，吴隐之带领一帮属下，专门到石门那个地方，去喝"贪泉"水。吴隐之端着一碗"贪泉"水，大声说："贪婪之欲，在于内心，与泉水何干？我今天痛饮泉水，看日后贪或不贪，请各位做个见证。"说完，一饮而尽。

吴隐之喝了"贪泉"水，兴致仍然不减，又当众赋诗一首，说："古人云此水，一歃怀千金。试使夷齐饮，终当不易心。"意思是说，人们都说喝泉水会变贪，如果让著名贤士伯夷、叔齐饮了，肯定是不会变心的，表明人的贪欲，在于自身，而不在泉水。

吴隐之上任后，崇尚廉洁的品行有增无减，平时吃的，不过是稻米、蔬菜和干鱼，穿的是粗布衣衫，官备的帏帐器物，全都存入公家的库房。别人送的礼物，吴隐之一概不收。有人见他生活清苦，不敢送整条的鱼，只是剔了鱼肉送去，却被吴隐之呵斥，并赶出家门。同时，吴隐之严格约束下属，惩治贪官，严禁贿赂，广州官风得到明显改善。

吴隐之任广州刺史多年，离任返乡时，他的全部家当只用一条小船装着，都是初来时的简单行装，唯有妻子买的一斤沉香，不是原来的物件。吴隐之怕被别人误会，夺过沉香，扔到河里。回到家乡后，家中只有茅屋六间、薄田数亩，篱笆墙垣倾斜败坏。朝廷要给他建造住宅，吴隐之坚辞不受。

后来，吴隐之入朝，担任度支尚书、太常，后又任中领军，属于朝廷高官。吴隐之仍然保持廉洁的作风，过着清苦的生活。他的住房内，挂一苇席当作屏风，座位上没有衬垫。他每月领的俸禄，除留下少量生活费，大部分用以救济亲族和穷人。妻子儿女不沾一点俸禄，而是自食其力，靠搓麻纺纱维持生计。全家人都穿带补丁的粗布衣，有时一天的口粮分作两日食用。

413 年，吴隐之病逝。吴隐之的一生，历任多个职位，廉洁品德始终不变。他的儿孙任郡县官职，也都以廉洁为荣，形成良好的家风。

胡威、吴隐之的事迹告诉人们：一个人能否保持清廉，关键在于自己，而不能怪罪环境；只要自己推尚道义、坚守底线、心地纯洁，就能做到洁身自好，出淤泥而不染。

周处除害终被害

周处除三害的故事，许多人都很熟悉。周处年轻时，为祸乡里，与老虎、蛟龙并称为三害。后来，周处改过自新，杀死猛虎、蛟龙，然后拜贤士为师，学成文武全才，报效国家，屡立功劳，但最终被朝廷奸人所害。这从一个侧面，反映了统治者的昏庸和无道。

《晋书》记载，周处，义兴郡阳羡（今江苏宜兴）人。其父周鲂，是三国时期东吴著名将领，当过裨将军、鄱阳太守，因计赚曹休，取得石亭大捷而闻名于世。

周处年轻时，身材魁伟，臂力过人，喜好骑马打猎，经常驱驰田野，损坏庄稼，纵情恣意，又恃勇好斗，乡邻都怕他，视他为祸患，把他与老虎、蛟龙并称为三害。

有一天，周处见一伙乡邻在一起议论，都显得愁容满面。周处好奇地问道："今年风调雨顺，收成不错，你们为何不快乐呢？"

一位老人感叹道："三害为祸百姓，怎么会快乐呢？"周处问是哪三害，老人说："南山上有一只白额猛虎，经常祸害百姓和牲畜，这是一害；长桥下有蛟龙，人们都不敢下河捕鱼，这是第二害。"老人迟疑了一下，白了周处一眼，没好气地说，"还有第三害，就是你了。"

周处听了，大吃一惊，没想到自己在乡邻中是这样的形象，心里十分惭愧。他沉吟了一会儿，说："父老不用担忧，我能把老虎、蛟龙除掉。"老人说："如果除掉三害，那就是乡里的大好事了。"

于是，周处深入南山，寻找到老虎，经过一番恶战，把猛虎杀死了。接着，周处跳进河里，与蛟龙搏斗。蛟龙在水里时沉时浮，游了几十里路，周处紧追不舍，经过三天三夜的生死搏斗，终于将蛟龙除掉。

乡里认为周处与蛟龙同归于尽了，三害皆除，十分高兴，纷纷放鞭炮庆贺。周处精疲力竭地回到村里，见此情景，这才知道乡邻们如此厌恶自己，他感到无地自容，决心痛改前非，重新做人。

周处离开家乡，找到著名贤士陆机和陆云，告以实情，说："我从前品行不好，想修养操行，只怕年龄大了，来不及了吧？"陆云安慰他说："古人贵朝闻夕死，何况君前途尚可。人最怕的是志向不立，何必忧虑美名不彰呢？"周处闻言大悟，于是，拜陆机、陆云为师，潜心学习，奋发向上，磨砺意志，修行品德。一年之后，周处满腹学问，文武双全，好像换了个人一样。

后来，周处入仕做官，他勤政爱民，官声颇佳，逐渐升任新平太守。周处施行仁政，以德服人，对戎狄安抚讲和，使叛乱的羌人归附，被人们传为美谈。周处转任广汉太守，当时郡内有很多积案，有的过了三十年还未判决。周处到任后，评考曲直，依法处置，公平合理，将积案全部处理完毕，受到人们赞誉。

周处升迁为楚国内史，尚未到任，又被任命为散骑常侍，入朝为官。一般来讲，周处不必再去楚国到任了，周处却说："古人辞大官而不辞小职。"于是先去楚国履职。楚地经历战乱，新老居户夹杂，风俗不一，周处用教义督促他们，又把荒野里的尸骸白骨掩埋安葬，然后，才去朝廷任职。

周处升迁为御史中丞，他为人正直，忠于职守，秉公办事，无论是宠臣，还是皇亲国戚，只要违法，他都纠察弹劾，不讲情面，为此得罪了不少达官显贵。梁王司马肜违法，周处严格按照法律条文做结论。司马肜是司马懿的第八子，很有权势，从此对周处怀恨在心。有人劝周处灵活一些，周处坦然地说："我只是尽自己的职责而已。"

297年，氐人齐万年叛乱，梁王司马肜被任命为征西大将军，率军平叛。朝中有些权贵不怀好意，举荐周处，说："周处是吴国名将的儿子，忠烈果敢刚毅，可以随军出征。"朝廷同意了。其实，周处已经六十二岁了，又是文官，完全可以不上战场。有的大臣看不下去，悄悄对周处说："您有老母，可以凭这个理由推辞。"周处说："自古忠孝不能两全，今天是我报效国家的时候，怎么能推辞呢？"

中书令陈准为人正直，他知道司马肜一定会挟私报复，上奏说："梁王与周处有隙，应下诏让孟观带一万精兵做先锋，不然的话，梁王会让周处当先锋，那周处必定战死。"当时的皇帝，是傻子司马衷，掌权的是皇后贾南风。贾南风宠信司马肜，所以根本不予理睬。

果然，司马肜命周处为先锋，只给了他五千老弱士兵，而且没有后援。当时，齐万年的叛军，有七万之多。周处知道司马肜陷害自己，悲愤地说："我死了不要紧，但如果打了败仗，那是国家的耻辱。"

司马肜杀气腾腾地下达军令，命周处即刻向叛军进攻。当时周处的军队尚未吃饭，周处想让士兵们吃饱了肚子再出战。司马肜不同意，逼他立刻进攻。周处知道此去必死无疑，含恨赋诗道："去去世事已，策马观西戎。藜藿甘梁黍，期之克令终。"说完，一马当先，带头冲入敌阵。

周处抱定了必死决心，身先士卒，奋力拼杀，士兵们受其影响，勇气大增，与叛军展开生死拼杀，从早晨战到日暮，一刻也没有停歇，杀敌万余人，最后，弓箭用完了，士兵们也所剩无几。部下劝周处突围撤退，周处大声说："作为大臣，以身殉国，无上光荣，为什么要撤退呢？"说着，继续拼死力战，直至流尽最后一滴血。

就在不远处，司马肜率领数万大军，眼睁睁地看着周处和五千士兵浴血奋战，全军覆没，却无动于衷，这是多么冷血和自私！事后，司马肜也没有受到朝廷追究，这是多么昏庸无道的朝廷啊！

陆机陆云死于战乱

　　陆机、陆云兄弟，是西晋著名文学家，在中国文学史上享有盛名。这兄弟俩，德高贤能，文才倾动一时，被誉为"太康之英"。可惜，他们生不逢时，在八王之乱中均被杀害，令人感慨和愤恨。

　　《晋书》记载，陆机，是吴郡吴县（今江苏苏州）人，是东吴名将陆逊的孙子、陆抗的第四子，与其弟陆云合称"二陆"，又与顾荣并称"洛阳三俊"。

　　陆抗年少时，就有奇才，文章盖世，倾心儒学，非礼不动。他二十岁时，东吴被西晋所灭，陆机退居家乡，闭门不出，勤奋学习了十年，成为满腹经纶的饱学之士。陆机深刻总结了吴国灭亡的教训，追述祖父、父亲的功业，写了著名的《辩亡论》，轰动一时。

　　289 年，陆机、陆云一同来到京师洛阳，拜访当时的名士、太常张华。张华早就听说过"二陆"的名声，交谈后更是相见恨晚，把他们推荐给诸公。从此，兄弟俩在洛阳住下，一面担任著作郎之类的官职，一面作诗写赋，搞文学创作。

　　陆机作文音律谐美，讲究对偶，多用典故，开创了骈文之先河。陆机写诗讲究形式，描写繁复，辞采华丽，运用排偶，他与潘岳，共同开创了"太康诗风"。陆机兄弟名气大振，有"二陆入洛，三张减价"之说。三张是指张载、张协、张亢，都是当时的名人。

　　陆机有一只宠犬，名叫黄耳，很通人性。陆机很喜爱它，把它带到洛阳。有一天，陆机思念家乡，笑着对黄耳说："我家久无书信，你能否去送封书信呢？"黄耳摇摇尾巴，叫了一声。陆机用竹筒装着书信，系在狗脖子上。黄耳长途跋涉，回到吴县家中，得到回信，又返回洛阳。从此，黄耳就充当了两地的书信使者。《晋书》记载了这个趣闻，大概是犬类送信的最早记录吧。

陆机所作诗、赋、文章共三百余篇，有三分之一流传下来。正当陆机潜心创作、颇有成就之时，八王之乱爆发，他身不由己地卷入其中。

300 年，赵王司马伦发动政变，诛杀贾南风，僭位称帝。司马伦仰慕陆机名声，聘他为相国参军，后任命他为中书郎。司马伦篡位被诛，祸及陆机，陆机被逮捕下狱，差点被杀。成都王司马颖觉得陆机有用，出面相救，陆机才得以免祸。陆机感谢司马颖的救命之恩，便委身于他。司马颖任命陆机为平原内史，并参与大将军军事。

303 年，八王之乱达到高潮。司马颖与司马颙联合起兵，讨伐司马乂。因为陆机是名将陆逊之后，陆家三代为将，司马颖便任命陆机代理后将军，任河北大都督，率领诸将和二十多万士兵，前去对敌。陆机是文人，感到难以担此重任，极力推辞。司马颖不准，对陆机说："如果事情成功，封你为郡公，你要努力啊！"

陆机率领大军，列阵出发，从朝歌至河桥，鼓声传数百里，自从汉魏以来，还不曾有过如此盛大的出兵场面。不过，陆机虽是名将之后，但对打仗并不在行，他又缺少资历和威望，军中诸将心中不服，不听指挥，致使大败，士兵死伤无数，尸体堵塞七里涧，涧水为此断流。诸将纷纷把责任推到陆机头上，司马颖大怒，命将陆机斩首，他的两个儿子和两个弟弟一同被害。

陆机死时四十三岁，可怜一代文豪，却被逼着去领兵打仗，结果遭此横祸，令人唏嘘！

《晋书》记载，陆云，是陆机的弟弟、陆抗的第五子。他少时聪颖，六岁就能写文章，与哥哥陆机齐名，人称"二陆"。陆云比陆机小一岁。

东吴被西晋灭掉之后，陆云和哥哥一同隐退故里，闭门勤学十年，后来，又一同来到洛阳。陆云也创作了大量诗、赋等作品，《晋书》记载有三百四十九篇。陆云的创作风格与哥哥相近，尤以语言清新、感情真挚见长。

陆云当过浚仪县令，该县处于交通要道，民风剽悍，来往人杂，案件频发，很难治理。陆云到任后，亲自审案，严肃法律，公平合理，他又十分睿智，明辨事理，下属都不敢欺骗他。浚仪很快得到有效治理，民众都很拥护他。这表明，陆云不仅有文采，也有理政才能。

有一次，发生一起重案，一名男子在家中被杀，众人都怀疑是强盗所为。陆云亲自勘查现场，发现男子的妻子表面上悲伤，眼睛里却流露出惊慌的神色，感觉她有重大嫌疑，便把她带回县里。

陆云把妇人拘留在县里，却不审问，一连关了十多天，然后放其回家。陆云派人悄悄跟在她后面，嘱咐道："她离开不超过十里，可能会有男子等着与她说话，便一块捉来。"果然不出陆云所料，不一会儿，一名粗壮男子与妇人一同被带了回来，经过审讯，案情大白，原来是两人有奸情，合谋杀害了妇人的丈夫。

众人都夸赞陆云神机妙算，陆云说："这很简单，妇人被拘后，那个男人必定惶恐不安，肯定会天天打探消息，他不敢到县城，只好在城外不远处等着她，见妇人出来，一定会着急地上前询问情况。"众人都称颂陆云神明。

陆云治理浚仪很有成效，得到人们赞扬。可是，陆云的上司郡守，却妒忌他的才能和功绩，经常无端地指责他，给他小鞋穿，逼得陆云愤而辞官。浚仪的百姓听说后，流着泪为他送行。后来，百姓们追念陆云的功德，绘了他的画像，悬挂在神庙里，享受祭祀。

陆云随哥哥一起，为司马颖效力。陆机兵败被杀后，陆云受到牵连，被捕入狱。司马颖怜惜陆云才能，对是否杀他犹豫不决。佞臣建议说，如果不斩草除根，恐怕会留下后患。司马颖终于下了决心，将陆机的儿子陆蔚、陆夏，及其弟陆云、陆耽一同杀害。

可怜一代贤士，无辜遇难。可见，在乱世之中，贤士是难以保全的；也正是因为缺少贤士，世道才会变得越来越乱，最终导致西晋灭亡。

美男子潘安

人们夸赞一个男人长得漂亮，往往用"貌似潘安"来形容。潘安是西晋著名文学家，被誉为古代第一美男。他才华横溢，与陆机、陆云齐名，可惜也是生不逢时，最终做了八王之乱的牺牲品。

潘安其实并不叫这个名字，而是叫潘岳，字安仁，因杜甫作诗说，"恐是潘安县，堪留卫玠车"，后人便叫他潘安了。潘安县原本是河阳县，因潘安在此当过县令，就被称为潘安县了。卫玠则是晋朝的另一位美男子。

《晋书》记载，潘安，是荥阳中牟（今属河南）人。他出身于儒学世家，自幼聪颖过人，被称为"奇童"。少年时，潘安随父宦游河南、河北、山东等地，后就读于洛阳太学，满腹才华，人们认为，他能与西汉的贾谊相媲美。

潘安姿容美丽，风度翩翩。他走在街上，经常被一大群女人围观，赞叹他的美貌。潘安驾车外出时，会有很多女人向他车里投放花环和水果，使他每次都满载而归。同样是名人的左思，很羡慕他，学着他的样子驾车外出，结果被妇人吐唾沫，狼狈不堪地回来。

潘安二十岁时，入仕做官，在权臣贾充府内任职。268 年，晋武帝司马炎亲自下田耕作，潘安专门写赋，赞美此事，得到晋武帝欣赏，任命他为河阳县令。

潘安在任职期间，精心治理环境，令全县遍栽桃树。到了春天，遍地花开，景色迷人，人们称为"河阳一县花"。李白有诗赞道："河阳花作县，秋浦玉为人。地逐名贤好，风随惠化春。"

296 年，潘安入京做官，先后任著作郎、散骑侍郎、黄门侍郎。潘安与陆机、陆云兄弟交好，喜欢写诗作赋，他写的《秋兴赋》《闲居赋》《藉田赋》等篇，文字优美，感情细腻，达到了那个时代的顶峰。潘安在文学上与陆机并称"潘江陆海"，赞美了潘、陆二人学识渊博、才华横溢。

潘安很重感情，而且感情专一。他虽然貌美，赢得无数美女的芳心，却从不拈花惹草。他与妻子杨氏十二岁订婚，一生相爱，矢志不渝。杨氏去世后，潘安没有再娶，成为千古佳话。潘安为亡妻写了著名的《悼亡诗》，《悼亡诗》情真意切，催人泪下，成为中国文学史上悼亡题材的开先河之作，历代被推为第一。

潘安性情至孝，是个大孝子。宋代之前的《二十四孝》，有潘安辞官奉母的故事。潘安在任河阳县令期间，父亲去世，他把母亲接到河阳，精心侍奉。母亲思念家乡，又不服水土，经常患病。潘安决定辞去官职，陪母亲回故乡居住。上司挽留他，潘安说："我如果贪恋富贵，不顾母亲的感受，那算什么儿子？"于是，毅然辞官回乡。到了元代，郭居敬重新编定《二十四孝》时，认为潘安趋附权贵，导致被夷灭三族，连累七十多岁的老母被杀，算不上孝子，故将他从《二十四孝》中删除。

潘安起初在贾充府中任职，因而与贾家关系十分密切。另外，潘安与石崇也是好朋友，经常聚宴。贾谧当权时，潘安与石崇极力讨好贾谧，每次贾谧外出，他俩都望尘而拜。贾谧爱好文学，开阁延宾。潘安与石崇、陆机、陆云、左思、刘琨等二十四人，结成文学团体，经常在石崇的金谷园内饮宴作诗，被称为"金谷二十四友"。所以，在贾南风、贾谧专权时期，潘安春风得意，这使得潘安被后人诟病。

300 年，赵王司马伦夺取大权，贾氏集团覆灭，潘安的好日子就到头了。他攀附贾氏，自然受到牵连，再加上他与司马伦的心腹孙秀有隙，孙秀诬告他谋反，潘安就在劫难逃了。

在同一天，潘安与石崇同时被押赴刑场，两人相对泣涕。潘安曾为石崇作过一首诗，说："投分寄石友，白首同所归。"本意是说，两人关系很好，头发白了也在一块，没想到成了他俩白首同死的预言。潘安死时五十四岁。潘安的老母亲以及三族之人，一同被杀。

可怜一个才貌双全的美男子，也死于战乱之中，成了八王之乱的牺牲品。

"洛阳纸贵"的左思

有个著名成语，叫作"洛阳纸贵"，说的是西晋时候，有个叫左思的人，写了《三都赋》，因文章精妙，大家争相传抄，以至于洛阳的纸供应不上，货缺而贵。后来，人们比喻作品为世所重，风行一时，流行甚广。

《晋书》记载，左思，字太冲，是齐国临淄（今山东淄博）人。他的祖先，是齐国的王族，有左、右公子，左公子这一支，就以左为姓了。左思的家族，世代学习儒学。左思的父亲，叫左雍，出身小吏，凭着自己的才能，逐步升迁至殿中侍御史。

左思小时候，脑瓜比较笨，长大以后，也不算聪明，先后学习过书法和弹琴，都没有学成。左思面貌丑陋，说话迟钝，不喜欢与人交往，整天待在家里。父亲左雍觉得儿子没出息，叹着气对朋友说："左思这孩子，都长这么大了，所知道的事情，还不如我小的时候。"

左思听父亲这样说他，深受刺激，于是暗下决心，刻苦学习，日夜读书。功夫不负有心人，左思经过几年的不懈努力，终于成为学识渊博之人，尤其擅长写作，写的文章辞藻壮丽，很有气势。

左思足不出户，绞尽脑汁，写了一篇《齐都赋》。《齐都赋》不是很长，只有数千字，左思却用了整整一年的时间，《晋书》说他"一年不出户牖"。《齐都赋》全文已佚，若干佚文散见于《水经注》《太平御览》等史籍中。从散落的佚文中，我们可以看到，一些名言警句，至今仍在流传。如"无农不稳，无工不富，无商不活，古今一理"，"选贤任能，兴盛之道，治吏者不可不察"。这足以表明，《齐都赋》确实是名篇力作，不枉花费左思一年的心血。

左思父亲见儿子勤奋好学，积极上进，并且写出了这么好的文章，十分欣慰，加以鼓励。乡邻朋友们，也对左思大加赞扬。这极大地增强了左思的信心，激发起他更加高涨的创作热情。左思计划以魏、蜀、吴三国的都城为题材，创作内容庞大的《三都赋》。

创作《三都赋》，难度显然要比《齐都赋》大得多。左思是齐国人，对齐都的情况十分熟悉，而对魏都邺城、蜀都成都、吴都建康的情况，却了解得不多。然而，左思有一种锲而不舍、知难而进的精神，并不惧怕困难。恰在这时，他的妹妹左芬被召入宫，左思全家搬到洛阳居住，这为他创作《三都赋》提供了有利条件。

左思去拜访名士张载，向他了解成都的情况，又拜访其他名人，分别询问邺城和建康的情况。为了开阔视野，便于创作，左思主动要求担任秘书郎的职务，使他有机会进行实地考察和广泛收集资料。经过一段时间的辛勤努力，左思收集了大量历史、地理、物产、风俗人情等方面的资料，为创作《三都赋》奠定了坚实基础。

左思收集了大量资料之后，开始构思和写作。他闭门谢客，全身心投入创作当中。左思废寝忘食，常常彻夜不眠，苦苦思索，精心构思，反复推敲。他在床头、厅堂、庭院、厕所等各个地方，都备有纸笔，每想到一个精彩的句子，就立刻随手记录下来。

左思的创作态度十分严谨：凡是写入赋中的山川、城郭等地名，都一一对照地图查考；凡是赋中提到的鸟兽虫鱼、花草树木名称，都同地方志一一对证；对于各地的历史、风俗、人物等，更是一丝不苟，确保无误。

左思撰写《三都赋》的消息传开，引起许多人关注，有的赞许，有的惊诧，有的不以为然，有的甚至嘲笑。陆机当时也打算写此赋，听到这个消息，拊掌大笑，给弟弟陆云写信说："这里有个无名之辈，竟想作《三都赋》，等他把作品写出来，我正好可以用它盖酒坛子。"不管别人怎样议论，左思一概不理会，只是心无旁骛地写自己的文章。

十年时间过去了，左思苍老了许多，有了不少白头发，背也有点驼，但浸满心血的《三都赋》，终于完成了。

《三都赋》辞采壮丽，气象宏大，特别是通过对客观事物的描写，揭示了一个深刻的道理：单凭天险立国的，都会灭亡；国家兴盛的根本，在于德政，而不在于地形险峻。

　　左思把写好的《三都赋》送给张华看。张华逐句阅读，越读越爱，竟不忍释手了。张华感慨地说："文章太好了！足能与班固、张衡相媲美。现在有些世俗文人，只重名气，不重文章，是一种庸俗的现象。皇甫谧先生为人正直，名气很大，我想和他一起，把你的文章推荐给世人。"

　　皇甫谧是西晋医学家和著名学者，名望很高。他看过《三都赋》之后，大加赞赏，欣然提笔，为《三都赋》写了序言。皇甫谧对《三都赋》十分喜爱，又请了名士张载、刘逵等人，为《三都赋》作注。

　　在名人的推荐下，《三都赋》很快风靡京都，读过它的人，无不赞叹不已。从前讥笑过左思的陆机，听说之后，也细细阅读了一遍。陆机边读边点头称赞，连声说："写得太好了，真没有想到。"陆机断定自己若写《三都赋》，绝不会超过左思，于是便停笔不写了。

　　《三都赋》的名气越传越广，许多人为一睹为快，争相传抄，以至于洛阳的纸张供应不上，纸的价格不断上涨，出现了"洛阳纸贵"的奇特现象。左思耗费了十年心血，终于有了可喜的回报。

　　左思大约活到五十五岁病逝，他一生创作了大量诗、赋等文学作品，有文集五卷。左思成为我国古代著名文学家，他的作品对后世产生了重要影响。

　　左思的事情告诉人们：要想获得成功，最重要的不是天赋，而是勤奋；只有勤奋之人，才能成就大事。

"囊萤照读"的车胤

　　在中国历史上，流传着许多发奋好学的故事，比如，悬梁刺股、凿壁偷光、囊萤映雪等等。东晋时期的车胤，因无钱买灯油，就借着萤火虫的光亮读书，留下了"囊萤照读"的美谈。

　　《晋书》记载，车胤，是南平郡人。当时，南平郡地域很广，包括今湖南津市一带和湖北部分地区，所以，车胤的故里，目前有津市、澧县、安乡、公安、临澧等说。

　　车胤的祖上，也是当官的。他的曾祖父车浚，当过东吴的会稽太守。车浚清廉爱民，会稽郡遭遇大旱，百姓食不果腹，东吴皇帝孙皓贪婪暴虐，仍然要强征税赋，车浚拒不执行，被孙皓杀害。从此，车家沦为普通百姓，而且十分贫困。

　　车胤小时候，酷爱读书，他白天需要干活，只有晚上有时间。可是他家里太穷了，买不起灯油，小车胤愁眉苦脸。忽然，他发现窗外有许多萤火虫，在黑暗中一闪一闪地发光。车胤突然想到，如果把一些萤火虫收集到一块，不就可以照明了吗？于是，车胤去野地里捉了许多萤火虫，把它们装在囊袋里，虽然发出的光亮很微弱，但勉强能够照着读书了。车胤就靠着"囊萤照读"，刻苦学习。通过勤奋读书，车胤学到了很多知识，而且他这种勤奋好学的精神，也得到人们广泛赞誉。

　　车胤长大以后，风姿美妙，聪明机灵，敏捷而有智慧，在乡里很有声望。桓温做荆州刺史时，听说了车胤的名声，征召他为从事，车胤开始步入仕途。

　　车胤做官后，仍然手不释卷，勤奋不倦，达到博学多通。车胤做事认真，兢兢业业，不久升为主簿，后来屡次升迁，当了征西长史，显名于朝廷。当时众多官员中，只有他和吴隐之出身贫寒，两人都因贫寒博学而闻名，受到谢安的赏识。谢安每次举行家宴，都邀请车胤参加。

谢安经常在家中与人讨论学术问题，车胤有疑问和自己的见解，却不敢问。好友袁羊鼓励他说："宰相是大贤，决不会因你多问而嫌厌的。"车胤说："何以见得？"袁羊说："你见过明亮的镜子厌倦人们常照、清澈的河水害怕风吹吗？"于是，车胤鼓起勇气，阐述了自己的观点。果然，谢安听了很高兴，对他更加器重。从此，"明镜不疲"的成语典故，就流传下来。

车胤博学多才，常有独到的见解，后来入宫担任中书侍郎，为晋孝武帝讲学。当时，朝廷增置太学生一百人，让车胤兼任国子博士。几年之后，车胤先后升迁至骠骑长史、太常、护军将军，封为临湘侯，成为朝廷重臣，而且声望很高。

晋孝武帝亲政之后，排挤掉贤臣谢安，重用他的弟弟司马道子，但没过多久，兄弟俩之间又产生了矛盾。佞臣王国宝为了讨好司马道子，联络一些大臣，上奏请求给司马道子加周公的特殊礼仪。车胤坚决反对，说："这是周成王年幼时，尊崇周公的礼仪。如今皇上已是壮年，岂能再用这样的礼仪？何况司马道子的功劳和名望，怎能与周公相比呢？你们这样做，肯定会大逆皇上的意愿。"果然，晋孝武帝见奏表后大怒，斥责王国宝等人，而特别嘉奖了车胤。

396 年，晋孝武帝意外遇害身亡，司马道子和儿子司马元显控制了朝廷，王国宝自然得宠。但王国宝品行不端，扰乱朝政，引发青、兖二州刺史王恭举兵征讨。王国宝恐慌，其堂弟王绪献计说："不如杀掉车胤，除去众人之望，然后挟持皇上和丞相，发兵抗御。"王国宝犹豫再三，始终没敢对车胤下手，而是自解职务，幻想能够活命。但司马道子迫于压力，仍然将他赐死了。

第二年，王恭等人再次起兵，矛头直指司马道子父子，被司马元显率兵平定。司马元显手握大权，骄矜放荡，为所欲为，他对车胤耿耿于怀，又心存忌惮，便逼迫车胤自杀。

车胤自知得罪过司马道子父子，必不能幸免，大怒道："我岂是惧怕死亡？只求一死，以暴露奸臣面目。"说完，愤而自杀。

可怜一位勤奋贤良的忠臣，不能为乱世所容，终究死于乱臣贼子之手！

针灸鼻祖皇甫谧

皇甫谧，是晋朝著名医学家和史学家。他写的《针灸甲乙经》，是中国第一部针灸学专著，因而他被称为针灸鼻祖。另外，他编撰的《历代帝王世纪》《高士传》等史书，有着很高的学术价值。因此，皇甫谧在医学史和文学史两个方面，都享有盛名。

《晋书》记载，皇甫谧，是安定郡朝那人。安定郡包括今甘肃和宁夏的部分地区，皇甫谧的故里，有的说是甘肃灵台县，有的说是宁夏彭阳县。

皇甫谧出身名门世族，曾祖父皇甫嵩，是东汉名将，因镇压黄巾起义有功，官至太尉。后来，皇甫家族渐趋没落，皇甫谧的祖父只当过县令，他父亲仅举孝廉。

皇甫谧刚生下来，母亲就死了，他便过继给了叔叔，叔叔叔母将他养大。叔叔叔母可怜他幼年丧母，对他疼爱有加，甚至有些溺爱，以至于他整日贪玩，不好好学习。皇甫谧十五岁时，随叔叔迁居河南新安，他仍然不思上进，热衷于与村童嬉游打闹，到二十岁了，还是游荡无度，一事无成。叔叔叔母不忍心严加管束，拿他没有办法。

皇甫谧虽然贪玩，却有孝心。有一天，他不知从什么地方弄来几个香瓜，自己没舍得吃，拿回家送给叔母。不料，叔母却流着泪说："你都二十岁了，还没有什么成就，让我们日夜为你担忧。你就是拿三牲奉养，也无法安慰我。"叔母又自责地说，"从前孟母三迁，终使孟子成才；曾父杀猪，以行教诲。看来，是我们的教育方法不对。"说着，叔母流泪不止，十分悲伤。

皇甫谧见叔母如此伤心，内心深受触动，也流下泪来。他暗下决心，一定要改过自新，刻苦学习，立志成才。此后，皇甫谧就像变了个人一样，不再游手好闲，而是刻苦读书，同时扎扎实实做事。皇甫谧下田耕作时，也带着书籍，休息时就在地头看书，晚上更是学习到深夜。几年下来，皇甫谧博通典籍和百家之言，并养成了沉稳、娴静和清心寡欲的性格。皇甫谧读书废寝忘食，后来得了手脚麻木之症，仍然手不释卷，人们称他为"书淫"。

皇甫谧确实一头扎进了书里，他感到读书其乐无穷，在知识的海洋里畅意翱翔。后来，他开始自己著书立说，先后写了《礼乐论》《圣真论》《玄守论》《释劝论》等，到他四十岁的时候，已经成为远近闻名的学者了。朝廷多次征召他入仕做官，他坚辞不就。晋武帝司马炎亲自下诏，征聘他入朝为官，皇甫谧上疏，表达了自己倾心做学问的志向。司马炎被感动了，把宫中珍藏的书籍，送给他满满一大车。

皇甫谧四十二岁时，因身体有病，开始研读医学书籍，他特别重视针灸，花大气力进行研究。针灸治病，历史悠久，早在周朝，就有《足臂十一脉灸经》和《阴阳十一脉灸经》，战国时期的《黄帝内经》，也有很多关于针灸的内容，到了汉代以后，论述针灸的书籍就更多了。皇甫谧读了这些医书，认为不够完善，决心写一部关于针灸的专著。

皇甫谧把古代三部医学著作，即《素问》《针经》《明堂孔穴针灸治要》，纂集起来，加以综合比较，"删其浮辞，除其重复，论其精要"，并结合自己的研究成果，花费了二十多年心血，终于写成了《针灸甲乙经》，也叫《黄帝三部针灸甲乙经》，简称《甲乙经》。

《针灸甲乙经》共一百二十八篇，对针灸穴位进行了归类整理，统一了穴位名称，介绍了上百种病症及针灸治疗经验，奠定了针灸学科的理论基础，是我国最早的一部理论联系实际、有重大价值的针灸学专著。皇甫谧被称为"中医针灸学之祖"。

《针灸甲乙经》问世以来，对针灸学乃至整个医学的发展，产生了重大影响。从唐代开始，医署专门设立了针灸科，并把《甲乙经》作为必修教材，此后，历代都把此书列为学医必读的古典医书之一。

一千七百多年来，《针灸甲乙经》为针灸医生提供了理论根据和临床治疗指导，直到现在，很多内容仍在应用。

《针灸甲乙经》传到国外，得到许多国家尤其是日本和朝鲜的重视。701年，在日本法令《大宝律令》中，就明确规定把《针灸甲乙经》列为必读的参考书之一。如今的针灸医学，不仅在中国得到快速发展，而且风靡世界。世界卫生组织已经正式批准，把针灸列为治疗专项。在世界文化史上，皇甫谧是与孔子齐名的历史名人。

皇甫谧在历史学研究方面，也有很多建树。他最为突出的贡献，是把中国历史的开端，向前推到了"三皇"时代，并对"三皇五帝"提出了自己的观点。也就是说，中国有五千多年的文明史，不是现代人提出来的，早在一千七百多年以前，皇甫谧就提出了这个重大课题。

皇甫谧活了六十八岁病逝。他留下的宝贵财富和他的精神，永远有益于人类，皇甫谧也永远受到人们的崇敬和怀念。

古今书圣王羲之

王羲之，是东晋著名书法家，也是历史上大名鼎鼎的人物，其代表作《兰亭序》，被誉为天下第一行书。王羲之的书法成就，达到登峰造极的程度，虽不能说空前绝后，但直到今天为止，还不曾听说有人超过他。所以，笔者称王羲之为古今书圣，应该是不过分的。

《晋书》记载，王羲之，是琅琊人。他出身名门世族，曾祖辈是有名的孝贤王祥和王览；祖父王正，官至尚书郎；父亲王旷，当过丹阳太守和淮南太守；堂伯父王导和王敦，是东晋政权的主要创始人。

王羲之小的时候，并不显得特别聪明，说话有点口吃，人们不觉得他有什么过人之处。王羲之最大的特点，是勤奋和专注。王羲之的父亲和叔父都擅长书法，从小就对他进行书法方面的启蒙教育。稍大一点，王羲之又跟着卫夫人学习书法。卫夫人是东晋著名女书法家，她与王羲之母亲有亲戚关系。王羲之喜爱书法，全神贯注，肯下苦功，所以他七岁时，就能写一手漂亮的字。

王羲之临摹了大量名家字帖，善写隶、楷、行、草各种字体。他一面临帖，一面用心揣摩，精研体势，心摹手追，博采众长，冶于一炉，逐渐摆脱了汉魏笔风，自成一家。王羲之少年时期的书法，就得到人们很高的评价。

王羲之十三岁时，曾去拜访名士周顗。周顗十分高兴，设宴招待他，又请来几个朋友一块饮宴。酒席间，上了一道名菜烤牛心，按照礼节，这应该由席上最尊贵的客人先吃。当时酒宴上，王羲之年龄最小，周顗却割下一块牛心，先请王羲之品尝。周顗当时是天下名人，如此尊重王羲之，使王羲之开始显名于世。

王羲之十六岁时，被太尉郗鉴相中，想招他做女婿。郗鉴也是著名书法家，与丞相王导情谊深厚。郗鉴对王导说："听说你们王家子弟，个个都是才貌俱佳。我有一女，尚未婚配，咱们结成秦晋之好，如何？"王导爽快地说："很好！我家子弟任你挑选，不管选中谁，我都乐意。"

第二天，郗鉴派心腹管家先去王府挑选女婿。管家回来说："王家子弟看上去都不错，但听说选女婿，一个个显得拘谨，都很紧张，只有一个子弟，坐在东床上，袒胸露腹地吃饭，置若罔闻，毫不在意。"郗鉴大笑说："这可能正是我要选的女婿。"郗鉴亲自到了王府，一见那人，正是王羲之，于是当场下了聘礼，择他为婿。"东床快婿"的典故，就是由此而来。

当时，王氏家族执掌朝政，王导、王敦都很器重王羲之，让王羲之步入仕途，任秘书郎。到庾氏家族掌权时，也喜欢王羲之的才气，请他做参军，后升为长史、宁远将军、江州刺史、右将军。可是，王羲之一心扑在书法上，对做官没有兴趣，更厌恶朝廷内部争斗和尔虞我诈，因而多次上书，称病辞官，最终获得朝廷批准。

王羲之辞去官职以后，无拘无束，心情舒畅，他一边潜心练习书法，一边与一些名人贤士游乐于山水之间，陶冶情操。王羲之给吏部郎谢万写信说："古代不愿做官的高人，有的披头散发，假装疯癫；有的把身上弄得污秽不堪，佯装痴呆，可真是艰难啊！而今，我轻而易举地获得隐退自由，实现了我的夙愿，实在值得庆幸。这岂不是上天赐予的！"

永和九年（353年），王羲之与谢安、孙绰等四十二人，在绍兴兰亭饮酒赋诗，汇诗成集。王羲之即兴挥毫，为此诗集作序，这便是天下闻名的《兰亭集序》。《兰亭集序》飘若浮云，矫若惊龙，遒媚劲健，绝世无双。宋代米芾称其为"行书第一帖"，被历代公认为是天下第一行书。后世围绕《兰亭集序》，有着许多精彩的传说故事。

东晋政治黑暗，朝廷动荡，书法艺术却十分盛行，出了很多书法名人。王羲之年轻时候的书法，赶不上庾翼和郗愔，但他一生苦练，孜孜不倦，到了晚年时，他的书法成就达到妙境。庾翼见了他的书法，大为吃惊，自叹不如。

王羲之的书法，受到人们普遍喜爱。有一次，王羲之看到一个老妇，拿着扇子在街上叫卖，半天没人购买。王羲之心生怜悯，便在每把扇子上写了五个字，对老妇说："你只要说是王右军所写，一把扇子可卖百钱。"老妇照此话去做，果然，人们争相购买，不一会儿，扇子就被抢光了。第二天，老妇拿着一堆扇子，找到王羲之，让他再写字。王羲之笑着不回答。

有个传说故事，说每年春节，王羲之都要亲自写春联，贴在大门两旁。不料，每次春联贴出不久，就被人偷偷揭走了。这一年春节，王羲之想了个办法，只写了春联的一半，即"福无双至，祸不单行"。想偷春联的人，觉得不吉利，就没有再揭走。到了寅时，王羲之补写了后半截贴出去，变成了"福无双至今朝至，祸不单行昨夜行"。众人见了，拍手叫绝，赞叹不已。不过，这是个传说故事，《晋书》并无记载。

王羲之把毕生的心血，都倾注在书法艺术上，他功力深厚，技艺炉火纯青。有一次，王羲之把字写在木板上，让人雕刻。刻字者把木板削了一层又一层，发现字的墨迹一直渗透到木板里头去了。刻字者惊叹王羲之笔力雄劲，笔锋力度竟能入木三分。"入木三分"的成语典故，就来源于此。

王羲之有七个儿子，全都是书法家，其中第七子王献之，书法成就更为突出，与其父并称"二王"，有"小圣"的美誉，其名声甚至一度超过了父亲。

王羲之的书法，影响了一代又一代的书苑。历史上推崇王羲之的书法，从南朝时期就开始了，到了唐代达到高潮，此后经久不衰，一直到今天。历史上有许多大书法家，如唐代欧阳询、颜真卿、柳公权、褚遂良，宋代苏轼、黄庭坚、米芾，元代赵孟頫，明代董其昌，无不对王羲之心悦诚服，推崇备至，深受其影响。所以，王羲之的"书圣"地位，至今没有动摇。

可惜的是，王羲之的真迹早已不存于世，仅有唐宋时期的一些摹本流传下来，虽然是摹本，也是相当珍贵的。王羲之的真迹虽然不在了，但他对书法艺术的巨大贡献，以及他孜孜以求、精益求精的精神，是永远不会磨灭的，也永远值得我们学习和效法。

王羲之成功的最大秘诀，是他的勤奋和专注，这对我们是有启迪意义的。

三绝画家顾恺之

东晋时期，不仅书法盛行，绘画艺术也达到很高的水平，其中的代表人物，是被称为"三绝"的顾恺之。

顾恺之，是东晋著名画家、绘画理论家和诗人。自古书画同源，书、画有着内在的联系。王羲之也能作画，唐代《历代名画记》中就有记载。顾恺之博学多才，能赋诗，善书法，尤其精通绘画，被称为画绝、才绝、痴绝。

《晋书》记载，顾恺之，是今江苏无锡人。父亲顾悦之，当过尚书左丞。传说顾恺之很小的时候，母亲就死了，他没有见过母亲，便整天缠着父亲，问母亲长什么样子。父亲耐心给他描述母亲的模样，顾恺之凭着父亲的描述，为母亲画像，每次画好后，都问父亲像不像，父亲总是摇头。这样画了无数次，终于有一天，父亲眼睛一亮，说："像，像极了！"顾恺之这才满意地放下画笔，母亲的形象从此在他心里得以永生。这大概是顾恺之潜心学画的最初动力吧。

顾恺之成年后，博学而有才识，被桓温召为参军，后又担任通直散骑常侍。顾恺之对做官没有兴趣，只是喜欢绘画，特别精于人像、佛像、禽兽、山水等。顾恺之给当时许多名人画过像，如谢安、谢鲲、阮咸、刘牢之等。顾恺之画人物惟妙惟肖，形神兼备，他给裴楷画像时，只在面颊上添上三根毛，顿时就让人物形象活了起来。

顾恺之的绘画技艺，日臻精妙，炉火纯青，达到很高的境界。他画人物时，往往历经数年不点眼睛。有人问为什么，他说："四体的美与丑，与画的妙处关系不大，传神之处，全在眼睛，不得不慎重。"顾恺之想给大臣殷仲堪画像，殷仲堪眼睛有病，不愿让画。顾恺之说："别担心，我明点眼珠，飞白擦过，让它如轻云蔽月一般，肯定会很美的。"画好以后，果然如此，殷仲堪大喜。

顾恺之不仅擅长绘画，诗赋书法方面也有特长。他曾经写过一篇《筝赋》，自己感到很满意，对人说："我这篇赋，可比嵇康的琴音，无知者可能不会理解，有见识的人，必定会因它不同凡响而珍视。"果然，此赋得到许多人赞许，广泛流传。

顾恺之的代表作之一，是《洛神赋图》。这幅画根据曹植的《洛神赋》而作，是顾恺之的传世精品。该画卷分三个部分，曲折细致、层次分明地描绘了曹植与洛神的爱情故事，无论内容、结构、环境描绘，还是人物造型、笔墨表现，都属于中国古典绘画中的瑰宝，被列为"中国十大传世名画"之首。可惜真迹已失，仅有宋代摹本存世。

顾恺之的另一传世之作，是《女史箴图》。该图描绘了张华以历代圣贤规劝贾南风的故事，也早已失传，唐代有摹本。清朝乾隆皇帝视摹本为珍宝，亲笔题字，收藏于宫廷。八国联军攻打北京的时候，此珍贵文物被英军盗走，现存于大英博物馆。另外，顾恺之的《斫琴图》《列女仁智图》《魏晋胜流画》等作品，都属于千古名画。

顾恺之在绘画理论上也有突出成就，他写了《魏晋胜流画赞》《论画》《画云台山记》等画论，提出了传神论、以形守神等观点，主张绘画应重点表现人物的精神状态和内心世界，对后世影响很大。

顾恺之在绘画艺术和理论上登峰造极，成就非凡，可在日常生活方面，却显得有些痴傻，经常被人们取笑。有一次，桓玄拿一柳树叶子，骗他说："这是能使蝉隐蔽的叶子，拿着它，可以自隐其身，别人看不见你。"为了让顾恺之相信，桓玄假装看不见他，在他附近小便。顾恺之便信以为真，拿着柳叶到处炫耀，闹出不少笑话。

顾恺之画了一箱珍品，贴上封条，寄存在桓玄家里。桓玄打开箱子后盖，将画取走。顾恺之见封条未动，箱子里的画却不翼而飞，十分吃惊。桓玄很认真地对他说："您的画有神通，肯定是变化走了，就像人修仙升天一样。"顾恺之觉得有理，十分高兴。

顾恺之有一女邻居，长得漂亮，顾恺之想与她相好，跑去直白地告诉她，女子自然不好意思答应。顾恺之便画了女子的像，挂在墙壁上，用针扎在女子画像的胸口。顾恺之又跑去告诉女子，说她若不同意，必然会心口疼。女子假装害怕，顺从了他。顾恺之高兴得手舞足蹈。

顾恺之也知道，自己在有些方面痴愚，常对人说："在我的体内，聪明和痴愚，各占一半，合而言之，正好等于平常人。"因此，顾恺之得了画绝、才绝、痴绝的"三绝"称号。

顾恺之活了六十二岁病逝。他为中国传统绘画的发展奠定了基础，开创了一代画风，被誉为中国画祖、山水画祖和水墨画鼻祖之一。

"桃源耕田" 陶渊明

毛泽东有句名诗："陶令不知何处去，桃花源里可耕田？"陶令，就是大名鼎鼎的陶渊明。

陶渊明，是东晋著名诗人、辞赋家。他性情直率，不慕名利，不愿做官，归隐田园，是中国第一位田园诗人，被称为"古今隐逸诗人之宗"。

《晋书》记载，陶渊明，也叫陶潜，字元亮，是寻阳柴桑（今江西九江）人。陶渊明的曾祖父，是赫赫有名的东晋名将陶侃；祖父陶茂，当过武昌太守。

后来，陶家逐渐没落，到陶渊明的时候，家中更是贫困不堪。陶渊明自幼学习儒家经典和道家思想，博学多才，善于作诗和写赋，为乡邻所称道。

陶渊明为人洒脱不群，不拘小节，直率任性，自得其乐。他曾经写有《五柳先生传》，这是陶渊明托名五柳先生写的自传，文中自我描述道，我不知是何许人，也不知姓名，因宅边有五棵柳树，便自号为五柳先生。我娴静少言，不慕荣利，喜欢读书，却不求甚解；酷爱饮酒，但家贫买不起；家中四壁徒然，不能挡风避雨；穿的是粗布衣，时常补缀打结；吃的是粗茶淡饭，还经常断炊。然而，我坦然面对，心静如水，靠写文章自娱。大家都觉得，他的确是这样。

陶渊明二十多岁时，因亲人衰老、家道贫穷，不得已去做小吏，后当了江州祭酒。但他看不惯官场的黑暗，没过多长时间，就辞官归田了。陶渊明回到家乡，亲自耕种，自食其力。后来，他又分别做过镇军将军和建威将军的参军。当时，朝廷混乱，官场腐败，陶渊明不愿意同流合污，没过多长时间，又辞职不干了。

405 年，陶渊明已经四五十岁了，他最后一次出仕，担任了彭泽县令。他任职不足三个月，有一次，郡督邮到彭泽县督察。督邮，是郡里负责督察的官员，级别不高，却很有权势，经常仗势欺人。《三国演义》中，张飞怒打的那个人，官职就是督邮。这次到彭泽县来的督邮，粗俗而又傲慢，素有恶名，他一到彭泽旅舍，就差人去叫县令，让县令即刻来见。

陶渊明平时蔑视功名富贵，不肯趋炎附势，但督邮差人来叫，又不得不去。陶渊明刚要动身，差人却拦住他说："参见上司，必须身穿官服，束上大带，以示恭敬。"陶渊明再也忍不住了，长叹一声说："我不能为了五斗米的俸禄，就向小人折腰。"说罢，交出官印，拂袖而去。从此，不为五斗米折腰的故事便流传下来。

陶渊明始终不能融入黑暗昏庸的官场，于是下决心彻底断绝仕途，归隐山林。后来，朝廷又多次征召他入仕做官，陶渊明终究不为所动，再也没有踏入仕途一步。

陶渊明一面自己耕田，维持生计；一面作诗写赋，创作了大量文学作品，其中，田园诗数量最多，成就最高。这类诗，表现了诗人对淳朴田园生活的热爱，反映了劳动人民的痛苦，表达了陶渊明守志不阿的情操，展现了他对理想社会的追求和向往。这样的内容，在过去是很少出现的，特别是在门阀制度和等级观念森严的东晋，更显得特别可贵。因此，陶渊明被公认为是田园诗的开创者，他的田园诗，对后世产生了重大影响。

陶渊明在文学史上的地位和影响，除了田园诗之外，还有他的散文和辞赋，尤其是《桃花源记》，更是体现了他的思想和情怀，成为千古名篇。

《桃花源记》，是陶渊明的代表作之一。此文借武陵渔人行踪这一线索，把现实和理想结合起来，通过对桃花源安宁和乐、自由平等生活的描绘，表现了作者对当时社会的不满和对美好生活的向往。陶渊明在归隐之初，所想的多是个人的进退清浊，抒发的是个人感情，到写《桃花源记》时，他已经不再局限于个人，而是想到了整个社会和广大人民的出路，这标志着陶渊明思想境界的升华。虽然桃花源只是一个美好的空想，但在那个时代，能够提出这个空想，也是十分可贵的。随着社会发展，陶渊明的理想社会早已实现，而且要好过不知多少倍。

陶渊明一生创作了大量诗、赋和文章，流传下来的，有文十二篇，诗一百二十五首，被后人编为《陶渊明集》，在文学史上占有重要地位。

427 年，一代文豪陶渊明与世长辞，有的史籍说他活了六十三岁，有的说他活了七十六岁，在那个年代，都属于高寿了。陶渊明虽然一生贫困，却给后人留下了宝贵的文化财富，因而受到世代人们的尊敬和推崇。

在中国南方，东晋政权历经百年，虽然皇帝更迭不断、局势时常动荡，但经济社会却有一定发展，特别是以书法、绘画、诗赋为代表的文化事业，出现了相对繁荣的景象，这是令人欣慰的。那么，在主要由少数民族政权统治的北方，又是什么样子呢？

北方形成"十六国"

　　在中国南方，东晋政权虽然不够稳固，时常发生内乱，但总体上保持了统一的局面，经济文化也有一定发展。

　　在中国北方，却是另一种景象，匈奴、羯、氐、羌、鲜卑、汉等民族，先后建立多个政权，相互攻打，政权频繁更迭，你方唱罢我登场，使人眼花缭乱。居于北方地区的人民，自然深受其害，苦难更重。对这一局面，史称"五胡十六国"。

　　"十六国"时期，是从 304 年李雄建立成汉、刘渊建立汉赵开始，到 439 年拓跋焘统一北方为止，共一百三十五年时间。

　　"十六国"的名称，来源于崔鸿私撰的《十六国春秋》。崔鸿，是今山东夏津县人，是北魏大臣、史学家。崔鸿是历史上第一个为少数民族政权写史的人，他撰写的《十六国春秋》，具有宝贵的史料价值，可惜原本失没，只有辑补存世。

　　按照《十六国春秋》的记载，十六国是：成汉、前赵、后赵、前秦、后秦、西秦、前燕、后燕、南燕、北燕、胡夏、前凉、后凉、北凉、南凉、西凉。其实，当时的北方（包括巴蜀、西域），远不止这些，还有前仇池、后仇池、武都国、武兴国、阴平国、宕昌国、邓至国、冉魏、翟魏、谯蜀、代国、西燕、北魏，等等，恐怕有数十个。

　　这些政权，有大有小，有先有后，有少数民族建立的，也有汉族建立的。它们大多数是割据一方的地方政权，而且有的地盘很小、存在时间很短。存在时间较长、统治地盘较大的，有七个。它们分别是：匈奴建立的汉赵，羯族建立的后赵，鲜卑慕容部建立的前燕、后燕，氐族建立的前秦，羌族建立的后秦，鲜卑拓跋部建立的北魏。

304 年，居于今山西的匈奴人刘渊乘乱宣布独立，自称汉王。308 年，刘渊以汉朝外甥和汉朝兄弟的名义，打着恢复汉朝的旗帜，建立政权，国号为"汉"，后改为"赵"，所以，史称汉赵或前赵。

刘渊多年居住在洛阳，已经完全汉化了。他祭祀刘邦等刘氏皇帝，沿用汉朝的政治、经济政策，尊崇儒学，实行胡汉分治。汉赵于 316 年灭掉西晋，统治北方大部分地区。汉赵政权存在二十五年，被后赵灭掉。

319 年，羯族人石勒在今河北邢台建立政权，国号为"赵"，史称后赵。石勒是历史上唯一一个奴隶出身的皇帝，他原是汉赵的大将，势力坐大以后，便脱离汉赵，自立为帝，并在 329 年灭掉汉赵，取得了汉赵的地盘。

石勒威猛，是武将出身，却重视文化教育，崇尚儒学，兴办学校，重用汉人张宾。石勒死后，侄子石虎篡位。石虎是历史上臭名昭著的暴君，滥杀无辜。他死后，儿子们互相残杀，致使后赵混乱。石虎的养孙冉闵是汉人，他利用民族矛盾，屠胡灭石，灭掉后赵，建立冉魏政权。后赵存在三十三年。

352 年，趁后赵混乱之际，居于今辽宁一带的鲜卑人慕容儁，率兵挺进中原，灭掉冉魏，建立政权，国号为"燕"，史称前燕，统治了河北、关东之地。与此同时，居于西部的氐族平定了关中，占领长安，建立政权，国号为"秦"，史称前秦。这样，北方并立两个政权。

前秦第三任君王苻坚，具有雄才大略，他重用汉人王猛为丞相，推崇汉文化，祭祀孔子，推行"休养生息，加强生产"政策，取消胡汉分治政策，促进民族团结，前秦一度出现强盛景象。370 年，苻坚灭掉前燕。前燕存在十八年。苻坚又灭掉前仇池、前凉、代国等割据政权，统一了北方。

苻坚雄心勃勃，又想吞并东晋，实现全国统一，不料淝水兵败，遭受重创，大伤元气。已经归附的各少数民族政权纷纷独立，北方又重新陷入四分五裂。"十六国"时期众多小国，大部分是这个时候建立的。

384 年，羌族首领姚苌反叛前秦，擒杀苻坚，建立政权，国号仍然称"秦",史称后秦。后秦与前秦打了十年,最终由姚苌的儿子姚兴灭掉前秦,占据关中,定都长安。前秦存在四十四年,后秦存在三十四年。417年,后秦被东晋所灭。

也是在384年,前燕皇帝慕容儁的弟弟慕容垂,脱离前秦,恢复燕国,史称后燕。慕容垂具有传奇色彩,他为前燕立有大功,却不被其所容,只得归降前秦。前秦崩溃之时,慕容垂借机独立,登基称帝。后燕存在二十三年,后因内乱,被北燕所灭。

386年,居于今河北内蒙古交界处的鲜卑拓跋部的拓跋珪,宣布恢复代国,不久改国号为"魏",史称北魏。当时,拓跋珪只有十五岁,而且实力弱小,地处僻远。可是,拓跋珪自幼经受磨难,具有雄才大略。他励精图治,实行一系列改革,实现北魏强盛。他推崇儒学,学习汉人治国经验,设置五经博士,增加太学生三千人。拓跋珪还发展佛教、道教,作为统治人们思想的工具。拓跋珪采取了正确的扩张策略,他不与南面势力较强的后秦、后燕争锋,而是致力于在北面发展势力,扫灭诸多分散的部落,得以较快地增强了国力,然后,再与后秦、后燕争霸中原。

409年,拓跋珪死后,其子拓跋嗣继位。拓跋嗣具有儒者风范,他推崇儒学,重用汉人崔浩,选贤任能,使北魏实力进一步增强。拓跋嗣率兵逐鹿中原,平定青州、兖州、豫州,渡过黄河,夺取了黄河南岸要地。

423年,拓跋嗣病逝,儿子拓跋焘继位。拓跋焘更是雄才大略,继承并光大了前辈事业。他禁止佛教,而以儒家思想治国,继续重用崔浩,提拔大批汉人担任官职。拓跋焘文治武功,政绩卓著。他率军陆续灭掉胡夏、南凉、北凉、北燕等大大小小的割据政权,驱逐柔然、吐谷浑,又远征西域,降服西域诸国。偌大的北方,全部落入北魏之手。

439年,北魏最终统一北方,结束了混乱的"十六国"时代。此时,南方的刘裕,已经废晋建宋,南方和北方之间,形成对峙,中国历史进入了南北朝时期。

北魏能够统一北方,关键的因素是,拓跋珪、拓跋嗣、拓跋焘祖孙三代接力奋斗、共同努力。而其他诸国，往往是虎父犬子，传到二代、三代就玩完了。

可见，任何一项伟大的事业，都需要经过几代人的不懈奋斗，接力向前。

"五胡乱华"不准确

五胡乱华，是指匈奴、鲜卑、羯、氐、羌等少数民族，趁西晋末年大乱之际，进入中原，建立政权，祸乱华夏。通过读《晋书》和其他史籍，笔者认为，这种说法并不科学，也不准确。

第一，真正乱华的祸首是西晋朝廷，并非五胡。

西晋是在篡夺曹魏政权基础上建立起来的，具有先天不足、后天发育不良的缺陷。特别是司马炎为了一己私利，坚决不让品才兼优的弟弟司马攸继位，硬是立了呆傻的儿子司马衷当皇帝。这是祸乱的缘起。

由于皇帝呆傻，不能理政，司马皇族的人，为了争夺权力，兄弟之间、叔侄之间、爷孙之间相互残杀，形成长达十六年的八王之乱。皇室内乱，朝廷丧失了控制力、向心力和民心，天下岂能不乱？

在晋末大乱的时候，许多少数民族早已定居中原多年，并不是趁乱从塞外入侵的。当时，匈奴人居住在山西中部和南部，羯族居住在山西上党一带，氐族居住在陕西，羌族分散居住在关中各郡，只有鲜卑族稍远一点，居住在辽宁和甘肃东部。

这些少数民族，早在东汉时期，就已经陆续从塞外迁到长城以内和黄河流域，与汉人杂居，统称为胡人。他们仰慕中原文明和汉文化，抛弃了飘忽不定的游牧生活，与汉人一样，从事农耕生产。他们汉化程度已经非常高，早就成为华夏一员了。他们也希望生活安定，过好日子，可是，在八王之乱的时候，由于内战的需要，朝廷对他们加重税赋，强抓壮丁，甚至把他们卖掉当奴隶，让他们难以生存。他们被逼无奈奋起反抗，是天经地义的，无可指责。当时造反的，不光是胡人，还有大批的汉人。所以说，真正祸乱华夏的罪魁祸首，是司马氏统治集团，而并非胡人。

第二，五胡与汉人同源同种，都是炎黄子孙。

《史记》《汉书》都记载说，匈奴的先祖，是大禹的后裔，名叫淳维。在夏朝灭亡之后，淳维的后人迁至北疆，随畜牧而转移，逐渐形成了匈奴。匈奴曾经十分强大，被汉武帝打败后衰落，分裂成南北两部。南匈奴归顺汉朝，迁入内地；北匈奴远遁漠北，最终被东汉消灭。"十六国"时期，匈奴人刘渊首先建立汉赵政权，后来，匈奴铁弗部又在内蒙古与陕西交界处建立"夏"，史称胡夏。之所以称夏，是因为他们自称是夏氏后裔。在历史的长河中，匈奴民族早已消失，多数融入汉族之中。

羯族，是匈奴的一个分支。匈奴的分支很多，有十九支，羯是其中之一，后来演化成独立的民族。羯族人数不是很多，但建立了后赵，灭掉匈奴人建立的汉赵。后赵灭亡之后，羯族人遭到屠杀，四散逃离，后来多数融入汉族。

《晋书》记载，鲜卑族的先祖，是"有熊氏之苗裔，世居北夷，邑于紫蒙之野，号曰东胡"。有熊氏是上古华夏部落的一个氏族，炎帝、黄帝都属于这个氏族。"十六国"时期，鲜卑族大显风光，先后建立了前燕、后燕、西燕、南燕、南凉、西秦、北魏七个国家，最后由北魏统一了北方。后来，鲜卑族也消失在历史长河中，多数融入汉族。

《山海经·大荒西经》记载说，氐族和羌族，都是炎帝的后裔。"十六国"时期，氐族先后建立成汉、仇池、前秦、后凉，羌族建立了后秦。后来，氐族消失了，羌族目前仍然存在。

由此可见，五胡与汉人同根同源，都是炎黄子孙，他们也属于中华民族一分子，所以，不能把五胡看成外人，更不宜说他们乱华。

第三，五胡政权并不以汉人为敌，反而吸收大量汉人参加。

五胡建立的主要国家，并不是单一的少数民族政权，而是包含了多个民族，其中汉人占多数。各级官吏中，汉人做官的也不少。在军队中，汉人士兵也很多。攻陷洛阳、造成永嘉之乱的，就有王弥率领的汉人军队。汉人王弥、张宾、王猛、崔浩等，都在胡人政权中身居高位，发挥了极其重要的作用。当时的社会矛盾，主要是统治者与被统治者之间的矛盾，而不是汉族与少数民族之间的矛盾。

第四，五胡政权多数重视汉文化，推行儒家思想。

五胡建立的主要政权，如汉赵、前秦、前燕、后燕、北魏等，都尊孔敬儒，兴办学校，推崇汉文化，甚至奉行以儒家思想治国，重用汉人知识分子。也正因为如此，他们从博大精深的汉文化中汲取了营养，才使得政权比较强大。

当然，胡人与汉人之间，也必然有矛盾，有时还很尖锐。有的少数民族，性情暴躁，凶狠剽悍，也有野蛮的事情发生，甚至有食人现象，但这是局部和短暂的，不能代表"十六国"时期的全貌。为了防止产生民族矛盾，许多政权采取胡汉分治政策，对不同的民族，实行不同的管理模式。这也表明，统治者对民族矛盾还是比较重视的，不希望出现民族对立。

综上所述，笔者认为，五胡乱华的说法是不科学、不准确的。但是，五胡纷纷建立政权，致使北方四分五裂，战火纷飞，生灵涂炭，影响了经济社会发展，这是它的负面作用。

五胡乱华，是在特定时期一个复杂的社会现象，应该运用历史唯物主义和辩证唯物主义的观点，全面客观、实事求是地进行分析研究。

匈奴尊刘邦建汉国

刘邦建立汉朝以后，最大的外部敌人就是匈奴。当时匈强汉弱，从刘邦到汉景帝，都不得不实行屈辱的和亲政策。汉武帝改用武力征讨，打败了匈奴。后来，匈奴分裂成两部分：南匈奴归顺汉朝，迁入内地；北匈奴远遁漠北，最终被东汉所灭。所以，在整个汉朝时期，匈奴都是汉朝的主要敌人。

然而，在西晋末年，匈奴人却以汉朝外甥和汉朝兄弟的名义，打着恢复汉朝的旗号，尊崇刘邦和历代刘姓皇帝，建立了汉政权，灭掉了西晋。这有点令人不可思议。

建立汉政权的匈奴人，名叫刘渊。刘渊是匈奴著名政治家，他胸有谋略，能文能武，很有一番作为。

《晋书》记载，刘渊，字元海，是西汉匈奴单于冒顿的后代。当初，刘邦把同宗女儿嫁给冒顿，所以，冒顿的后代子孙，大都以刘氏为姓，并以汉朝外甥自诩。刘邦还与冒顿结为兄弟，所以，匈奴与汉朝，又是兄弟关系。

刘渊的父亲刘豹，是南匈奴的左贤王，归顺汉朝后，被封为左部帅，率部居住在今山西一带。刘渊在洛阳居住多年，自幼学习儒学经典，崇尚汉文化，已经完全汉化了。晋武帝司马炎很器重他，刘豹死后，让他接替了父亲的职务。晋惠帝时期，又升任他为建威将军、五部大都督，封为汉光乡侯。刘渊有很高的声望，不仅匈奴人拥护他，许多汉人也崇拜他。

304年，八王混战，天下大乱。刘渊见西晋已经没落，便在部族拥戴下，建立政权，自封汉王。308年，刘渊正式建国，国号为

"汉"，以"兄终弟及"和汉朝外甥的名义，自称继承汉朝正统，死后被谥为汉光文皇帝。

有意思的是，刘渊没有祭祀他的祖先冒顿单于，而是以汉高祖刘邦为正统，建造了刘邦、刘秀、刘备以及汉文帝、汉武帝、汉宣帝、汉明帝、汉章帝等汉朝皇帝的神位，进行祭祀，俨然汉朝刘氏子孙。刘渊在政治、经济、文化以及官吏设置等许多方面，都仿照汉朝制度。刘渊还创设了"胡汉分治"制度，即对汉族和少数民族，采取不同的方式进行统治。这套制度被"十六国"的大多数统治者所沿用。

刘渊之所以宣称恢复汉朝，主要是为了显示政权的合法性，利用人们的思汉情结，以便得到汉族人的支持，来对抗西晋政权。刘渊的这一策略十分奏效，大批汉人不满西晋的黑暗统治，纷纷加入刘渊的队伍，使刘渊的势力迅速壮大。

刘渊的政权中，文武官员大多数是汉人，有的担任十分重要的职务。比如王弥，就担任征东大将军，都督青、徐、兖、豫、荆、扬六州诸军事，手握重兵。王弥还与石勒等人一起，率兵攻陷了洛阳，造成永嘉之乱。晋怀帝司马炽，就是被王弥的汉人士兵抓获的。

刘渊建立的汉政权，虽然为首的是匈奴人，但不是单纯的匈奴政权，而是由匈奴、汉人和其他民族共同组成的。当时的社会矛盾，也不是匈奴人与汉人之间的矛盾。相反，匈奴与汉族等民族联合起来，共同反抗西晋统治，最终灭掉了西晋。

310年，刘渊病逝，长子刘和继位。时间不长，弟弟刘聪发动政变，杀死哥哥刘和，自己做了皇帝，称为汉昭武帝。刘聪在位期间，派兵攻占洛阳、长安，灭掉西晋，占领了今河北、河南、山西、山东、陕西大片地区。

318年，刘聪病逝，长子刘粲继位，称为汉隐帝。刘粲昏庸，吃喝玩乐，把军政大权委托给岳父靳准。靳准出身于匈奴靳氏部落，他有两个绝色的女儿，叫靳月光、靳月华。刘聪爱其美色，皆封为皇后，一个称上皇后，一个叫右皇后。刘粲也贪恋二女美色，他继位后，把靳月光尊为太后，把靳月华封为自己的皇后，但同时也霸占着靳月光。靳准掌握朝政大权之后，阴谋发动政变，杀了刘粲，自封为

"汉天王"，并向东晋皇帝称臣。

当时有个汉人，叫北宫纯，在汉赵政权担任尚书。他见匈奴人自乱，认为是个好机会，便号召汉人起义，建立汉人政权。不料，北宫纯大失所望，汉人响应者寥寥无几，结果起义被轻松剿灭，北宫纯被杀。

319年，镇守长安的刘曜起兵，讨伐靳准。刘曜是刘渊的族侄，年幼丧父，刘渊把他养大。刘曜文武双全，屡立战功，靳准不是对手。刘曜剿灭靳准后，迁都长安，自己登基称帝，尊刘渊历代祖先为皇帝。

刘曜对众人说："我们的祖先，兴于北方，当年为了收买汉人而立汉宗庙。现在，应该改国号，以匈奴单于为祖。"于是，刘曜改国号为赵，并祭祀冒顿单于。由于刘曜的"赵"与刘渊的"汉"一脉相承，所以，史学界把这一政权统称为"汉赵"。

刘曜虽然改了国号，但仍然标榜赵是天下人的政权。刘曜让儿子当匈奴大单于，自己则称赵昭文皇帝，表示他是北方各族人的正统统治者。刘曜还积极推行汉文化，尤其推崇儒学，在长安设立太学，学生达一千五百多人。

刘曜称帝以后，开始向西部拓展地盘，他先平定了关中、陇右一带，接着，又进兵前凉。前凉，也是"十六国"之一，却是汉人建立的政权，奠基人是张轨。张轨担任晋朝的凉州刺史，西晋灭亡以后，张轨的儿子建立了前凉政权，割据一方，统治范围包括今甘肃、宁夏西部和青海、新疆一部分地区。

323年，刘曜率二十五万大军，西征前凉。当时前凉的统治者，是张轨的儿子张茂。张茂自知难以抵抗，便献上牛羊珠宝，向刘曜称藩。刘曜封张茂为凉王，任命为西域大都护，旋即班师。汉赵灭亡后，前凉重新独立割据，后被前秦所灭。

刘曜在不长的时间内，平定关陇，降服前凉，威名大震，不禁飘飘然起来，产生了骄傲情绪，听不进不同意见，而且沉湎酒色，耽于享乐。

刘曜没有想到，此时，他的身边，正卧着一只猛虎，那就是汉赵政权的著名大将石勒。石勒雄才大略，蓄势已久，即将猛扑过来，给汉赵政权致命一击。

羯人灭匈建后赵

羯族，原是匈奴族的一个分支，人数不算多，在历史上存在时间也不长，却出了一位雄才大略的英雄人物，名叫石勒。

石勒是汉赵政权的大将，后与汉赵决裂，建立了后赵政权，并灭掉汉赵，一度成为北方最强的国家，历经七帝，享国三十三年。

《晋书》记载，石勒，是上党郡武乡（今山西榆社）人。石勒的祖父和父亲，都曾当过羯族部落的小头目，其家族与汉人杂居。石勒少年时，相貌奇异，志向和气度与众不同。长大以后，他健壮而有胆量，雄武并擅长骑射，为人侠义，很有智慧，人们都喜欢和拥护他。

西晋末年，诸王混战，民不聊生，又赶上灾荒，人们活不下去，纷纷外出避难或逃荒。西晋朝廷抓了大批胡人，当奴隶卖掉，以充军饷，每两个胡人用一个大枷枷住，以防止他们逃跑。石勒当时刚满二十岁，也参与贩卖奴隶，却被官府抓去，卖到山东当奴隶。当奴隶没有人身自由，干重活累活，而且时常受到殴打和侮辱。因此，石勒恨透了西晋朝廷。

304年，刘渊打着恢复汉朝的旗号，建立了汉政权，公开与西晋对抗。各民族的民众纷纷参加，或者独自起兵。在这乱世之中，石勒自然要大显身手，他先是参加了公师藩的队伍，后投靠了刘渊。

石勒作战勇猛，屡立战功，深受刘渊赏识和器重，很快成为刘渊麾下的一员骁将。石勒巧用计谋，收服乌丸人伏利度的兵众数千人，刘渊将这支部队交由石勒指挥。石勒率军击败晋朝将领黄秀，生擒魏郡太守王粹，斩杀晋军将领冯冲、赦亭、田禋等人，攻破邺城、赵郡、巨鹿、常山等地，占领冀州郡县百余个，兵力达到十几万，成为汉赵政权的主力军之一。

石勒兵势大盛，几乎战无不胜，不料，却败给了鲜卑人。西晋政权见石勒威胁很大，命鲜卑族段部讨伐石勒。当时鲜卑族段部居住在幽州一带，其首领段务尘率十万骑兵，从背后袭击石勒。石勒没有防备，在飞龙山被打败，手下死伤万余人，部队遭受重创。这表明，在当时，并不是所有的少数民族都联合起来对付朝廷，也有一些少数民族是忠于晋朝的。

308年，刘渊称帝，授予石勒安东大将军，允许其开府，设置官吏，石勒成为汉赵政权的重臣。石勒重用汉人张宾为谋主，张宾精心辅佐石勒，为他出谋划策，运筹帷幄，使石勒势力进一步增强。

石勒攻占河北地区之后，又挥师南下，先后攻占兖州、鄄城、襄阳、江夏等地。此时，刘渊病死，石勒产生了野心，他想占据江汉地区，图谋自立。谋主张宾认为，时机尚不成熟，劝阻了他。后来，东晋派祖逖北伐，收复了黄河以南地区。

311年，西晋都城洛阳周围，几乎全被汉赵占领。西晋丞相王衍，借为司马越送葬之机，率十几万晋军主力东窜。石勒得知后，认为机会难得，亲率轻骑兵，从许昌出发，追击晋军，在苦县宁平城一带，将晋军包围全歼。这就是历史上著名的宁平城之战，也叫苦县大屠杀。史书上说，晋军士兵和王公士庶十余万人，全被屠杀、烧死或者吃掉，无一幸免。不过，吃人者并不是石勒，而是王弥的弟弟王璋。《晋书》记载得很清楚："王弥弟璋焚其余众，并食之。"王璋是地地道道的汉人。

318年，靳准发动政变，杀了汉隐帝刘粲，自称汉天王。刘曜从长安出发，北上讨伐靳准；石勒也率五万兵马，从赵地南下相助。石勒攻占了当时的都城平阳，各族十万民众归顺了石勒。

刘曜消灭靳准之后，于319年登基称帝，准备任命石勒为太宰、大将军，封为赵王，但他内心十分忌惮石勒。石勒派使者去拜见刘曜，刘曜却认为使者是来侦察军队虚实的，把使者杀了，原本许诺的赵王爵位也不给了。刘曜把国号改为赵，也有不让石勒当赵王的意图。

见刘曜如此行事，石勒大怒，说："我事奉刘氏，尽心尽力，他们的基业，都是我打下来的，刘曜今日得志了，竟想谋算我。什么赵王、赵帝，我自己就能当，哪用得着他们赐予！"于是，319年十一月，石勒自称大将军、赵王，在襄国（今河北邢台一带）即赵王位，正式建立政权。后来，石勒又称大赵天王，登基当了皇帝。为了便于区别，史学界把刘曜政权称为前赵，把石勒政权称为后赵。

刘曜对石勒自立十分恼怒，但忌惮他的势力强盛，不敢讨伐，而是向西扩展势力，在不长的时间内，平定了关陇地区，逼降了前凉。石勒也暂时没有向刘曜开战，而是向北攻占了幽州，向东攻占了青州，又趁着祖逖病逝的机会，渡过黄河，占据了豫州、兖州、徐州等地，与东晋划淮而治，战果比刘曜更为辉煌。此时，石勒的势力明显大于刘曜。

324年，雄心勃勃的石勒，终于向刘曜开战了。他派侄子石生进攻新安，斩杀了太守尹平，掠夺前赵民众五千余户而还。从此，两赵开战，双方打了好几年。刘曜也是一位英雄人物，奋起反击，与石勒打得不可开交，互有胜负，双方死伤惨重，百姓流离失所，民不聊生。最后，石勒由于实力强大，逐渐占了上风。

328年，石勒派侄子石虎，率四万兵马攻击前赵。石虎生性残暴，是有名的悍将，前赵军民畏惧，所到之处，有五十多个县归降。刘曜闻讯大怒，留太子刘熙镇守京城长安，自己御驾亲征。刘曜果然英勇，大败石虎，并乘胜追击，抵达洛阳城下。

石勒闻之大喜，认为是歼灭前赵主力的好机会，也亲自领兵前去迎敌，两军在洛西展开大战。刘曜虽然英勇，但敌不过石勒，结果，前赵军队大溃，被杀五万多人，刘曜受伤十余处，伤重被俘。石勒令刘曜给太子刘熙写信，让其投降，刘曜不从，遂被石勒杀害。

329年，后赵大军从洛阳挥师入关，一举攻占长安。刘熙宗族以及文武官员三千多人被杀，还坑杀了五千多匈奴平民。存在二十五年的前赵政权至此灭亡，北方大部分地区，落入后赵政权手中。

后赵政权的建立和强盛，关键是有一位雄才大略的领袖人物。那么，石勒当了皇帝以后，又是什么表现呢？

从奴隶到皇帝的石勒

在中国历史上，平民出身的皇帝有一些，如刘邦、刘秀、刘裕、朱元璋等人，但奴隶出身的只有一个，那就是后赵天王石勒。

《晋书》记载，石勒小的时候，家里很穷，有个看相的人却说："这个胡儿，相貌奇异，气度非凡，将来会大富大贵。"父老皆大笑，不以为然，唯有汉人郭敬相信，经常资助石勒，石勒很感激他。

石勒十四岁时，随父老去洛阳行贩。他的叫卖声特别洪亮，恰巧丞相王衍从此地经过，他听到石勒的声音，感到惊异，对左右说："刚才那个胡儿，与众不同，恐怕将来会成为祸患，赶快把他抓起来。"可是，石勒已经离开了，躲过了一劫。

石勒刚满二十岁，就被官府抓去，套上大枷，押到山东，先卖到平原县，后又被卖到茌平县（茌平至今仍叫原名，已改为聊城市茌平区），在一个叫师欢的财主家里做奴隶。师欢是汉人，见石勒有英雄气概，免除了他的奴隶身份。石勒叩拜师欢后离去，从此有了自由之身。所以，石勒只是仇恨官府，而并不仇视汉人。

刘渊扯起了造反大旗，石勒毅然参加了反晋队伍。他虽然没有读过兵书，却胸有谋略，善于用兵，作战勇猛，很快成为刘渊手下的名将。石勒没有文化，却喜欢文化人，他重用汉人张宾为谋主，为他出谋划策。石勒每攻占一地，就把当地的名人贤士集中起来进行保护，防止他们受到伤害，被称为"君子营"。

与祖逖一同闻鸡起舞的刘琨，此时担任晋朝的并州刺史，他想招抚石勒，给他写信说："将军发迹于黄河以北，席卷兖豫，纵横于长江汉水之间，攻城不占有其众，掠地不占有其地，被称为义兵。您如果归顺朝廷，必会高官厚禄，光宗耀祖。"

石勒笑着给刘琨回了一封信，说："我知道您是一位贤人，您可以为本朝尽节，我却不能为他们效力。"石勒优厚地招待了刘琨的使者，还送给刘琨一些名马和珍宝。此后，刘琨与石勒常有书信来往。刘琨还寻找到石勒失散的母亲和侄子石虎，给他送来，石勒十分感激。

319年，石勒经过多年拼杀，有了相当大的势力，于是脱离汉赵，自称赵王，建立了后赵政权。330年，在消灭前赵之后，石勒称为大赵天王，登基做了皇帝，成为中国历史上唯一一位奴隶出身的皇帝。此时，后赵占据了除东北、河西以外的整个北方地区，几乎统一了北方。

石勒政权与东晋隔江相望，石勒知道，凭北方的力量，是难以吞并江南的，于是，石勒尽量缓和与东晋的矛盾，着重治理北方。石勒比后来的前秦天王符坚明智，符坚企图吞并江南，结果一败涂地。石勒不仅会带兵打仗，在治国理政上也有一套，很快见到成效。

在政治上，石勒继续采用"胡汉分治"政策。在少数民族比较集中的地区，设置大单于，按部落的形式，管理羯、氐、羌、鲜卑等民族；在汉人集中或汉胡杂居地区，仍然按照魏晋以来的管理模式，恢复了九品中正制，任用大批汉人担任各类官职。石勒重视汉人士族的作用，委任一些士族担任要职，明令不准侮辱汉人。石勒也不允许侮辱少数民族，不得说胡字。当时的黄瓜叫胡瓜，石勒下令改称黄瓜。

石勒重视文化和教育，尤其重视在羯族中推广汉文化。石勒在襄国设立太学，选了羯族子弟三百人入学，后来又增设十多处小学，学生数量大量增加。石勒要求他们学习汉文化，尤其推崇儒学经典。石勒经常亲自到学校检查，对学习好的予以奖赏。后来羯族大部分融入汉族，石勒功不可没。石勒还重视修史，组织编纂了《上党国记》《大单于志》等史籍。

石勒占据北方时，由于连年战乱，经济凋敝，百姓贫困。石勒实行与民休息政策，下令减少税赋，每亩地只征收租谷两斛，比西晋低得多。石勒重视发展经济，劝课农桑，努力恢复生产。当时粮食紧缺，许多百姓没有吃的，石勒下令，禁止用粮食酿酒，祭祀祖先时，只用甜酒，不得用粮食酒。数年之内，后赵没有粮食酒。

石勒还减轻刑罚，尽量缓和社会矛盾。石勒称帝的当年，就下令，"均百姓去年逋调"，对三年刑以下的犯人全部予以赦免，后来，又赦免了五年刑以下的犯人。在石勒时期，刑罚并不严苛，缓和了紧张局面，收服了人心，稳定了政权。所以，在石勒当皇帝期间，北方恢复了社会秩序，百姓生活得到改善，经济文化有了一定发展。

石勒在战场上是员悍将，也曾屠杀了不少士兵和平民，但他称帝之后，并不暴虐，有时还表现得宽宏大量。有一次，石勒召见大臣樊坦，见樊坦穿的衣服破旧，问他为何如此贫困。樊坦是汉人，当时有许多汉人担任后赵官职，但对羯人称帝心里并不舒服。樊坦一时迷糊，心里话脱口而出："还不是因为羯贼作乱，荡尽了家产，我才如此贫穷。"

樊坦说完，才意识到自己失言，犯了大忌，当着羯族皇帝的面骂羯贼，岂不是找死吗？樊坦立即磕头请罪，冷汗直冒。石勒却并不在意，笑着说："原来是羯人抢了你的财产，我今天就偿还你吧。"石勒赏了樊坦新衣，还送给他三百万钱。

石勒当了皇帝之后，他老家武乡县的人纷纷来拜谒石勒，石勒一律热情款待。石勒过去的邻居，叫李阳，却不敢前来。原来，当初石勒与李阳有仇，经常打架，如今石勒当了皇帝，李阳躲都来不及，哪里敢前来送死。石勒却派人把李阳请来，两人酣饮戏谑，尽释前嫌。石勒还任命李阳为参军都尉。

石勒治理北方很有成效，受到人们赞扬，他自己也很得意。有一次，石勒宴请群臣，酒兴正浓之时，问道："你们说说，我属于哪一类皇帝，能与谁相比？"大臣徐兴说："陛下神明威武胜于刘邦，宏谋大略超过曹操，没有人能与您相比，大概您仅次于黄帝吧。"

石勒听了，哈哈大笑，说："你说得太过分了。人不能没有自知之明，我如果遇到汉高祖刘邦，必定奉他为君，与韩信、彭越并肩为他打天下；我如果遇到汉光武帝刘秀，有可能会与他争夺天下，但没有获胜的把握，不知鹿死谁手。所以，我大概处于二刘之间，哪敢与黄帝相比呢？至于曹操、司马懿父子之类，行事不够光明磊落，只会欺负孤儿寡妇，我看不起他们。"群臣听了，心悦诚服，齐称万岁。

后世对石勒褒贬不一，存在争议，也有很多误解。不过，石勒由一个卑贱的奴隶，经过多年浴血奋战，打下了一片天下，是相当不简单的。他称帝之后，采取了一些积极措施，总体上还是不错的。

石勒是羯族人，他在创业过程中，重用了汉人张宾。张宾在历史上并不十分出名，但他对石勒成就大业，却是起到了至关重要的作用。

石勒的谋主是汉人

石勒是羯人，可是，辅佐他建立后赵的，却是汉人张宾。石勒建立的后赵，并不是单纯的羯族政权，而是由汉、羯、氐、羌、鲜卑、匈奴等许多民族组成的。所以，石勒不称大单于，而是称大赵天王，表明自己是各民族共有的皇帝。

《晋书》记载，张宾，是今河北邢台人，是"十六国"时期第一流的谋士、政治家。张宾出身于官宦世家，父亲张瑶当过中山太守。张宾从小聪明好学，博通经史。他年轻时就胸怀大志，常对别人说："我自认为智谋不在张良之下，只是没有遇到汉高祖而已。"

永嘉之乱以后，天下大乱，豪雄四起。张宾对各路英雄仔细观察，寻求明主，最终选定了石勒。张宾对亲属说："我遍观各位将领，只有石勒有雄才，可以跟他一起成就大事。"于是，张宾主动投到石勒帐下。当时，张宾没有名气，石勒并没有重视他，只让他做一名普通谋士。

311年，石勒率军攻占江汉地区，认为此地富庶，打算长期据守，伺机自立。张宾对石勒说："江汉地区靠近江南，容易遭到晋军攻击；将军手下士兵，都是北方人，不服水土；将军在这里缺少威望，没有根基。所以，这里不是久留之地，应率军北还，在北方建立根据地。"石勒没有采纳。

过了不久，江汉地区阴雨连绵，军中疾疫流行，士兵们不服水土，死了一大半。晋军又趁机攻打，石勒大败，损失惨重。张宾建议迅速北上，离开江汉。石勒不得已听从了，率军北还，渡过沔水，攻占了新蔡和许昌，这才站稳了脚跟，重新获得发展。自此以后，石勒知道张宾有先见之明和过人之处，事事与他商议，对他言听计从。张宾从此成为石勒的谋主，即首席谋士。

张宾发挥聪明才智，尽心尽力为石勒出谋划策。当时，汉赵政权中有两大主力军，除石勒外，还有王弥统领的军队。石勒很忌惮王弥，处心积虑地想铲除他，收编他的队伍。王弥与张宾一样，也出身于官宦世家，同是汉人。张宾却心向羯人石勒，精心为他策划铲除王弥的计谋。

有一次，王弥与晋军将领刘瑞作战，军情不利，请求石勒援助。当时，石勒正在攻击晋军另一将领陈午，战事也很紧张，石勒不想答应。张宾对石勒说："将军想铲除王弥，总没有机会，如今，他自己把机会送来了。王弥的实力不小，要铲除他，必须首先获得他的信任，麻痹他。"张宾力劝石勒援助王弥，石勒听从了，丢下陈午不管，领兵去与王弥会合，击败晋军，斩杀了刘瑞。王弥很高兴，认为石勒够朋友，从此来往密切。

张宾又对石勒说："王弥是人杰，日后必为大患，如今趁他不备，宜早除之。"张宾为石勒定下计策，邀请王弥赴宴。王弥没有怀疑，只带少数人前往。在宴席之间，突然伏兵四起，出其不意地斩杀了王弥。张宾事先已做好部署，顺利收编了王弥的部队，使石勒实力大增。汉赵皇帝刘聪十分生气，但石勒羽翼已丰，他也无可奈何。

石勒在初期的时候，习惯于流动作战，虽然屡次获胜，但城池往往得而复失，也没有总体的战略规划。张宾对他说："要想成就大业，必须有可靠的根据地。将军在河北有根基、有声望，应该占据以襄国为中心的赵地。占据赵地之后，向北可以吞并幽州，向南可以攻击关中和关东。"石勒听从了，从此专心在河北占据地盘，扩大势力，最终建立了赵国。张宾的这一战略规划，不亚于诸葛亮的"隆中对"。

石勒占据赵地之后，面临一次很大的危机。当时的幽州刺史王浚，仍然属于晋朝将领，与石勒为敌。王浚与鲜卑段部关系较好，命鲜卑首领段氏率五万兵马进攻襄国。鲜卑军队凶悍，曾经打败过石勒，许多将士心有余悸。石勒想突围转移，张宾坚决反对，说："我们好不容易有了一块根据地，决不能轻易放弃。鲜卑人有勇无谋，打败他们是不难的。"石勒听从了，决心固守。

鲜卑人的进攻果然凶猛，他们把城池四面围住，奋力攻打。张宾一面协助石勒防御，一面思考对策。张宾发现，鲜卑首领段氏并不在攻城的军中，而是在后边的军营留守。张宾心生一计，他让军士偷偷挖了暗道，直通城外，乘鲜卑军队全力攻城之际，组织了一支精锐部队，悄悄从暗道出来，直扑鲜卑军营。鲜卑首领没有料到石勒军队偷袭，身边没有多少人马，措手不及，做了俘房。

鲜卑士兵忽见首领落到石勒手里，顿时军心大乱，城内军队趁机大举反攻，把鲜卑军队打得大败溃逃。张宾劝石勒不要杀害鲜卑首领，而是好言劝慰，与他结成同盟，从此，鲜卑段部不再与石勒为敌。

张宾设计解除鲜卑威胁之后，又献奇计，偷袭王浚，准备夺取幽州。张宾给王浚送去书信，请求和好，并说要献上牛羊等礼物。王浚看信后大喜，没做防备。

张宾派出少数士兵，驱赶着数千牛羊，来到蓟城，数万精兵悄悄在后面跟随。王浚见送礼的来了，下令大开城门，大批牛羊一拥而进，塞满了大街小巷。突然，杀声骤起，石勒军队大举入城。王浚大惊，急令军队迎敌。不料，士兵们都被牛羊挡住了道路，行动不便，处于被动，被石勒军队斩杀万余人，王浚也死于乱军之中。石勒采用张宾之计，轻松得到蓟城，接着，迅速占领了幽州地区。

319 年，张宾见时机成熟，劝石勒自立为王。石勒接受了，即位称王，建立后赵。石勒深感张宾的功绩，封他为大执法，掌管朝政，相当于丞相。张宾总揽朝政，位居百官之首，负责订立国家制度、制定朝廷礼仪，发布政令，选拔官吏。后赵政权的制度、政策和法令，都是由汉人张宾主持制定的。

322 年，张宾因病去世。石勒非常悲痛，经常流着泪说："老天真是太残酷了，为什么让张宾这么快离开我啊！"

张宾作为汉人，虽然为羯族建立的政权做事，但是，他为北方稳定和民众利益做出了重大贡献，同样应该受到后人的缅怀和尊敬。

凶残暴虐的石虎

333 年，石勒病逝，终年六十岁，太子石弘继位。石弘好儒善文，恭谨谦虚，不料却被石勒的侄子石虎废杀，石虎篡位当上皇帝。

石虎生性残忍，暴行令人发指，被公认为历史上最残暴的皇帝之一。石虎的儿子们，个个性如豺狼，互相厮杀，导致后赵政权衰落。

《晋书》记载，石虎，字季龙，幼年丧父，石勒父亲把他养大，视如己出，所以，也有人称他是石勒的弟弟。战乱年间，石勒与母亲王氏和石虎失散，直到 311 年，刘琨把石勒母亲和石虎送来，他们才得以团聚。那一年，石虎十七岁。

石虎身高七尺五寸，雄壮有力，弓马娴熟，勇冠当时。他性残忍，好驰猎，游荡无度，众人莫不敬惮。石虎娶了郭氏为妻，不久郭氏被他杀了；又娶了崔氏，结果崔氏也被他杀了。

石虎来到石勒身边后，开始领兵打仗。他作战凶猛，不惧生死，屡立战功。石虎嗜杀成性，攻占城池后，往往坑杀俘虏和百姓，很少有人幸免。石勒军队的残暴之名，很大程度上是他造成的。石虎对自己军中的将士，如果看不顺眼，也随意杀戮，《晋书》称他"酷虐"。石勒对他屡加责备和教育，但没有效果。

石虎从军二十多年，南征北战，官至骠骑将军，手握重兵。石勒称帝后，让儿子石弘当大单于，授石虎为太尉、尚书令，执掌军政大权，晋封为王，食邑万户。石虎的儿子石邃，同时也被封王。

照理说，石勒对石虎很够意思。不料，石虎却大为恼火，极为不满，原来，他野心很大，想当大单于。他愤恨地对儿子石邃说："主上自称王以来，端身拱手，坐享其成，靠我冲锋陷阵，成就大业。

大单于的称号，理应给我，如今却给了那个黄口小儿，真是令人气愤，寝食难安。等主上死了以后，我一定要杀光他的子孙，一个种也不留。"

对于石虎的怨恨和残暴，许多人感到是个祸害，认为太子石弘文弱，一旦石勒去世，必不能驾驭石虎。大臣徐光、程遐多次建议石勒，及早除掉石虎。石勒却狠不下心来，只是削弱了石虎的权力，增强了太子的力量，又给石虎建造新府第，以作安抚。岂料，这样一来，石虎的愤恨却又增加了几分。

333年，石勒病重，自知不久于人世，颁布遗命说："石弘兄弟，应当互相扶持，司马氏自相残杀是前车之鉴；石虎应当深深追思周公、霍光，不要为后世留下口实。"石勒这是对牛弹琴了，道理人人都明白，但为了个人私利，有的人根本不讲道理，石虎就是这样。

石勒遗命墨迹未干，石虎就开始作乱了。他入宫侍卫，假称诏令，群臣皆不得入内，太子也不例外。所以，石勒的病情和死活，无人知晓。

石勒不久去世，石虎立即下令，杀了徐光、程遐二人，又令儿子石邃带兵入宫，控制了朝廷。百官畏惧，纷纷逃散。太子石弘大为恐慌，要求让位于石虎。石虎不同意，让石弘继位，自己当丞相、大单于，封魏王，加九锡，总揽朝政，大小事务都由他说了算。

石虎立长子石邃为魏太子，任大将军。次子石宣、三子石鉴、四子石韬、五子石冲、六子石遵、七子石苞、八子石斌等，皆封为王，分别执掌兵权。石虎的僚佐亲属，全部充任朝廷要职，而石勒的旧部，有的改任闲职，有的则被杀掉。石勒宫中的女人、车马和珍宝，石虎全都占为己有。

334年，石虎觉得时机成熟，悍然废掉石弘，自己当了大赵天王，后来改称大赵皇帝。不久，石勒的三个儿子石弘、石宏、石恢，全被杀掉，石虎兑现了他的誓言。

石虎把军政事务交给石邃办理，自己纵情享乐。他大兴木土，在襄国建造太武殿，又在邺城建东、西二宫，动用劳工四十万人，耗费大量财力。石虎宫中美女有一万多人，他外出时，喜欢让一千多名女骑兵充当侍从，在前边开道。当时，后赵发生严重旱灾，一斤金子只能买二斗粟，大批百姓被饿死。石虎不管不顾，照旧挥霍享乐，而且加重徭役，民众处于水深火热之中。

石虎的太子石邃，比老子还要残忍，甚至变态。

石邃总揽军政事务，开始专权，石虎不满意了，经常责打他。石邃恼怒，对亲信李颜说："皇帝喜怒无常，我想效法冒顿，杀了父皇，你敢跟我一起干吗？"李颜冷汗直流，伏倒在地，不敢吭声。

对石虎宠爱的次子石宣，石邃恨之如仇敌，决心除掉他。石邃带五百名士兵去杀石宣，结果在半路上，士兵们都因害怕而逃散了。李颜跪地叩头，极力劝阻，石邃只好作罢。石虎得知消息后，心中大怒，将李颜拘捕审问。李颜不敢隐瞒，一一如实交代。石虎怒不可遏，当即斩杀李颜等三十多人，又下令将石邃及其妻妾子女二十六人全部杀掉，埋在一个坑里。石虎还不解气，又诛杀石邃宫中侍臣二百多人。

石虎杀了长子石邃，立次子石宣为太子。不久，石虎又宠爱四子石韬，想更换太子。石宣大怒，用残酷的手段虐杀了石韬。石虎见心爱的儿子被杀，愤怒到极点，他把石宣抓来，用更加残酷的手段虐杀了石宣。

石虎虐杀了石宣，还不解恨，又下令诛杀石宣的属官三百多人，全都是车裂肢解以后，抛尸于漳水中，河水为之变红。石宣的妻妾子女也不能幸免，不问老幼，一律斩杀。石宣的小儿子，只有几岁，聪明可爱，石虎平时很喜欢他。如今大难临头，小孩子抱着爷爷的腿不放手，悲哀哭号。刽子手上前拽他，腰带都拽断了，小孩子死不撒手。石虎有点不忍心，想饶了他，可石韬的手下不干，硬夺过去杀掉了。《晋书》对这些细节描写得很详尽，读后令人毛骨悚然。这简直是一群魔鬼！

石虎对待亲生儿子都如此残虐，何况其他人呢？所以，石虎执政十五年期间，是"十六国"最黑暗、最残暴、最血腥的时期。人们经常提到的"十六国"暴行，很多都是石虎父子干的。石勒在历史上名声不太好，许多人认为他残暴，对石勒有误解，很大程度上也是石虎父子造成的。

在石虎的残暴统治下，各族人民生活在人间地狱。尤其是汉人，受到的欺压杀戮更重，民族矛盾也尖锐起来。许多人活不下去，只得自寻死路，道路两旁，挂满了上吊自杀的尸体。

令人不解的是，石虎这个杀人不眨眼的恶魔，竟然信奉佛教，在他执政时期，佛教十分盛行。

石虎的暴行，自然激起人们的仇恨和反抗，后赵的大将苻洪和姚弋仲，趁机收揽人心，扩大势力，后来脱离后赵，分别建立了前秦和后秦。

349年，恶贯满盈的石虎终于死了，卒年五十四岁。石虎临死前，舍弃几个年长的儿子，让他最宠爱的十三子石世继位当了皇帝。石世是他最小的儿子，当时只有十岁。

石虎虽然死了，但他违背人伦、骨肉相残的家风，却延续下去，给后赵百姓带来了更加深重的灾难。

屠胡灭石的冉闵

石虎死了，幼子石世继位。可是，只过了一个月，哥哥石遵就把他杀了，抢去了皇位。接着，石冲、石苞、石鉴兄弟相互厮杀，争抢皇位，乱成一锅粥。最终，石虎的养孙冉闵渔翁得利，执掌了大权。

冉闵本是汉人，他利用民族矛盾，大肆屠杀羯人，灭了石姓宗族，废掉后赵政权，建立魏国，史称冉魏。

《晋书》记载，冉闵，是魏郡内黄（今河南内黄）人。冉闵的祖先，曾任汉朝黎阳骑都督，其家族世代担任牙门将。冉闵的父亲叫冉良，冉良十二岁时，被石勒俘虏。石勒见他年龄小，没有杀他，反而让石虎收他为养子，改名石瞻。冉良长大后勇猛有力，攻战无敌，当了将军，被封为西华侯，在与汉赵作战时阵亡。

冉良生下了冉闵，取名石闵。冉闵从小就力气大，而且敏锐果断，石虎很喜欢他，就像对待自己的亲孙子一样。冉闵成年后，身高八尺，勇气过人，骁勇善战，跟随石虎南征北战，屡打胜仗，名声显赫，胡、汉将领都畏惧他。

349年，石虎死去，幼子继位，他的哥哥们心里很不服气。当时石遵领兵在外，与同样在外领兵的冉闵相遇。石遵想率军入朝，抢夺皇位，便诱劝冉闵参加，说："事成之后，让你做太子。"冉闵很高兴，积极帮助石遵，使石遵顺利废掉小弟弟石世，登基当了皇帝。可怜只有十岁的石世，只当了三十三天皇帝，就被哥哥杀死了。

石遵杀弟自立，就像捅了马蜂窝，石虎的儿子们纷纷起兵，以讨伐石遵的名义，进京抢夺皇位。最先起兵的，是石遵的哥哥石冲。石冲当时镇守蓟城，听说石遵当了皇帝，顿时大怒，亲率五万兵马南下，沿途传发讨伐檄文，各地纷纷响应，走到常山时，兵力已达十余万。

石遵闻讯大惊，急忙请冉闵出马。冉闵率十万大军迎敌，双方在平棘相遇，随即展开大战。冉闵英勇无敌，大败石冲军队，捉了三万多俘虏，并活捉了石冲。石遵下令，将石冲处死。冉闵将三万多名俘虏全部活埋，其残暴程度不亚于石虎。

石遵的弟弟石苞，当时镇守长安，听到石遵擅自称帝，也兴师问罪。不料，东晋将领司马勋借机犯境，石苞只好先与司马勋打仗。石遵派出两万骑兵，以支援石苞为名，趁其不备，将石苞劫持到都城，消除了这一祸患。

石遵平息了战乱，觉得自己位子坐稳了，便没有兑现诺言，让冉闵当继承人，而是立自己的儿子石衍为皇太子。冉闵很生气，感觉自己被耍了，心生怨恨。石遵忌惮冉闵英勇，密谋要除掉他。

石遵的哥哥石鉴，在朝中任太傅。石鉴也有野心，便把密谋情况悄悄告诉了冉闵。冉闵大怒，与石鉴联合，杀了石遵，让石鉴当了皇帝。石遵当皇帝只有一百八十三天。

石鉴当上皇帝，任命冉闵为大将军，封他为武德王。石鉴也忌惮冉闵，处心积虑地想除掉他。石鉴与弟弟石苞、亲信张才等人密谋，想在深夜杀掉冉闵，但未能成功。石鉴担心泄露机密，连夜将石苞、张才、李松等亲信杀了灭口。石虎的儿子们，确实个个心如蛇蝎，没有起码的道德底线，一切为了个人利益。

石鉴又与另两个弟弟石袛、石琨勾结，让他们联合苻洪、姚弋仲军队，传檄讨伐冉闵。石琨等人纠集七万军队，攻打邺城。冉闵只带千余骑兵，在城北抵抗他们。冉闵果然英勇无敌，他手执两刃矛，飞马攻击敌阵，敌兵纷纷应刃而倒，军队溃散，斩首级三千多。

在邺城内，羯族将领孙伏都、刘铢等人，集结了三千羯族士兵，准备杀掉冉闵。此时，冉闵已有准备，他利用民族矛盾，鼓动汉人入城，结果百里之内的汉人，纷纷涌进城来，对羯人展开大屠杀。冉闵亲自率领汉人，诛杀胡羯，不分贵贱，不论男女老幼，见羯人就杀，许多鼻高须多的人，也被误杀。城内尸横遍野，血流成河，死者达二十余万。

皇帝石鉴也被杀掉，冉闵又杀害石虎子孙三十八人，将石氏家族全部诛灭。石鉴当皇帝只有一百零三天。冉闵想彻底消除石氏，以谶文中有"继赵李"的字样为托词，下令将石姓改为李姓。这就是历史上有名的冉闵屠胡灭石。冉闵的做法，同样充满暴力和血腥。

350年，冉闵杀掉石鉴后，废除赵国称号，建立新的政权，国号大魏，自己登基称帝，并恢复冉姓和汉人身份。有的史籍说，冉闵下达了"杀胡令"，造成民族仇杀和连年战争。但《晋书》对"杀胡令"没有记载。

石祇得知石鉴已死，便在襄国称帝，成为后赵政权最后一个皇帝。石祇任命石琨为丞相，重用苻洪的儿子苻健和姚弋仲的儿子姚襄，使苻、姚势力坐大。石祇曾派十万兵马去攻打冉闵，结果大败而归。

351年，冉闵率十万兵马，去攻打襄国，围城百余日。石祇非常恐慌，于是去掉帝号，改称赵王，派使者向燕王慕容儁求救。慕容儁派出三万骑兵，姚襄和石琨也领兵前来，共计十余万人，打败了冉闵，勉强保住了襄国。

不久，石祇的大将刘显见大势已去，秘密投降了冉闵，杀死石祇，后赵灭亡。

冉闵灭掉后赵，自称为帝，踌躇满志。不料，居于燕地的鲜卑慕容部势力崛起，即将进军中原，刚刚建立的冉闵政权面临着巨大危机。

鲜卑慕容部势力崛起

鲜卑族，兴起于大兴安岭一带，是继匈奴之后，在蒙古高原崛起的又一游牧民族，东汉时期得到统一，后经几次分裂和聚合，到晋朝时，分为段部、宇文部、慕容部、拓跋部等部。

慕容部出了一位英雄人物，名叫慕容儁。他趁后赵内乱之际，兵分三路南下，灭了冉闵，建立燕国，史称前燕。

《晋书》记载，慕容儁，也称慕容俊，鲜卑名叫贺赖跋，是昌黎棘城（今辽宁义县）人。慕容儁的祖先，当过部落首领；爷爷慕容廆，被西晋封为鲜卑都督，率部迁至棘城，开始了以农业为主的定居生活；父亲慕容皝，被东晋册封为燕王。

慕容皝也是个了不起的人物，他雄毅多权略，崇尚汉文化。在中原混乱之时，他专心发展自己的势力，消灭了鲜卑段部，重创高句丽，打退了来犯的石虎军队，其势壮盛。慕容皝野心很大，觊觎中原。他派使者到建康，向东晋称臣，建议晋兵北上，夹击石虎。东晋封他为燕王，慕容皝立慕容儁为太子。

348年，慕容皝去世，慕容儁继位当了燕王，时年三十岁。慕容儁年富力强，身高八尺二寸，身材魁伟，博览群书，有文才武略。他继承父亲的事业，准备伺机攻取中原。为此，他精心挑选训练了二十万精兵，等待时机，随时准备挥师南下。

350年，后赵大乱，冉闵屠胡灭石，人心惶惶。慕容儁趁此良机，迅速从长城脚下的卢龙起兵，兵分三路，很快到达无终（今北京一带）。后赵的幽州刺史王午，心惊胆战，弃城逃跑。慕容儁轻松攻陷蓟城，占领了幽州地区，随即将都城迁至蓟城。

冉闵杀了后赵皇帝石鉴，建立了冉魏政权，号召汉人灭胡。冉闵派使者到东晋，报告说："胡人扰乱中原，我已灭了石氏，请朝廷派大军前来，彻底消灭胡人。"可是，同是汉人的东晋朝廷，却不支持冉闵，反而支持鲜卑慕容部，任命慕容儁为幽州、冀州、并州、平州的州牧，兼任大将军、大都督，都督河北诸军事，而且使持节，可以代表皇帝行使权力。这样，慕容儁南下，就师出有名、名正言顺了。

东晋朝廷不支持汉人，反而支持胡人，原因很简单：慕容儁向他称臣，是他的臣子；而冉闵自称皇帝，那就是敌人了。这从一个侧面表明，"十六国"时期的主要社会矛盾，并不是汉人与少数民族之间的矛盾，统治者只要对自己有利，才不管什么汉人胡人呢。

351年，冉闵围攻后赵的襄国，后赵皇帝石祗恐慌，派使者向慕容儁求救。慕容儁派将军悦绾率三万甲卒前往，与石琨、姚襄合力击退了冉闵。后赵原本是鲜卑慕容的敌人，慕容儁去救他，显然是想借机进入中原。果然，打败冉闵后，慕容儁派弟弟慕容恪、慕容垂和叔父慕容评等人，分别率兵，大举进攻中原，夺得河北大片土地。

352年，后赵已亡，冉魏成了主要敌人。此时，鲜卑慕容部已占有幽、冀二州大部分地区，气势强盛。慕容儁抵达中山，令慕容恪率军攻击冉闵。冉闵领兵抵抗，部下建议说："鲜卑气势正盛，不可硬抗，应该先回避一下，然后再组织进攻。"冉闵自恃其勇，生气地说："我要踏平幽州，斩杀慕容儁，怎么能退却呢？"

冉闵果然英勇，拍马向前，带头冲击敌阵。冉闵骑的是匹宝马，名叫朱龙，日行千里，风驰电掣。冉闵一马当先，右手执钩戟，左手持双刃矛，左右挥舞，勇不可当，一口气斩杀三百余人。鲜卑士兵畏惧，纷纷退缩，不敢上前。

可是，鲜卑军队久经训练，战法灵活。慕容恪见冉闵英勇无敌，立即命五千精壮士兵，用铁链把战马连接起来，把冉闵围在中间。鲜卑士兵精于骑射，敌兵纷纷应弦而倒。冉闵寡不敌众，奋力冲出重围，向东逃跑。冉闵刚冲出重围，不料宝马劳累过度，倒地而死。鲜卑士兵蜂拥而上，将冉闵擒获。冉闵被押送到龙城，在遏陉山遇害。

慕容儁打败冉闵军队，立即攻占邺城，俘获了冉闵的妻子儿女。

存在两年的冉魏政权，就此灭亡。

攻占邺城之后，慕容儁迅速占领了冉魏的大片土地，统治区域包括幽、冀、并、豫、兖、青、徐等地。以长安为中心的关中之地，则由苻健建立的前秦所占领。

352 年十一月，慕容儁觉得势力已大，不再向东晋称臣，而在中山登基称帝，国号为"燕"，史称前燕。前燕先是定都蓟城，后迁至邺城。

360 年，四十二岁的慕容儁病死，十一岁的儿子慕容暐继位，其叔父慕容恪辅政。在此期间，前燕与东晋在中原展开连绵战争。东晋桓温进行北伐，幸亏慕容垂谋略过人，率军击退了桓温。

367 年，慕容恪病死，慕容评辅政。慕容评为人贪鄙，忌惮立有大功的慕容垂，导致人心离散。慕容垂被逼无奈，带领其家族投靠了前秦苻坚。

370 年，前秦苻坚率领大军，消灭了前燕主力部队，攻占邺城，俘虏燕帝慕容暐，前燕宣告灭亡。前燕存在了十八年。

灭掉前燕的，是氐族人建立的前秦政权。氐族前秦，也出了一位英雄人物，名字叫苻坚。

氐族前秦统一北方

氐族，起源于四川松潘高原，后来逐步向附近的川东、青海、甘肃地区扩张。氐族人数不是很多，而且部落也不统一，其中居住在略阳（今甘肃秦安）一带的氐族部落，算是较强的一支。

"十六国"时期，略阳氐族迅速崛起，建立前秦，灭掉前燕，统一了北方。氐族迅速强大的一个重要原因，是出了一位雄才大略的领袖人物——苻坚。

《晋书》记载，苻坚，是略阳临渭（今甘肃秦安）人。苻坚自幼聪明过人，而且十分仗义，七岁时就知道帮助别人，八九岁时，言谈举止犹如成年人，深受祖父苻洪宠爱。

苻洪，是略阳氐族首领，他为人好施，多机变，有谋略，勇猛威武，人们都敬畏和服从他。在永嘉之乱时期，苻洪为了保护宗族，先是归顺前赵，后又归顺后赵。石虎对他很器重，任命他为车骑大将军、雍州刺史，都督雍州、秦州诸军事。石虎死后，诸子互相残杀，局势混乱。苻洪见后赵即将灭亡，便拥兵自立，并向东晋称臣。不久，苻洪被石虎旧部麻秋暗害。

苻洪死后，儿子苻健继承父位。苻健也十分了得，他趁前燕与冉闵混战之机，率兵入关，占据了关中，于351年建立政权，定都长安，国号大秦，史称前秦。苻健任命弟弟苻雄为丞相，苻雄是苻坚的父亲。

355年，苻健去世，时年三十九岁，儿子苻生继位。此时，苻雄已死，苻坚承袭父亲东海王的爵位，并担任龙骧将军。苻坚博学多才，更有经略大志，广交豪杰，很得人心。

苻生是有名的暴君，他从小瞎了一只眼睛，在儿童时期，爷爷苻洪开玩笑说："我听说，瞎子只流一行眼泪，是真的吗？"苻生发怒，拔出刀来，自刺出血，说："这不是两行泪吗？"苻洪大惊，对儿子苻健说："这孩子很残暴，长大后必然祸害家族。"苻健要杀苻生，被弟弟苻雄劝阻了。

苻生长大后，力举千斤，手格猛兽，击刺骑射，冠绝一时，曾单骑冲击敌阵，夺旗而归，威名大振。他即位后，嗜酒如命，残暴不仁，杀人如同儿戏，每次接见大臣，都把刀枪弓箭摆在面前，看谁不顺眼，就随手杀掉。因此，朝中人人自危，心怀怨恨。

不少大臣私下劝苻坚说："主上残忍暴虐，搞得人心离散。常言说，有德者昌，无德者亡。希望您早做打算，行商汤、武王之事，以顺应天意民心。"苻坚犹豫不决。后来，苻生听到了消息，想要杀掉苻坚，苻坚不得已采取了行动。

357年，苻坚发动政变，把苻生囚禁起来，后来又杀了他。苻坚在群臣劝进下即位，称"大秦天王"，开始了他二十八年的执政生涯。

苻坚即位时，前秦社会一片混乱。关中本来是民族杂居的地方，民族仇杀此起彼伏，法纪很不健全，豪强横行，百姓苦不堪言。另外，由于战乱不息，天灾连年，经济萧条，民不聊生。

苻坚胸怀大志，在政治、经济、文化等方面，采取一系列措施，决心富国强兵。苻坚从整顿官吏、选拔人才入手，吸收大批汉人参加政权，重用汉人王猛为丞相。苻坚推广汉文化，推崇儒学，兴办学校；废除"胡汉分治"政策，提倡民族团结；申明法纪，抑制豪强，关心普通百姓；与民休息，减轻税赋，兴修水利，发展经济。经过十年治理，前秦政治清明，社会稳定，民众富裕，国力强盛。在此基础上，苻坚开始了对外扩张。

369年，前燕政局混乱，慕容垂受到排挤，不得已投奔了前秦。苻坚闻讯大喜，亲自跑到城外迎接。苻坚早在两年前慕容恪去世时，就有了吞并前燕的计划，只是忌惮慕容垂而不敢出兵，如今慕容垂来降，苻坚喜出望外，当年就向前燕用兵，攻占了洛阳。

370年，苻坚命王猛率军，直取前燕都城邺城，后来又亲自领兵助战。前燕朝廷腐败混乱，很快瓦解。前秦军队顺利攻占邺城，灭了前燕，夺取了前燕的地盘。

符坚占领河北、关东大片土地之后，又向西拓展，兵锋直指前仇池国。前仇池，也是氐族人建立的政权，与符坚同族同源，但其不向符坚称臣，而是割据武都仇池山一带，自然就是敌人了。前仇池国力量弱小，符坚不费气力就灭了它，占领了那个地区，并顺势攻占了益州。这表明，在"十六国"时期，同族之间也是相互厮杀的。

376 年，符坚向盘踞河西多年的前凉开战。前凉，是"十六国"之一，是汉族人建立的政权。西晋灭亡后，当时的凉州刺史张轨，便割据自立，但始终向东晋称臣。由于前凉地处僻远，存在了七十五年时间。这次符坚出动十三万兵马，一举灭了前凉。

灭了前凉之后，符坚马不停蹄，又去攻打北方的代国。代国，是鲜卑人拓跋什翼犍创立的政权，是北魏的前身。代国建国也有三十八年，盘踞在今内蒙古和河北交界一带，一直没有大的发展。符坚大军一到，代国抵挡不住，什翼犍兵败被杀，代国灭亡。

符坚凭着强盛的国力，只用六七年时间，就灭掉貌似强大的前燕，又顺利消灭前仇池、前凉、代国几个割据政权，成功统一了北方。此时，能与前秦抗衡的，只剩下南方的东晋了。

符坚，只是氐族部落的首领，氐族人数不多，还不统一，力量并不强大。那么，符坚是依靠什么，实现了前秦强盛，而后统一北方的呢？

苻坚推崇汉文化

苻坚虽是氐族人，却从小喜欢汉文化，熟读四书五经。他当天王之后，更是到处建学校，大力推广汉文化，特别推崇儒家思想，祭祀孔子，效法汉武帝和光武帝。前秦之所以能够强盛，扫灭群雄，统一北方，是与他实行的这一治国方略分不开的。

《晋书》记载，苻坚八岁的时候，忽然有一天，向爷爷苻洪提了个要求，让爷爷请个老师，他要学习文化知识。苻洪很吃惊，也很高兴，说："我们这个民族，从来都是只知道吃肉喝酒，如今你想求学，实在太好了！"

第二天，苻洪就为孙子请来了老师，教苻坚学习汉文化。汉文化博大精深，苻坚如饥似渴，潜心学习儒家的经史典籍，使他开阔了视野，增长了才干。苻坚长大以后，成了享有盛誉的儒家学者。

苻坚执政后，决心效仿汉武帝刘彻和光武帝刘秀，以儒家思想治国。为此，他重用汉人王猛，推行重礼尊法政策。当时，社会上不讲礼义、不尊法制的现象比较普遍，尤其是氐族贵族，许多人居功自傲，我行我素，任意妄为。苻坚毫不手软，一连杀了二十多个不法贵戚，结果百官震肃，社会治安和社会风气大为好转。

苻坚在长安建造孔子神位，大规模祭祀孔子，推行儒家思想。苻坚下令，要求太子、公侯和朝廷官员，都要熟读儒家经典，军队中低级军官以上的，都要学习儒学，甚至在后宫，也设有典学，连宦官和宫女也要学习儒家文化。一时间，前秦掀起了大学儒术之风，人人埋头读书。苻坚选拔了大批儒者，到朝廷和地方任职。

苻坚为改变当时人们迷信武力而轻视文化的现象，在全国大建学校，在长安恢复了太学，招聘有名望的儒家学者执教，强制公卿以下的子孙入学读书。这样，有效地培养了大批治国人才，提高了民众的文化素质。苻坚对学校教育十分重视，他坚持每月必到太学视察一次，检查学习情况，品评优劣，有时还亲自主持考试。

苻坚挑选品学兼优的学生，到各级机构任职。苻坚挑选官吏的基本标准是，必须"学通一经，才成一艺"。如果达不到这个标准，任何人不得为官；已经当上官的，也要罢官为民。这样，前秦很快出现了劝业竞学、养廉知耻的风气，同时提高了官吏队伍的文化素养。

苻坚对自己的文治感到很满意，有一次，他问博士王实："我按照圣人的教导所做的这一切，能赶上汉武帝和汉光武帝吗？"王实说："前赵的刘氏和后赵的石氏祸乱天下，儒生所剩无几，儒家经典也散佚了，其罪过与当年的秦始皇一样。而陛下英明神武，重新抬高儒家地位，大兴学堂，弘扬儒学，使社会风气大大好转。这是万世之功绩，汉武帝和光武帝怎能比得上呢？"

王实的话，虽然有拍马屁的成分，但也是有道理的。苻坚推崇儒学，把儒学从战火中拯救出来，许多散佚的儒家典籍得到整理和保护，儒家文化得到传承和推广，他的功绩还是很大的。作为一名少数民族的君主，苻坚能够如此重视儒家思想和汉文化，确实是难能可贵的。

苻坚把儒家思想贯穿到治国策略之中，他按照儒家思想标准，下令各级地方官员，都要举荐孝悌、廉直、文学、政事四项有德才的人才，充实到各级官吏当中。如果不是"四德"之人，即便是宗室贵戚，也不能任用。因此，前秦的各级官吏，都比较称职，这就保证了各项事业的兴旺。

苻坚实行与民休息政策，轻徭薄赋，发展经济。他即位后近十年时间，没有进行过大型军事活动，而是致力于富国强民。苻坚重视农耕，抑制商人，下令不得提拔商人为官。为了解决关中少雨易旱问题，苻坚开发泾水上游，凿山起堤，疏通沟渠，灌溉田地，百姓深受其利。在兴修水利过程中，苻坚没有征调百姓，而是征调了王侯及富豪家里的家童奴仆三万人，这是苻坚爱惜民力的一大创举。

苻坚实行勤俭建国，他自己带头减少膳食，撤去歌乐，还亲自下田耕作，皇后也到近郊养蚕。苻坚下令，全国士以下的普通百姓，不论贫富，一律不得乘坐马车，不得戴金银首饰，不得穿锦绣衣服，节省了大量社会财富。在苻坚的治理下，前秦出现了安定清平、家给人足、风清气正的新气象，为统一北方奠定了坚实基础。

　　苻坚是氏族人的领袖，却有如此雄才大略和宽阔胸襟，实属难得。后人对苻坚给予高度评价，有人甚至把他与秦始皇、汉武帝、李世民、康熙并列，称为大帝。

　　苻坚能够成就大业，是与汉人王猛的忠心辅佐分不开的。王猛作为他的丞相，在历史上的将相群中，也是第一流的。

汉人王猛助前秦

　　王猛，是"十六国"时期著名政治家、军事家，担任苻坚的丞相和大将军，为前秦的兴盛做出了重大贡献。

　　王猛是汉族人，却拒绝了东晋政权的邀请，而甘心辅佐氐人苻坚，帮助苻坚成就大业，被称为"功盖诸葛第一人"。

　　《晋书》记载，王猛，是北海郡剧县（今山东寿光）人。王猛出生时，后赵政权席卷中原，战火纷飞，百姓流离失所。为逃避战乱，年幼的王猛随家人四处流浪，辗转来到魏郡居住。

　　王猛家里很穷，靠贩卖畚箕糊口，但他从小酷爱学习，手不释卷，广泛汲取各种知识，尤其喜爱军事。王猛长大后，谨严庄重，深沉刚毅，胸怀大志，气度非凡。

　　王猛曾出游后赵的邺城，因他衣服破旧，达官贵人都瞧不起他，只有一个叫徐统的人，对他另眼相看。徐统是后赵官员，被称为"有知人之鉴"，他见王猛不同寻常，想召请他为功曹。这对于穷途末路的王猛来说，无疑是天上掉下来的馅饼，可是，王猛却婉言谢绝。随后，王猛隐居于西岳华山，一面拜师学习，一面静观风云变幻，等待时机。

　　王猛在华山隐居期间，后赵暴君石虎死了，他的儿子们互相残杀，争夺帝位，帝位多次易主。关中豪强纷纷割据，称帝称王者比比皆是。王猛此时已经二十五岁了，他冷眼旁观，见诸多豪雄都不能成就大事，所以，仍然默默地耐心等待。

　　354年，王猛已经三十岁了。此时，东晋的桓温北伐，所向披靡，收复关中，驻军灞上，兵指长安。关中父老夹道欢迎，纷纷献出酒肉，慰劳东晋军队。王猛也热血沸腾，认为恢复汉室大有希望。于是，他穿着粗麻布短衣，去拜见桓温，打算为东晋建功立业。

桓温也是个人物，并没有因王猛衣着寒酸而轻视他。桓温把王猛请到大帐中，询问他对时局的看法。王猛沉着冷静，纵论天下大势，口若悬河，见识超群。可是，他一边说着，一边捉身上的虱子，帐中的人都笑话他。王猛却毫不在乎，仍然滔滔不绝，旁若无人。桓温暗暗称奇，感叹道："我看，江东没有一人能比得上你的才干。"

桓温很欣赏王猛，赐给他华车良马，授予他都护的高官。可是，桓温并没有采纳王猛迅速渡过灞水、攻取长安的建议。原来，桓温北伐，目的是树立个人权威，不想消耗兵力，失去与朝廷较量的优势，不久便班师返回了。王猛心里凉了半截，他看穿了桓温的心思，不想助他篡晋，没有随他南下，而是又回华山隐居去了。

王猛这次虽然没有出山，但他扪虱谈兵的事情，却流传开来。苻坚听说了王猛的声名，十分仰慕，派人邀请。王猛也知道，苻坚虽是氐族，却是有名的儒家学者，于是应邀前往。两人一见如故，谈及天下大势，十分投机。苻坚觉得像刘备得到诸葛亮一样，如鱼得水；王猛也觉得自己遇到明主，从此不离左右，尽心辅佐。

357年，王猛帮助苻坚，一举诛灭暴君苻生。苻坚当了大秦天王，任命王猛为中书侍郎，掌管国家机密。不久，王猛连续五次升官，当上了尚书左仆射、辅国将军，权倾内外。

苻坚对王猛十分信任和倚重，可那些元老旧臣却妒火中烧，纷纷诋毁王猛。氐族豪帅樊世，依仗自己是苻健时期的老臣，首先跳了出来，当众侮辱王猛。苻坚大怒，下令处死了樊世。后来，又有人对王猛说三道四，苻坚在朝堂上对他们拳打脚踢，吓得那些人再也不敢吭声了。于是，苻坚拜王猛为丞相、大将军，主持军政事务。

王猛不负苻坚所托，施展平生才学，使前秦很快强盛起来。王猛主持制定了前秦的政治、经济、文化等一系列国策，弘扬儒学，兴办教育，改革税赋，鼓励农耕。王猛负责制定了法律法令，并严格执法，连苻坚的舅舅违法，都被他依法处死了。王猛制定了官吏选拔考核标准，形成了"才尽其用、官称其职"的新局面。王猛在改善民族关系方面，也做了很大努力，有才干者，不分民族，皆被委以要职。各民族纷纷归服。

苻坚对王猛，名为君臣，却形同兄弟，一切军政事务，皆由王猛处理。有一次，苻坚很感激地对王猛说："您日夜操劳，忧勤万机，我好像周文王得到姜太公一样，可以端坐拱手于朝堂之上，优哉游哉地享清福了。"

王猛对苻坚，也是十分尊重，极尽人臣之礼。苻坚和王猛，一个是氐人，一个是汉人，他们的关系却被公认为是历史上最好的君臣关系之一。

王猛不仅会理政，还能带兵打仗，具有卓越的军事才能。前秦强盛之后，王猛就统兵征讨四方，先后灭掉前仇池、前凉、代国等割据政权，消灭了貌似强大的前燕。王猛还率军攻打东晋的荆州北境诸郡，掠取一万余户民众。经过六七年的征战，前秦终于扫平群雄，统一了北方。

统一北方之后，苻坚雄心勃勃，想要吞并东晋，统一全国。王猛却不同意，对他说："晋朝虽然僻处江南，但为华夏正统，目前上下安和，陛下千万不可企图灭晋朝。我国的大患，依然是鲜卑、西羌等部族，切不可轻视他们。"

375 年，王猛病逝，终年五十一岁。苻坚悲痛欲绝，三次临棺祭奠恸哭，追谥王猛为"武侯"。秦国上下，哭声震野，三日不绝。王猛被唐、宋追封为古代名将之一。

王猛死后，苻坚好像失去了主心骨，接二连三犯下错误。他没有关注和解决好国内问题，而是出兵远征西域。383 年，苻坚忘记王猛的劝告，又亲率百万大军伐晋，企图统一全国，结果淝水一战，惨败而归，致使前秦元气大伤，失去控制力。鲜卑、羌等民族，纷纷趁机反叛，建立割据政权。前秦迅速崩溃，北方重起战乱。

385 年，西燕军队攻陷长安，后燕军队攻占邺城。苻坚逃到五将山，被羌族首领姚苌杀害，享年四十八岁。

苻坚死后，北方重新陷入分裂与混乱，形成许多大小不一的割据政权，其中较大的，是羌族人建立的后秦。

羌人建立后秦

羌族，是中国西部的一个游牧民族。西晋时期，羌族首领姚弋仲率众从今甘肃西部迁徙关中，因势力弱小，羌人不得不先后依附前赵、后赵和前秦。

苻坚淝水兵败后，前秦衰落，姚弋仲的儿子姚苌趁机叛秦，自立为帝，建都长安，国号仍然称秦，为便于与前秦区别，史称后秦。

《晋书》记载，羌族的先祖，是舜帝之后。大禹时期，封舜的少子于西戎，世代为羌人首领。东汉时期，羌人归附汉朝，被授予官职，获居于南安郡赤亭（今甘肃陇西一带）。三国时期，曹魏封羌人首领姚柯回为镇西将军、西羌都督。姚柯回的儿子，就是姚弋仲。

姚弋仲勇猛果断，雄武刚毅，乐于助人，很受众人敬服。西晋时期，姚弋仲率众迁移到今陕西一带，许多汉人也扶老携幼跟随，人数达到数万。西晋灭亡之后，姚弋仲先后依附前赵和后赵，后赵灭亡时，不肯归降冉闵，而向东晋称臣，并想率部投奔江南。姚弋仲七十三岁病死，其子姚襄统领其众。

姚襄雄健威武，多才多艺，善于笼络人心。姚襄遵照父亲遗嘱，率众南下，归降东晋，被东晋安置在谯城（今安徽亳州）。姚襄好学博能，雄武盖世，深得人心。东晋的扬州刺史殷浩忌畏他的威名，想要铲除他。姚襄不得已率众北返，沿途招募士兵，军队达到七万人。姚襄攻占许昌，并进攻洛阳，却被桓温打败。姚襄又想谋取关中，当时关中为前秦所占，姚襄战败被杀，其弟姚苌被迫投降了前秦。

姚苌聪慧有权谋，降秦后多次随苻坚出征，屡立战功。苻坚在淝水兵败后，实力大减，各地纷纷叛乱。前燕皇帝慕容儁的儿子慕容泓，聚集数千鲜卑人，恢复燕国，史称西燕。慕容垂也竖起燕国旗帜，史称后燕。姚苌趁乱叛秦，于384年自立为万年秦王，第二年擒杀苻坚。386年，姚苌攻占长安后，登基称帝，国号大秦，史称后秦。

姚苌称帝后，面临的强敌仍然是前秦。苻坚死后，其长子苻丕在晋阳继位称帝，但第二年，就被东晋斩杀。苻坚的族孙苻登，被众人扶立为前秦皇帝。苻登作战勇猛，屡次打败后秦军队，以致姚苌恐惧，认为苻坚的神灵在帮助苻登，便在军中设立苻坚的牌位，祈求保佑。苻登见了，哈哈大笑，说："从古到今，哪有杀了君主又向君主求福的？"

394年，姚苌病逝，终年六十四岁，长子姚兴继位。姚兴时年二十四岁，是个很有作为的君主。当时，形势对后秦不利，姚兴决定暂不称帝，而称大将军，缓和了一些矛盾。姚兴推崇儒学，重用汉人，足智多谋，具有统兵治国才能。汉人尹纬，是他的主要谋士和辅政大臣。

苻登听说姚苌死去，十分高兴，立即调动大军东进，准备一举消灭后秦。见前秦势大，后秦的咸阳太守刘忌奴反叛，后秦雪上加霜。姚兴临危不乱，从容镇定。他命尹纬率军，抵达长安以西的废桥，抗击苻登，自己则亲领一军，突袭咸阳，擒获刘忌奴，解除了后顾之忧。然后，姚兴率军也赶赴废桥，与尹纬会合。

尹纬与苻登对峙，并不出击，而是坚守要塞，消耗敌人兵力，又派兵切断敌军水源，造成敌军混乱。见姚兴率军来到，尹纬立即就要发动攻击。姚兴有点担心，尹纬解释说："敌军不稳，正是打败他们的好时机。"结果，废桥一战，苻登主力被歼，苻登逃跑后被擒获斩杀，前秦灭亡了。

姚兴灭掉前秦后，乘胜进军，向西攻占陇东、陇西，向东占领并、冀二州和洛阳，向南蚕食东晋的领土。经过几年征战，后秦统治疆域迅速扩大，西至河西走廊，东至徐、泗，几乎控制了整个黄河、淮河、汉水流域，成为"十六国"后期国力仅次于后燕的国家。

姚兴借鉴前秦的一些做法，提倡儒学，兴办学校，推广汉文化。姚兴对儒学名家十分尊重，待为上宾。许多名家大儒云集长安，讲学授徒，弟子少的有百余人，多的达千余人。各地青年纷纷慕名而来，竟达上万人。姚兴专门下令，对前来求学的给予帮助。姚兴经常在内宫召见学者，与他们谈经论道，其中许多人被授予官职。

姚兴为政宽和，善于协调关系，施行仁政，重视选拔人才，打击贪官污吏，倚重汉人尹纬。他勤于政事，兴修水利，发展经济，关心百姓疾苦，解放奴隶。姚兴厉行节俭，本人以身作则，从不用金银装饰车马，禁止官员奢侈浪费。姚兴是"十六国"时期为数不多的仁德之君。

姚兴信奉佛教，在攻灭后凉后，亲自迎接高僧鸠摩罗什到长安，为他建造了逍遥园，作为译经场所。鸠摩罗什翻译了大量佛经，并收纳僧徒三千人。在姚兴的提倡鼓励下，后秦佛教盛行，建造了许多寺庙，耗费了大量财富。著名的甘肃天水麦积山石窟，就始建于后秦。甘肃敦煌莫高窟，则始建于前秦。

姚兴在位二十二年，总体上是不错的，但他晚年时，在继承人的问题上产生犹豫，导致发生内乱。

416年，姚兴病重，儿子姚弼早有预谋，准备谋杀太子姚泓，夺取皇位，宫内展开激战。姚兴被人搀扶着，拖着病体，勉强平息了内乱。第二天，姚兴就去世了，终年五十一岁。太子姚泓继位。

姚兴病死，兄弟相残，政局混乱。东晋大将刘裕，趁此良机，迅速出兵，攻击长安。刘裕大军很快抵达长安城下，后秦无力抵抗，姚泓被迫投降。历时三十四年的后秦，宣告灭亡了。

当时，与后秦同时存在的另一个政权，是鲜卑人建立的后燕，后燕也出了一位英雄人物，名叫慕容垂。

传奇英雄慕容垂

　　慕容垂，是"十六国"时期著名军事家，是一位具有传奇色彩的人物。他十三岁就上阵杀敌，勇冠三军，屡立战功，但他命途多舛，屡遭磨难。然而，慕容垂不屈不挠，坚韧不拔，最终成就大业，建立后燕，登基称帝。

　　《晋书》记载，慕容垂，是燕王慕容皝的儿子、前燕皇帝慕容儁的弟弟。慕容垂十三岁时，随父出征，攻打高句丽，因功授予骑都尉；十六岁时，担任军中先锋，冲锋陷阵，勇不可当；十八岁时，独领一军，攻打宇文部，获得大捷。慕容皝对这个儿子十分喜爱，封他为平狄将军、都乡侯。慕容垂的哥哥慕容儁，心里却有点酸溜溜的。

　　348 年，慕容皝去世，慕容儁继位燕王。不久，石虎死了，后赵大乱。慕容垂觉得，这是进击中原的好机会，急忙跑到龙城，当面向慕容儁建议出兵。慕容儁早有此意，已经训练好了二十万精兵，于是，任命慕容垂为前锋都督、建锋将军，与慕容恪、慕容评等人，一起领兵进攻中原。

　　352 年，慕容儁在消灭冉闵、占领中原之后，建立燕国，登基称帝，史称前燕。慕容垂被封为吴王，迁镇信都。慕容儁忌惮他的功劳和才干，没有让他在朝辅政，而是镇守外地。

　　慕容垂的妻子段氏，与慕容儁的皇后不和，皇后诬告段氏行巫蛊之事。慕容儁将段氏下狱拷问，想把慕容垂也牵连进来。段氏宁死不招，被拷打致死，慕容垂万分悲痛。慕容儁没有理由将慕容垂治罪，只好让他出镇辽东，把他赶得远远的。慕容垂感到痛心和心寒，与慕容儁的关系恶化。

360 年，慕容儁病逝，太子慕容暐只有十岁，众臣打算拥立慕容恪为帝。慕容恪是慕容儁的弟弟、慕容垂的哥哥，他为人正直，是杰出的政治家、军事家，有很高的威望。慕容恪坚决不干，仍然立慕容暐为帝，自己则精心辅助幼主，总揽朝政，推行德治，前燕呈现兴旺。

慕容恪公正无私，他知道慕容垂既有功劳，又有才干，便召他入朝辅政。慕容垂帮助慕容恪治国理政，其才能得到充分发挥。这一时期，是前燕版图最大、最为稳定的时期。慕容恪对慕容垂十分器重，特别欣赏他的军事才能，任命他为征南大将军，都督荆、扬、徐、兖、豫、益等十州诸军事。

365 年，慕容恪病逝，临终前向慕容暐推荐慕容垂。可是，慕容暐平庸懦弱，宠信太傅慕容评。慕容评是慕容垂的叔父，辈分高却心眼小，嫉贤妒能，他知道慕容垂的才干超过自己，便千方百计排挤他。慕容评与慕容暐的母亲皇太后相勾结，皇太后曾经诬告慕容垂妻子致死，自然也与慕容垂不和。所以，慕容垂不仅没有得到重用，反而又被冷落起来。

369 年，东晋桓温第三次北伐。晋军有备而来，连战连胜，俘虏慕容忠，打败慕容厉，声势浩大。慕容评和慕容暐恐慌，打算弃城逃跑，逃回故都龙城去。慕容垂见前燕事业即将葬送，心中焦急，主动请缨出战，抗击晋军。

慕容垂率五万兵马，迎战桓温。桓温不能取胜，又听说前秦援军快要到了，于是下令班师返回。慕容垂亲率八千骑兵，默不作声地跟在晋军后面，一直跟随了七百多里，晋军都没有察觉。同时，慕容垂派一支精锐部队，赶到晋军前面，悄悄埋伏下来。等到晋军快到境内，完全放松警惕，而且十分疲惫的时候，慕容垂一声令下，追兵骤出，伏兵突起，前后夹击，晋军猝不及防，顿时乱作一团，被杀三万多人，狼狈而逃。

慕容垂立了大功，慕容评等人反而又忌又恨，与皇太后密谋，想谋害慕容垂。慕容恪的儿子慕容楷得知这一阴谋后，心中愤愤不平，随即告诉了慕容垂，并劝他先下手为强。按照慕容垂的实力和声望，是完全能够做到的。可是，慕容垂却长叹一声，说："骨肉相残，必然祸害国家，我不忍心啊！"慕容垂不愿意国家发生内乱，只好带着家人，投奔前秦苻坚去了，慕容楷也跟随而去。

苻坚听说慕容垂来降，心中大喜，亲自到城外迎接。王猛却告诫他说，慕容垂有雄略，不会久居人下，应小心提防。苻坚没有在意，任命慕容垂为冠军将军，对他十分信任。

苻坚早就想灭掉前燕，只是忌惮慕容垂，如今没有了劲敌，苻坚在第二年就灭亡了前燕。慕容暐、慕容评等人都做了俘虏，苻坚没有杀他们，而是授予他们官职。苻坚十分仁义，很少杀人，却留了不少后患。

382年，苻坚召集众臣，商议向江南进兵。许多大臣反对，慕容垂却极力赞同。此时，慕容垂已经有了二心。苻坚没有看出他的用心，反而赞许说："与我共定天下者，独卿而已。"结果，苻坚兵败淝水，前秦崩溃。

慕容垂等的就是这个机会，在淝水之战中，他率领的三千鲜卑兵全身而退，没有受损。慕容垂以此为基础，四处联络旧部，招募士兵，很快聚集了数万人，成为一股不小的力量。

384年，慕容垂公开叛秦，打出了恢复燕国的大旗，鲜卑人以及前燕旧部纷纷前来归顺，慕容垂实力迅速壮大。慕容垂率兵攻打邺城，当时苻坚的儿子苻丕居住在邺城，慕容垂不想硬攻，便用漳河水灌城。苻丕自知不敌，放弃邺城，撤到晋阳。

386年，慕容垂登基称帝，恢复燕国，定都中山（今河北唐县一带），史称后燕。慕容垂称帝后，亲自率军南下，攻占青州、兖州、徐州等地。这些地区，原先都是前燕的地盘，后归前秦所有，淝水之战后，被东晋收复。但东晋立足未稳，所以，后燕大军一到，各地纷纷归降。慕容垂没费多大力气，就重新占领了这些地区，把势力推进到淮北。

此时，后秦与前秦，在关中一带打得不可开交，慕容垂没有参与他们的争斗，而是专心在北方发展势力。慕容垂花了五年时间，平定了河北、山东等地，征服了北方的贺兰部，击败高句丽，占据辽东，成为北方强国。

394 年，慕容垂出兵攻打西燕。西燕是慕容垂侄子慕容泓建立的政权，此时的皇帝，叫慕容永。后燕和西燕，本是同族，又都号称燕国，可是，一国不能有两个皇帝，所以，慕容垂非灭了它不可。西燕地盘不大，只有今山西、河南各一部分。慕容垂很轻松地灭掉西燕，将慕容永及公卿大臣三十多人斩首。

慕容垂南征北战，开创了辉煌基业，却留下了一内一外两大隐患。在内部，慕容垂的儿子、侄子人数众多，而且个个都是英雄豪杰，各霸一方。这在打天下的时候，是个很大优势，但也极易发生内乱。从后来的情况来看，果然如此。

在外部，鲜卑拓跋部势力崛起，特别是出了一个雄才人物，名叫拓跋珪，建立了北魏政权。起初，后燕与北魏关系还不错，曾帮助拓跋珪收复代国。后来，由于处置不当，两家反目成仇。

395 年，慕容垂已经七十岁了，而且身染重病，本不想用兵，但在儿子们的鼓动下，决定出兵伐魏。慕容垂派出八万大军，由太子慕容宝统领。没想到慕容宝志大才疏，被拓跋珪设计打得大败，全军覆没，只有慕容宝等少数人逃回。投降的后燕士兵有四五万人，拓跋珪将这些降兵全部坑杀活埋。

慕容垂得此噩耗，悲愤交加，怒发冲冠，不顾病体，亲自率军出征。老将出马，果然厉害。慕容垂调集龙城精兵，秘密出发，凿开太行山道，出其不意地逼近北魏的平城（今山西大同）。拓跋珪的弟弟拓跋虔，率三万兵马在此据守。慕容垂下令攻击，燕军士兵报仇心切，个个如下山猛虎，将三万魏兵全部消灭，拓跋虔也被杀死。

燕军报了一箭之仇，来到死难将士的万人坑前，设坛祭祀。全军放声大哭，声彻云霄。白发苍苍的慕容垂，悲愤过度，再也支撑不住了，一口鲜血喷出，昏倒在地。慕容宝赶紧引军回返，走到半路，一代英雄慕容垂，含恨而逝，与世长辞了。

慕容垂死后，太子慕容宝继位。北魏趁机攻打，后燕遭受重创。不久，后燕又发生内乱，一分为二，慕容垂的弟弟慕容德建立南燕。慕容宝在战乱中被杀，其长子慕容盛继位，但没过多久，慕容盛又被杀死，慕容垂的小儿子慕容熙，当了后燕最后一位皇帝。

407年，存在二十三年的后燕政权，被北燕所灭。410年，存在十二年的南燕，也被东晋刘裕灭掉。慕容垂千辛万苦开创的后燕，最终消失在历史长河之中。

慕容垂的事业消失了，可他的传奇事迹和奋斗精神，却永远流传。

一代雄主拓跋珪

　　鲜卑族拓跋部，原本是北方一个不大的部落，曾经建有代国，却被前秦灭掉了。然而，在"十六国"后期，拓跋部迅速崛起，与后燕、后秦争霸中原，最终统一了北方。

　　拓跋部之所以能够强盛，同样是因为出了一位英雄人物，名叫拓跋珪。可见，在封建社会，尤其是战乱年代，英雄人物的作用那是相当大的。

　　《晋书》记载，鲜卑人的祖先，是黄帝的后裔，世居北夷，被称为东胡。北齐魏收《魏书》载，鲜卑拓跋部，原先居住在黑龙江、嫩江流域，在北匈奴灭亡之后，他们迁至盛乐（今内蒙古和林格尔），开始与曹魏、西晋发生来往。

　　西晋末年，天下大乱，五胡纷纷占领中原。拓跋部却忠于晋朝，其首领拓跋猗卢，与并州刺史刘琨关系很好，多次协助西晋攻打汉赵，甚至洛阳被围时，还派出二万骑兵救援。拓跋猗卢因此被封为代王，后不幸被儿子拓跋六修所杀。

　　西晋灭亡以后，北方陷入"十六国"。拓跋猗卢的族孙拓跋什翼犍经略高远，智勇仁恕，收服部众，于338年建立代国，自称皇帝。

　　376年，拓跋什翼犍的儿子拓跋寔君，为夺皇位，杀死了父亲，致使代国大乱。前秦天王苻坚趁机出兵，一举灭了代国。苻坚痛恨拓跋寔君的暴行，说"天下的丑恶，都是一样的"，下令将他车裂处死。

　　拓跋珪是拓跋什翼犍的孙子，他未出生时，父亲就死了。苻坚灭掉代国后，要把拓跋宗室迁到长安。当时，拓跋珪只有六岁，代国旧臣燕凤，苦劝苻坚让拓跋珪留下，说拓跋珪长大以后，会感激苻坚恩德的。苻坚同意了。

苻坚将原代国的领地分成两部分，分别由鲜卑独孤部刘库仁和匈奴铁弗部刘卫辰管理。拓跋珪随母亲贺兰氏寄居在刘库仁部落里。刘库仁待他娘儿俩还不错，可他死后，独孤部发生内乱，刘库仁的儿子刘显，想杀掉拓跋珪，拓跋珪母子只好逃到母族贺兰部。

淝水之战以后，前秦受到重创，失去控制力，各地纷纷独立，建立割据政权。386年，拓跋珪在贺兰部的支持下，召开部落大会，宣布恢复代国，即位代王，不久，又改称魏王。此时，拓跋珪只有十五岁。

拓跋珪虽然年轻，但他从小颠沛流离，受尽磨难，养成了刚毅坚强的性格。拓跋珪时刻不忘亡国的耻辱，决心恢复祖辈事业，因而特别勤奋，每天天不亮就起床，练习骑马射箭，还刻苦学习文化知识。拓跋珪慷慨仗义，善于笼络人心，因而得到人们的拥护。

拓跋珪虽然恢复了代国，但实力弱小。他知道，要想使国家强盛起来，必须有一支强大的军队，而当时面临的首要难题，是军粮短缺。于是，他下令让鲜卑人都去开荒种田，与汉人一道从事农业生产。拓跋珪带头到田间耕作，激励人们的生产积极性。

拓跋珪全力抓好军队建设，采取了许多措施。他严明军纪，强化训练，全军上下步调一致；他制定了具体的奖励办法，将士们按照功劳大小，进行物资分配；他特别重视选拔将才，对作战勇敢、有谋略的人，常常破格提拔。因此，魏军士气旺盛，战斗力很强。

拓跋珪知道，要实现国家强盛，必须首先收复代国原来的地盘。此时，代国原来的地盘，仍然由刘显、刘卫辰两个部落占领着。刘显历来与拓跋珪不和，见拓跋珪势力兴起，十分忌惮，便鼓动拓跋什翼犍的小儿子拓跋窟咄，去向侄子争权，并派兵相助。叔侄俩展开大战，在后燕慕容垂的帮助下，拓跋珪打败叔叔拓跋窟咄，并趁势消灭了刘显。接着，拓跋珪又与刘卫辰展开激战，刘卫辰兵败被杀，其子赫连勃勃投奔后秦姚兴，后叛秦建立胡夏。这样，拓跋珪收复了原来的地盘，得到名马三十万匹，牛羊数百万头，还有大批民众，势力迅速壮大。

拓跋珪势力壮大之后，开始向外扩张。当时，南面有后燕和后秦，实力都很强大，拓跋珪便先向北发展。从 388 年至 391 年，拓跋珪先后攻打库莫奚部、高车部、袁纥部、贺兰部、纥奚部、柔然部等部落，俘获大批民众，缴获大量物资，国力大增，成为北方实力最强的政权之一，可以与后燕、后秦抗衡了。

在拓跋珪势力兴起过程中，后燕给予他很大支持，但实际上是想控制他。拓跋珪也清楚这一点，他势力强大之后，便想摆脱甚至吞并后燕，于是，双方关系逐渐恶化。有一次，后燕向拓跋珪索要名马，拓跋珪不给，后燕就扣留他的使者不放。后来，后燕攻击西燕，拓跋珪却去援助西燕，后燕大为恼火，双方关系破裂。

395 年，后燕皇帝慕容垂病重，太子慕容宝等人却要求率军伐魏。拓跋珪得知后燕大军到来，后退渡过黄河，与燕军隔河对峙。拓跋珪派兵截断燕军与国内联系的道路，散布谣言，说慕容垂已经病死，致使太子心慌，军心动摇。慕容宝率军返回，恰逢大风骤起，气温下降，河面冻结，使魏军能够迅速渡河，追击燕军。燕军大败，被俘四五万人。拓跋珪的大臣王建，极力主张将降兵坑杀，以损耗后燕实力，结果造成"十六国"时期最大的惨案。王建是鲜卑人，是拓跋什翼犍生母平文皇后的侄孙。

396 年，拓跋珪趁后燕元气大伤，亲率十万大军，南出马邑，攻占了后燕的幽州和并州，接着又攻占常山。可是，在攻打中山时，却遇到顽强抵抗。城中军民害怕拓跋珪活埋俘虏，所以宁死不降。拓跋珪有些后悔，回头看见王建，啐了他一口，骂他出了个馊主意。拓跋珪终究没有灭掉后燕，后燕是因内乱而被北燕灭掉的。

398 年，拓跋珪正式定国号为"魏"，登基称帝，迁都平城（今山西大同），建造宫殿、宗庙、社稷。

拓跋珪称帝后，因服食寒食散而性情大变，刚愎自用，粗暴残忍，擅杀大臣，引起许多人不满，致使事业受到影响。

409 年，拓跋珪被儿子拓跋绍杀死，时年三十九岁。拓跋家族似乎有儿子杀父亲的传统，拓跋珪堂堂一代雄主，竟死于儿子之手，可悲可叹！

北魏最终统一北方

拓跋珪死后，长子拓跋嗣继位。拓跋嗣内修庶政，外拓疆土，重用汉人，政绩卓著，在位十四年后病逝，长子拓跋焘继位。拓跋焘具有雄才大略，是著名政治家、军事家，他最终完成统一北方大业，推动北魏实现强盛。

《魏书》记载，拓跋嗣自幼聪慧，长大后宽厚弘毅，非礼不动，具有儒者风范。拓跋珪很是喜欢，册封他为太子，却把他母亲刘贵人赐死了。拓跋珪振振有词地对他说："过去，汉武帝杀钩弋夫人，是怕妇人乱政；如今，我效法汉武帝，是为你考虑的。"拓跋嗣非常孝顺，母亲死后，他悲哀过度，日夜号哭，不能自持，游行出宫。

拓跋珪另一个妃子，是贺夫人。贺夫人是拓跋珪的姨妈，因长得漂亮，拓跋珪强纳为妃，生下儿子拓跋绍。409年，贺夫人有过失，拓跋珪将她囚禁起来，准备处死。贺夫人秘密向儿子求救，拓跋绍当晚翻墙入宫，刺杀了拓跋珪。当时，拓跋绍只有十六岁。

拓跋嗣听到父亲死讯，立即从外地赶回，带兵入宫，诛杀了拓跋绍和贺夫人。拓跋嗣继位称帝，追尊母亲刘贵人为宣穆皇后。拓跋嗣即位后，健全官制，选贤任能，体察民情，抚恤百姓，很快使北魏步入正轨。

拓跋嗣宽厚仁义，推崇儒学，他十分重视吸收汉人参政，提拔大批汉人担任各级官职。拓跋嗣特别尊重汉人崔浩，请他担任主要谋士。到郊外祭天时，别人都是步行，唯独让崔浩坐车。崔浩自比张良，是北魏杰出的政治家、军事谋略家，他为北魏强盛和统一北方做出了重大贡献。

在拓跋嗣治理下，北魏政治清明，社会安定，国力大增。于是，拓跋嗣率军渡过黄河，向南扩张地盘。兖州刺史徐琰，听说北魏大军到来，不敢应战，弃城逃走，拓跋嗣轻松取得兖州。接着，拓跋嗣兵锋直指青州。此时，青州正在内乱，司马爱之等人聚众造反，听说北魏大军来到，率众归降，当地官吏逃跑，青州也落入北魏囊中。

拓跋嗣平定兖、青二州，又挥师西进，收复了豫州，接着，大军包围了虎牢关。不料，在虎牢关遇到强敌，守将毛德祖凭坚据守，魏军久攻不下。拓跋嗣着急，亲自到城下观察，见城里人用吊桶从黄河中取水，心里便有了主意。

拓跋嗣下令，在舰船上放置攻城车，断绝城中取水之路，又穿凿地道，破坏城中水井的水源。城中无水，人心大乱，拓跋嗣趁机猛攻，终于攻克虎牢关，生擒守将毛德祖。这样，北魏夺取了黄河南岸要地，进逼江南领土。

423 年，拓跋嗣积劳成疾，不幸病逝，时年三十二岁。他的长子拓跋焘继位。

拓跋焘当时只有十六岁，但他聪明大度，十分成熟，又有谋士崔浩辅佐，所以，北魏事业蒸蒸日上。在崔浩的建议下，拓跋焘实行以儒家思想治国，尊崇孔子，提倡儒学，重用儒生，用儒家学说统治百姓思想。

拓跋焘重视发展经济，尤其重视农耕。他屡次下达"宜宽租赋，与民休息"的诏令，实行"广田积谷"政策，使农业生产得到很大发展。拓跋焘还实行勤俭建国，节约开支，减少浪费，严惩贪官污吏。

拓跋焘与父亲、祖父不同的是，他不信佛教。由于拓跋珪信奉佛教，佛教在北魏大盛，佛教徒大量增加，造成兵源和劳动力短缺。崔浩为了解决这个问题，极力主张禁佛。于是，拓跋焘下诏，宣布佛教为邪教，焚毁佛像和佛经，禁止佛教传播，要求僧人还俗，对违令者严惩，致使佛教一度衰落。这就是历史上有名的"太武灭佛"。

拓跋焘在治国理政上很有成效，在军事上也战功赫赫。拓跋焘亲率大军南征北战，他兵法娴熟，善用骑兵长途奔袭，常常打得对手措手不及。

426 年，拓跋焘亲率二万骑兵，悄悄从冰上渡河，攻击胡夏都城统万，直到兵临城下，胡夏宫中还在大摆酒宴，城门都没来得及关闭。胡夏，是匈奴人赫连勃勃建立的，属于"十六国"之一，被北魏所灭。

429 年，拓跋焘又率领大军，向北攻击柔然。柔然，是蒙古草原上的一支游牧民族，常常袭扰北魏。拓跋焘行程三千七百多里，远逐柔然，占领了漠南大片土地。拓跋焘还远征西域，降服鄯善、龟兹、粟特等西域诸国，受到他们的敬畏，称他超越了冒顿。

432 年，北魏攻打北燕。北燕是汉人冯跋建立的政权，占有今辽宁、河北各一部分地区。此时的北燕皇帝，是冯跋的弟弟冯弘。冯弘自知不敌，把女儿送上，请求和亲。后来，北燕终被北魏所灭。

433 年至 439 年，北魏又先后灭掉北凉、南凉等大大小小的割据政权，驱逐吐谷浑，结束了"十六国"长达一百三十五年的混乱局面，使北方统一于北魏的旗帜之下。

此时，东晋已经灭亡，刘裕于 420 年代晋建宋。刘裕和拓跋焘，各自统治着南方和北方，历史上称为南北朝时期。南北朝长达一百六十九年，不仅南北之间互相攻战，内部也是朝代更迭频繁，依然是战火纷飞，民不聊生。

记述南北朝历史的正史，有九部之多。笔者将根据这些正史，继续撰写《新视角读南北朝史》，敬请广大读者给予指导和帮助。